〔清〕臧琳 撰
梅軍 校補

經義雜記校補

下

中華書局

經義雜記卷十七

武進學生臧琳玉林

1 而民勸樂之

孟子梁惠王上：「文王以民力爲臺爲沼，而民歡樂之。」趙注：「孟子爲王誦此詩，因曰：『文王雖以民力築臺鑿池，民猶歡樂之。』」宋孫氏音義云：「歡樂，本亦作『勸樂』。」

案：左傳昭九年，叔孫昭子引詩曰：「經始勿亟，庶民子來。」杜注：「詩大雅。言文王始經營靈臺，非急疾之，衆民自以子義來，勸樂爲之。」正義曰：「衆民自以子成父事而來，勸樂而早成之耳。」是可知晉、唐時本皆作「勸樂」，故杜注、孔疏據之，與孫宣公音義正合。

蓋經言「庶民子來」，孟子以「而民勸樂」繹之，猶禮記中庸謂「子庶民則百姓勸」也。因「歡」與「勸」形相近，故經、注皆譌作「歡」。漢書王莽傳上「詩之靈臺」，師古曰「始立此臺，兆庶自勸，就其功作，故大雅靈臺之詩」云云，當亦本孟子。正義云「文王雖以民力爲其臺、沼，然而民皆喜樂而爲之」，則作疏時已誤作「歡」矣。

2

貪夫廉

韓詩外傳三：「伯夷、叔齊目不視惡色，耳不聽惡聲，非其君不事，非其民不使。橫政之所出，橫民之所止，弗忍居也。思與鄉人居，若朝衣、朝冠坐於塗炭也。故聞伯夷之風者，貪夫廉，懦一作「惴」。夫有立志。」此見萬章下。

又漢書王貢兩龔鮑傳序引孟子云：「聞伯夷之風者，貪夫廉，懦夫有立志。奮乎百世之上，行乎百世之下，莫不興起，非賢人而能若是乎？」此見盡心下。〔一〕

又後漢書王龔傳云：「聞伯夷之風者，貪夫廉，懦夫有立志。」丁鴻傳論曰：「孟子曰：『聞伯夷之風者，貪夫廉，懦夫有立志。』」列女傳：「曹世叔妻云：『昔夷、齊去國，天下服其廉高。』」李注引孟子曰：「聞伯夷之風者，貪夫廉，懦夫有立志。」

又藝文類聚三十七隱逸下引魏王粲弔夷齊文曰：「厲清風於貪士，立果志於懦夫。」當亦用孟子。〔二〕

案：孟子萬章、盡心皆作「頑夫廉」。趙氏於萬章下注云「頑貪之夫，更思廉潔」，於盡心下注云「頑貪」，是趙本作「頑」矣。據下文「懦夫有立志」、「鄙夫寬，薄夫敦」皆以相反者言之，則作「貪」爲是。趙氏以「頑」訓「貪」，未詳其所出。而兩漢及唐人皆引作「貪」，知必非無本矣。孟子漢有劉熙注，隋、唐志皆七卷。梁有綦毋邃注，隋志九卷，唐志七卷。作「貪」者，或見於二家之本歟？

〔一〕軍案：今本孟子盡心下無「行乎」二字。王先謙漢書補注云：「官本無『行乎』二字，引宋祁曰：『浙本多二字，作「行乎百世之下」。』」

〔二〕禮堂謹案：文選爲朱公修楚元王墓教注云：「孟子曰：『聞伯夷之風者，貪夫廉，懦夫有立志。奮乎百世之上，百世之下聞者莫不興起也。』」三國名臣序贊注云：「孟子曰：『聞伯夷之風者，貪夫廉，懦夫有立志。』」郭有道碑文注云：「孟子曰：『聞伯夷之風者，貪夫廉，懦夫有立志。奮乎百世之上，百世之下莫不興起。』」又晉書羊祜傳：「貪夫反廉，懦夫立志，雖夷、惠之操，無以尚也。」○軍案：文選任彦昇奏彈劉整李善注云：「班固漢書贊曰：『孟子曰：「聞伯夷之風，懦夫有立志。」』」潘安仁馬汧督誄李善注云：「孟子曰：『聞伯夷之風者，懦夫有立志。』」

3

居不客

論語鄉黨：「寢不尸，居不容。」釋文云：「居不客，苦百反；本或作『容』，羊凶反。」

案：「居不客」，言居家不以客禮自處。集解載孔注云：「爲室家之敬難久。」謂因一家之人，難久以客禮敬己也。邢疏云：「不爲容儀。」夫君子物各有儀，豈因私居廢乎是？當從陸氏作「客」。開成石經亦作「居不客」。

或云：「『居不容』與『寢不尸』對文。若作『賓客』解，於上句恐不類。」琳謂：「寢不尸」當作「弟爲尸」之「尸」，〔一〕與「客」字正相對。丈夫坐如尸，既寢則不當執是禮。包注云：「偃卧四體，布展手足，似死人。」則以「尸」爲「屍」，非也。

〔一〕軍案：「弟爲尸」，孟子告子上文。

4

子曰義以爲質

論語衛靈公：「子曰：『君子義以爲質，禮以行之，孫以出之，信以成之，君子哉！』」

釋文云：「義以此二字舊脱。爲質，一本作『君子義以爲質』，鄭本略同。」據此，知陸氏所從古本作「子曰義以爲質」，無「君子」二字，鄭康成注本同；一本有者，係衍文。蓋先説「義以爲質」四句，然後言「君子哉」，明不當先言「君子」也。「鄭本略同」，「略」字蓋衍。

5

如𪙊如磋

詩淇奧：「如切如磋。」禮記大學引詩同。爾雅釋器「骨謂之切」，郭注：「治器之名。」毛詩傳：「治骨曰切。」

案：説文刀部：「切，刌也。刌，切也。」輾轉相訓，則「切」是「刌斷」之意。骨性堅質，非可以刌斷成器者。

爾雅釋文云：「切，本或作『𪙊』，同，千結反。」考説文齒部云：「𪙊，齒差也。从齒，屑聲。讀若『切』。」然則爾雅本作「如𪙊如磋」。

蓋三家詩作「𪙊」，爲本字；毛詩作「切」，爲聲借字。「𪙊」是齒之參差，治骨者因其參差而治之俾齊一，故「切磋」字以「𪙊」爲正。今爾雅作「切」，後人以毛詩改也。

6 不娛不敖

詩絲衣：「不吳不敖。」傳：「吳，譁也。」正義曰：「人自娛樂，必讙譁爲聲，故以『娛』爲『譁』也。定本『娛』作『吳』。」則今本作「吳」乃從定本，孔氏本作「娛」。又泮水「不吳不揚」，箋云：「吳，譁也。」釋文：「吳，鄭如字，王音誤。」正義曰：「『揚』與『誤』爲類，故爲『傷』。謂不過誤，不損傷也。王肅云：『言其人德厚矣，不過誤有傷者。』鄭讀『不吳』爲『不娛』。人自娛樂，必讙譁爲聲，故以『娛』爲『譁』也。」則正義從王肅説，爲「不誤」；其解鄭義，仍同前篇爲「不娛」。

案：經文前後並同，釋文皆作「吳」。毛於前篇訓「譁」，則此不當別解，從鄭爲是。史記武帝紀引詩「不虞不驁」，索隱曰：「毛傳云：『虞，疑作「娛」。譁也。』説文：『吳，大言也。』此作『虞』者，與『吳』聲相近，故假借也。或者本文借此『虞』爲『歡娛』字故也。」據此，知小司馬所據毛詩亦作「歡娛」字，與孔本正合，後人依史記改爲「虞」耳。隸釋八漢衛尉衡方碑：「辭曰：『剋長剋君，丕寘丕陽。維明維允，燿此聲香。』」亦同史記作「不虞」。古「娛」、「虞」同字，可證「不吳」古多作「娛」也。絲衣釋文：「不吳，舊如字，諱也。説文作『吴』，『吴，大言也』。何承天云：『「吴」字誤，當爲「吴」，從「口」下「大」。故魚之大口者名「吴」，胡化反。』此音恐驚俗也。音話。」又漢書郊祀志上：「詩曰：『不吴不敖。』」〔一〕師古曰：「吴，讙譁也。」又後漢書獨行傳「燒鋘斧」，李注：〔二〕「鋘，從『吴』。〔毛〕詩云：『不吴不敖。』」〔三〕何承天纂文曰：『臿，今之鋘也。』〔四〕張揖字詁云：『臿，刃也。』鋘，音華。〔五〕案：説文、字林、三蒼並無『鋘』字。」又説文夨部：「吴，姓也，(又)〔亦〕郡也。一曰，吴，大言也。从夨、口。」〔六〕徐鍇曰：「大言，故夨口以出聲。詩曰：『不吴不揚。』」今寫詩者改「吴」作「吴」，又音「乎化切」，其謬甚矣。

〔一〕軍案：「敖」，清經解本誤作「故」。

〔二〕軍案：「李」，清經解本誤作「文」。

〔三〕軍案：「詩」上，後漢書李賢注有「毛」字，今據補。

〔四〕軍案：「今」，清經解本誤作「人」。

〔五〕軍案：「鋘」，清經解本誤作「鈇」。

〔六〕軍案：「又」，宋本説文作「亦」，今據改。段注云：「『大言』上各本有『姓也亦郡也一曰吴』八字，乃妄人所增，今删正。檢韻會本正如是。」

7

李虔通俗文

顔氏家訓書證云：「通俗文，世間題云『河南服虔字子慎造』。虔既是漢人，其敘乃引蘇林、張揖；蘇、張皆是魏人。且鄭玄以前，全不解反語；通俗反音，甚爲近俗。阮孝緒又云『李虔所造』。河北此書，家藏一本，遂無作『李虔』者。晉中經簿及七志並無其目，竟不知誰制。然其文義允愜，實是高才。殷仲堪常用字訓亦引服虔俗説，今復無此書，未知即是通俗文，爲當有異？近代或更有服虔乎？不能明也。」

案：隋書經籍志：「通俗文一卷，服虔撰。」次在梁沈約四聲、李槩音譜、釋靜洪韻英之下，則隋志亦不以爲漢之服子慎所撰。唐志無服書，有李虔續通俗文二卷。初學記器物部舟第十一下引「李虔通俗曰：『晉曰舶。』音泊」。〔一〕則阮氏七録所言，信有徵矣。〔二〕然唐人書中所引，皆作「服虔」。太平御覽、廣韻或譌作「風俗通」，又作「風俗論」。文選琴賦「嘔噱終日」，李注引「服虔通俗篇曰：『樂不勝謂之「嘔噱」。嘔，烏没切。噱，巨略切』」。名雖不同，要即一書也。

〔一〕軍案：「音泊」二字，乃初學記原注。

〔二〕大昕案：晉書孝友傳李密一名虔，未審即其人否。

8 鄭箋改字有本

鄭康成箋毛詩，每云「某讀爲某」、「某讀若某」。後儒以此病其改字，不知鄭意在箋明傳義。有傳義隱約者，鄭或正其音，或辨其字，雖似改毛而實爲申毛；亦有鄭所不安，本三家詩或據他經傳改易者，要皆有本。後人所見淺鮮，又不能心知其意，而遽欲輕議先賢，此失之甚焉者。琳不辭譾陋，稍爲述之。

野有死麕「白茅純束」，傳：「純束，猶包之也。」箋云：「『純』讀如『屯』。」正義曰：「以『純』非『束』之義，故讀爲『屯』。」案：史記蘇秦列傳「錦繡千純」，索隱曰：「高誘注戰國策音屯。屯，束也。」左傳襄十八年「執孫蒯于純留」，釋文：「純留，徒温反，或如字，地理志作『屯』。」是古「屯束」字多假作「純」也。

北風「其虛其邪」，傳：「虛，邪也。」箋云：「『邪』讀如『徐』。」毛以「其虛其邪」言威儀虛徐，是以「邪」爲「徐」字，故鄭本爾雅釋訓以正其讀。

大叔于田「叔善射忌」，傳：「忌，辭也。」箋云：「『忌』讀如『彼己之子』之『己』。」案：

揚之水「彼其之子」，箋云：「其，或作『記』，或作『已』，讀聲相似。」是鄭以「其」、「忌」、「已」、「記」四字同爲語辭，因聲相似而通用，故「忌」訓爲「辭」也。

鴛鴦「摧之秣之」，傳：「摧，莝也。」箋云：「摧，今『莝』字也。」正義曰：「傳云『摧，莝』，轉古爲今，而其言不明，故辨之云此『摧』乃今之『莝』字也。」

雲漢「靡人不周」，傳：「周，救也。」箋云：「『周』當作『賙』。」正義曰：「以周救於人，其字當從『貝』，故轉爲『賙』。」

崧高「往近王舅」，傳：「近，已也。」箋云：「聲如『彼記之子』之『記』。」案：說文「𨑐」讀與「記」同。毛以「往𨑐」爲「往已」。古「已」、「己」聲同，故鄭以許讀申毛也。

召旻「不云自頻」，傳：「頻，厓也。」箋云：「『頻』當作『濱』。」案：說文：「顮，水厓。」「頻」即「顮」之隸省，故傳以爲「厓」。鄭以「水顮」字人所不習，漢時多作「濱」，故云「當作『濱』」。

凡此，皆因傳義隱約，鄭或正其言，或辨其字，實申毛而非改毛也。

雄雉「自詒伊阻」，傳：「伊，維。」蒹葭傳亦云：「伊，維也。」箋云：「『伊』當作『繄』。『繄』猶『是』也。」正義曰：「箋以宣二年左傳趙宣子曰『嗚呼！我之懷矣，自詒繄舊譌「伊」。慼』，小明云『自詒伊慼』，爲義既同，明『伊』有義爲『繄』者，故此及蒹葭、東山、白駒各以『伊』爲『緊』。小明不易者，以『伊慼』之文與傳正同，爲『緊』可知。」

據此，則知雄雉「自詒伊阻」，蒹葭、東山、白駒「所謂伊人」，正月「伊誰云憎」，箋皆改「伊」作「緊」者，本宣二年左傳「自詒緊慼」之文也。

山有樞「他人是愉」，傳：「愉，樂也。」箋云：「『愉』讀曰『偷』。偷，取也。」案：漢書地理志下引詩「它人是媮」。文選西京賦「鑒戒唐詩，他人是媮」，薛綜注引詩「他人是媮」。說文：「愉，薄也。」「恌，愉也。」鹿鳴「示民不恌」，傳亦云：「恌，愉也。定本作『偷』。」是「愉」爲「偷」之本字。說文：「媮，巧黠也。」義稍別。而國語晉語「媮居幸生」，賈山至言「媮合取容」，及漢志、張賦，皆以「媮」爲「偷」。蓋康成時，以「愉」爲「愉樂」字，「恌薄」字則作「偷」，或作「媮」，故鄭隨俗改「愉」爲「偷」。猶召旻「不云自頻」，「頻」即「水顥」字之省，而鄭依俗改爲「濱」也。是改「愉」爲「偷」，與班志及張賦合，當本三家詩也。

揚之水「素衣朱襮」，傳：「諸侯繡黼。」箋云：「『繡』當爲『綃』。」正義曰：「下章作『素衣朱繡』，而郊特牲及士昏禮二注引詩皆作『素衣朱綃』者，箋破此傳『繡』當爲『綃』。卜章『繡』字亦破爲『綃』，箋不言者，從此而略之耳。」案：儀禮士昏禮「宵衣」注：「『宵』讀爲詩『素衣朱綃』之『綃』。魯詩以『綃』爲『綺屬』也。」特牲饋食禮「宵衣」注：「宵，綺屬也。此衣染之以黑，其繒本名曰『綃』。詩有『素衣朱綃』，（禮）〔記〕有『玄綃衣』。」〔一〕禮記郊特牲「繡黼」注：「『繡』讀爲『綃』。綃，繒名也。詩云：『素衣朱綃。』」然則鄭改「素衣朱繡」爲「朱綃」者，本魯詩也。

吉日「其祁孔有」，傳：「祁，大也。」箋云：「『祁』當作『麎』。麎，麋牝也。」正義曰：「注爾雅者，某氏亦引詩云『瞻彼中原，其麎孔有』，與鄭同。」案：唐人引某氏注爾雅，或引作「樊光」。樊氏漢人，其引詩當本之三家，故與鄭合。則改「祁」爲「麎」，本三家詩也。

角弓「莫肯下遺」，釋文云：「遺，王申毛如字。」箋云：「『遺』讀曰『隨』。無肯謙虛，以禮相卑下，先人而後己。」案：荀子非相篇「詩曰：『莫肎下隧』」，楊注云：「『隧』讀爲『隨』。莫肎下隨於人。」「隧」與「隨」聲同。毛詩本出於荀卿，故鄭氏據之，讀「遺」爲「隨」。王肅申毛作如字，乃與鄭立異耳。

有瞽「應田縣鼓」，傳：「田，大鼓也。」箋云：「『田』當作『朄』。朄，小鼓，在大鼓旁，應鞞之屬也；聲轉字誤，變而作『田』。」案：禮記明堂位「周縣鼓」，注：「周頌曰：『應朄縣鼓。』」鄭先通韓、魯詩，注三禮時，所用詩多本韓、魯。二禮注既皆引作「朄」，則改「田」爲「朄」，本韓、魯詩也。

那「置我鞉鼓」，傳：「殷人置鼓。」箋云：「『置』讀曰『植』。植鞉鼓者，爲楹貫而樹之。多其改夏之制，乃始植我殷家之樂鞉與鼓也。鞉雖不植，貫而摇之，亦植之類。」案：明堂位「殷楹鼓」，注：「殷頌曰：『植我鼗鼓。』」然則讀「置」爲「植」，當亦本韓、魯。書金縢「植璧秉珪」，鄭注：「植，古『置』字。」論語「植其杖而芸」，石經殘碑作「置其杖」，〔二〕可參證也。

長發「何天之龍」，傳：「龍，和也。」箋云：「『龍』當作『寵』。寵，榮名之謂。」案：大戴禮記衛將軍文子引詩曰：「何天之寵。」戴禮，今文也。三家詩必有作「何天之寵」者；則改「龍」爲「寵」，與大戴禮記合也。

凡此，鄭雖改毛，然皆有根據，非同後人之臆見。〔三〕今三家並亡，無由盡曉，姑以耳目所及鄭氏以前之經傳考之，可知鄭學之閎通矣。使齊、魯、韓具存，可考者當不第此。此固斯文之不幸，亦鄭君之不幸也。

〔一〕軍案：「禮」，儀禮特牲饋食禮注作「記」，今據改。

〔二〕軍案：見隸釋卷十四石經論語殘碑。

〔三〕鏞堂謹案：少詹錢曉徵云：「仙人唐公房碑『厲蠱不遐』，即用思齊『烈假不瑕』。鄭箋讀『烈假』爲『厲瘕』，皆訓爲『病』。『蠱』、『假』聲相近。後儒譏康成解經好改字。碑立於東漢之世，其時鄭學未行，而闇與之合，可證康成所改，皆本經師相承之訓，非若後人之師心妄作也。」

六鷁退飛

9

春秋僖十六年：「六鷁退飛過宋都。」左傳云：「風也。周内史叔興聘于宋，宋襄公問焉，曰：『是何祥也？吉凶焉在？』叔興退而告人曰：『君失問。是陰陽之事，非吉凶所生也。吉凶由人。』」杜注：「言石隕、鷁退，陰陽錯逆所爲，非人所生。襄公不知陰陽而問人事，故曰『君失問』。」

正義曰：「劉炫云：『石隕、鷁飛，事由陰陽錯逆。陰陽錯逆，乃是人行所致。襄公不問「己行何失，致有此異」，乃謂「既有此異，將來始有吉凶」，故荅云「是乃陰陽之事，非將來吉凶所生」。襄公不知陰陽錯逆爲既往之咎，乃謂將來吉凶出石、鷁之閒，是不知陰陽而空問人事，故云「君失問」也。』服虔云：『鷁退風咎，君行所致，非吉凶所從生。襄公不問「己行何失，而致此變」，但問「吉凶焉在」，以爲石隕、鷁退，吉凶所從而生，故云「君失問」。』是劉炫用服義爲説也。」

案：此傳當從服注，義甚精密。劉光伯用之，是也。杜預棄人事而空言陰陽，不可爲訓。

漢書五行志下之上：「劉歆㠯爲：『風發於它所，至宋而高，鶂高蜚而逢之，則退。經㠯見者爲文，故記「退蜚」；傳㠯實應著，言「風」，常風之罰也。象宋襄公區霿自用，不容臣下，逆司馬子魚之諫，而與彊楚爭盟，後六年爲楚所執，應「六鶂」之數云。』」

案：史記宋世家云：「六鶂退飛，風疾也。」集解引賈逵曰：「風起於遠，至宋都，高而疾，故鶂逢風却退。」穀梁疏引賈逵云：「鷁退，不成之象，後六年，霸業退也。鷁，水鳥，陽中之陰，象君臣之訟鬩也。」又引鄭玄云：「六鷁俱飛，得諸侯之象也。其退，示其德行不進，以致敗也。得諸侯，是陽行也；被執敗，是陰行也。」又何邵公注公羊傳云：「石者，陰德之專者；鷁者，鳥中之耿介者，皆有似宋襄公之行。襄欲行霸事，不納公子目夷之謀，事事耿介自用，卒以五年見執，六年終敗，如『五石』、『六鷁』之數。天之與人，昭昭著明，甚可畏也。」與劉子駿說多有合者，誰謂「非人所生」乎？

10

吕封人豹

左傳昭廿一年：「干犨御吕封人華豹，張匄爲右。」杜注：「吕封人華豹，華氏黨。」正義曰：「吕，邑；封人，官名；豹，即下文『華豹』是也。本或『豹』上有『華』。王肅、董遇並云『吕封人華豹』。釋例譜：『一人再見，名字不同，皆兩載之。』宋雜人内有吕封人豹、華豹，爲一人。知此本無『華』也。今定本有『華』。」

案正義，知今本有「華」者，從唐定本誤衍也。傳文本云「吕封人豹」，故杜云「吕封人豹，華氏黨」，明「豹」即「華豹」也。今注作「吕封人華豹」，「華」亦衍文。王肅、董遇並云「吕封人華豹」，則王、董本正文無「華」字可知。

11

臧氏左傳漢書

困學紀聞左氏云：「雍熙中，校九經，史館有宋臧榮緒、梁岑之敬所校左傳，諸儒引以爲證，孔維謂不可。案：據杜鎬引貞觀勅，以經籍訛舛，由五胡之亂，學士多南遷，中國經術浸微，今並以六朝舊本爲證，持以詰維，維不能對。見談苑。」〔一〕又顏氏家訓勉學云：「東莞臧逢世，年二十餘，欲讀班固漢書，苦假借不久，乃就姊夫劉緩乞丐客刺或書翰紙末，『手』寫一本，〔二〕軍府服其志尚，卒以漢書聞。」

此二則可爲臧氏文獻之徵。

〔一〕軍案：「見談苑」三字，乃困學紀聞原注。

〔二〕軍案：「寫」上顔氏家訓有「手」字，今據補。

12

雍也博學於文

論語雍也：「子曰：『君子博學於文，約之以禮，亦可以弗畔矣夫！』」釋文云：「君子博學於文，一本無『君子』字，兩得。」

案：集解載鄭注云：「弗畔，不違道。」既言「君子」，不嫌其違畔於道，後顔淵篇此章再見，正本皆無「君子」字。據釋文，知此處古本亦無，有者係衍文。顔淵篇釋文云：「博學於文，一本作『君子博學於文』。」正義曰：「或本亦有作『君子博學於文』。」葢皆後人所加。後篇朱子本無。

13

而齊后善歌

文選陸士衡樂府十七首吴趨行：「楚妃且勿歎，齊娥且莫謳。」唐劉良注：「齊娥，齊后也，善爲謳歌，人皆採以爲曲。」李善注：「齊娥，齊后也。孟子，淳于髡曰：『昔緜駒處高唐，而齊后此據明舊刻本。毛本譌「右」。善謳。』」

案：今孟子告子下作「緜駒處於高唐，而齊右善歌」，趙注：「高唐，齊西邑，緜駒處之，故曰「曰」字衍。『齊右善歌』。」〔一〕則趙注本不作「后」字。而李、劉注文選，皆以「齊娥」爲「齊后」。李注又引孟子證之。蓋有别本作「后」字者，猶下云「華周杞梁之妻」也。

〔一〕軍案：楊伯峻孟子譯注云：「高唐在齊之西部，西在右（以朝南論），故曰『齊右』。」「以朝南論」四字，乃楊氏自注。

14

家語乃弛邢侯

左傳昭十四年「乃施邢侯」，正義曰：「晉語説此事云『（乃）〔遂〕施邢侯氏』，〔一〕孔晁云：『廢其族也。』則國語讀爲『弛』，訓之爲『廢』。家語説此事，亦爲『弛』。王肅注云：『弛』宜爲『施』。施，行也。』」

案：今家語正論作「乃施邢侯」，無王肅注；惟上文「施生戮死可也」下，有注云：「『施』宜爲『與』。與，猶『行』也。行生者之罪也。」據春秋正義，知今本出後人移改。杜注左傳「施生戮死」云：「施，行罪也。」王義既與杜同，則「施，行」正作如字讀，何反改「施」

15

爲「與」乎？此明是下文「乃施邢侯」之注，「弛」誤爲「施」；或又據正文以改注，讀者疑其難通，因移改於上也。上文注止當有「行生者之罪也」六字，下文及注宜如春秋正義所引。王注家語，依内傳作「施」，訓「行」，與杜氏合，是也。孔注外傳，讀爲「弛」，訓爲「廢其族」，非也。

〔一〕軍案：「云」下「乃」字，左傳正義、國語晉語九作「遂」，今據改。此涉上下文「乃施邢侯」而誤。

論語筆解好改字

唐李習之論語筆解好改本文。

「六十而耳順」，云：「『耳』當爲『爾』，猶言『如此』也。」

「曾謂泰山」，云：「『謂』當作『爲』。」

「宰予晝寢」，云：「『晝』當爲『畫』。宰予四科十哲，安得有『晝寢』之（事）〔責〕？」〔一〕

「人之生也直」，云：「『直』當爲『悳』。」

「子所雅言」，云：「『音』作『言』，字誤也。傳寫因注云『雅音正言』，今孔注作『雅言正言」。疑李所見本誤。遂誤爾。」

「三嗅而作」，云：「『嗅』當(作)[爲]『鳴』。鳴之，鳴雉[之]聲也。〔二〕以爲食具，非其旨。」〔三〕

「而貨殖焉」，云：「『貨』當爲『資』，『植』當爲『權』。子貢資於權變，未受性命之理。」

「吾以女爲死矣」，云：「『死』當爲『先』。」

「浴乎沂」，云：「『浴』當爲『沿』。周三月，夏正月，安有浴之理？」

「硜硜然小人哉」，云：「『小』當爲『之』。既云『言必信，行必果』，豈小人爲耶？」

「善人教民七年」，云：「當作『五年』。」

「君子而不仁者有矣夫，未有小人而仁者也」，云：「『仁』當爲『備』。」案：孔注云：「雖[曰]君子，〔四〕猶未能備。」謂於仁未能全備。李氏似因此誤會。

「以杖叩其脛」，云：「古文『叩』作『扣』，當作『指』。」

「君子貞而不諒」，云：「『諒』當爲『讓』。」

「孔子時其亡也」，云：「『時』當爲『待』。」

「鄉原，德之賊也」，云：「『原』類『柔』字之誤。」

「猶之與人也」，云：「『猶之』當爲『猶上』。」〔五〕

凡所改易，皆無依據，義又淺陋，不可從也，學者無爲所惑。

〔一〕軍案：「事」，論語筆解作「責」，今據改。

〔二〕軍案：論語筆解「作」作「爲」，「雉」下有「之」字，今據改補。「嗅當」至「聲也」，筆解在「非其旨」之下。

〔三〕軍案：以上皆見論語筆解卷上。

〔四〕軍案：「雖」下孔注有「曰」字，今據補。

〔五〕軍案：以上皆見論語筆解卷下。

16 辛未朝于武宫

左傳成十八年：「使荀罃、士魴逆周子于京師而立之。庚午，盟而入，館于伯子同氏。辛巳，朝于武宫。」正義曰：「服虔本作『辛未』，晉語亦作『辛巳』。孔晁云：『以辛未盟入國，辛巳朝祖廟，取其新也。』按晉語稱『庚午，大夫逆于清原』，傳云『庚午，盟而入』，適日即盟，非『辛未』也。傳與晉語皆云『辛巳，朝于武宫』，服本自誤耳。孔晁强欲合之，非也。」

案：庚午既盟而入，故明日辛未，即朝於始祖廟，服本是也。若作「辛巳」，則與「盟而入」之日相去十有二日，久入而不朝，何也？故知國語作「巳」字誤。而杜氏反據之以改左傳，何邪？據孔注國語，知孔氏所見左傳與服本同作「辛未」。特孔氏不知國語「巳」字爲誤，而强欲通之，爲非耳。正義謂「逆日即盟」，此説是也；至以服本爲誤，則偏袒之失也。

17

壺矢相樂

漢書薛宣傳云：「日至休吏，賊曹掾張扶獨不肯休，坐曹治事。宣出教曰：『蓋禮貴和，人道尚通。日至，吏㠯令休，所繇來久。曹雖有公職事，家亦望私恩意。掾宜從衆，歸對妻子，設酒肴，請鄰里，壹关相樂，斯亦可矣！』」應劭曰：「㠯壺矢相樂也。」晉灼曰：「書篆形『壹关』字象『壺矢』，因曰『壺矢』。此説非也。」師古曰：「晉説是也。『壹关』謂『一爲歡关』耳。『关』，古『笑』字也。」

案：禮記有投壺篇，正義引鄭目録云：「記主人與客燕飲，講論才藝之禮。」其文云：「主人請曰：『某有枉矢哨壺，請以樂賓。』賓曰：『子有旨酒嘉肴，某既賜矣，又重以樂，敢辭。』」是壷矢所以樂賓，既設酒肴，請鄰里，於是遂以壷矢相樂。應仲援之解，簡而當。薛贛君蓋本用投壷記也。晉氏改爲「壹关」，謬甚。既云「壹关」，又曰「相樂」，亦不成文。說文「壷」作「壷」，「壹」作「壹」，篆形本異；「矢」作「矢」，與「关」、「笑」皆不同。而師古反以爲是，可發壹笑也。

18

三公歼而同歸

春秋僖五年：「冬，晉人執虞公。」穀梁注：「江熙曰：『春秋有州公、郭公、虞公。州公舍其國，故先書『州公』。郭公盜而歸曹，故先名而後稱『郭公』。夏陽亡則虞爲滅國，故宜稱『虞公』。三人殊而一致，三公歼而同歸。』」釋文：「歼而，昌兗反。」釋曰：「『三人殊而一致』者，謂立文雖殊，其理致是一也。『三公歼而同歸』者，謂失國雖歼，同歸一稱也。『三公歼而同歸』，或有作『歼』者。『歼』謂『差歼』，理亦通，但定本作『殊』者多。」

案：釋文作「三公歼而同歸」，今注疏本同。楊疏則從定本作「殊而同歸」；今亦爲「歼」，因釋文而改也。然作「歼」是易字法，與「殊」字對文。定本仍作「殊」，恐非。

經義雜記卷十八

武進學生臧琳玉林

1 爵與盡聲相近

詩卷耳正義引異義：「韓詩說：『一升曰爵。爵，盡也，足也。』」白虎通爵篇：「爵者，盡也，各量其職，盡其才也。」據此二訓，知「爵」與「盡」古聲相近。

2 三大夫兆憂矣

左傳昭元年：「子羽曰：『國子代人憂，子招樂憂，齊子雖憂弗害。夫弗及而憂，與可憂而樂，與憂而弗害，皆取憂之道也，憂必及之。大誓曰：「民之所欲，天必從之。」三大夫兆憂，憂能無至乎？』」漢書五行志中上引作「三大夫兆憂矣，能無至乎」。今本下「憂」字葢「矣」之譌。如漢志所引，語氣、文情更兩得之。

3

雨無正旻天

詩雨無正：「旻天疾威。」釋文：「旻天疾威，密巾反。本（又）〔有〕作『昊天』者，〔一〕非也。」正義作「昊天」，曰：「上有『昊天』，明此亦『昊天』。定本皆作『昊天』。俗本作『旻天』，誤也。」唐石經亦作「昊天」。文選注五十六引詩「昊天疾威，弗慮弗圖」。漢書注一百下引詩「昊天疾畏，不慮不圖」。則唐時本此篇多作「昊天疾威」矣，與小旻之什「旻天疾畏」文異。

案：黍離傳云：「元氣廣大，則稱『昊天』；仁覆閔下，則稱『旻天』。」此篇曰「浩浩」，言元氣廣大也，故爲「昊天」；曰「疾威」，言仁覆閔下也，故爲「旻天」。小旻言「疾威」，亦曰「旻天」矣。此當從釋文作「旻」，正義、定本、石經皆非是。

〔一〕軍案：「又」，釋文作「有」，今據改。

4

蛢蟜蟥

說文虫部：「蛢，蟜蟥，以翼鳴者。从虫，并聲。蟜，蟜蟥也。从虫，喬聲。蟥，蟜蟥也。从虫，黄聲。」考工記「梓人爲筍虡，以翼鳴者」，注：「翼鳴，發皇屬。」釋曰：「爾雅『蛂蟥，蛢』，郭云：『甲蟲也。大如虎，豆緑色。今江東呼爲今爾雅注脱「爲」字。『黄蛢』。」即此「發皇」也。太平御覽九百五十一引孫炎注云：「翼在甲裏。」

案：「犮」、「發」聲同，古人多通用。詩碩人「鱣鮪發發」，說文魚部及荀子榮辱注並引作「鱣鮪鮁鮁」。說文：「䳊，鳥也。从鳥，犮聲。讀若『撥』。」故爾雅作「蛂」，周禮注又作「發」。據說文，則「蟜」爲正字，「蛂」、「發」並聲近假借字。許叔重云：「蟜蟥，周禮注云『發皇』。」則此蟲名「蛢」，一名「蟜蟥」矣。爾雅注云「今江東呼『黄蛢』」，疑誤也。又許、鄭皆言此蟲以翼鳴，孫叔然亦云「翼在甲裏」；郭氏不言翼，可謂疎漏。爾雅音義云：「蟥，本或作『黄』。」「黄」與「皇」亦古通，依說文當作「蟥」。

5 蒲宮有前

左傳昭元年：「楚公子圍設服、離衞。叔孫穆子曰：『楚公子美矣，君哉！』鄭子皮曰：『二執戈者前矣！』蔡子家曰：『蒲宮有前，〔一〕不亦可乎？』」杜注：「公子圍在會，特緝蒲爲王殿屋屏蔽，以自殊異。言既造王宮而居之，雖服君服，無所怪也。」服虔云：「蒲宮，楚君離宮。言令尹在國，已居君之宮，出有前戈，不亦可乎？」見正義。

案：蔡子家曰「蒲宮有前」，即對上文「二執戈者前矣」説。「前」，前戈也。「前戈」爲在會時事，故又追言「蒲宮」，在國時事也。傳首言圍之設服、離衞，以見其僭妄，苟別造王宮以自殊異，傳何以無文？

正義駁服氏云：「令尹居君離宮，事無所出；且諸侯大夫見其在會之儀，不譏在國所居。伯州犁云『此行也，辭而假之寡君』，言行而借戈以衞，非在國借宮以居也。」

案：以圍之出會而設服、離衞，安知在國無假館公宮事？且服氏漢人，當有所本。諸大夫譏其在會之儀，故子家以爲在國亦有此等事，無足怪爲解。至伯州犁言「假之寡君」，爲指服、衞説，即服意亦不必指此爲借宮也。

〔一〕軍案：「宫」，清經解本作「官」，形近而譌。

6

駉駉牡馬

魯頌駉：「駉駉牡馬。」正義曰：「駉駉然腹幹肥張者，所牧養之良馬也。定本『牧馬』字作『牡馬』。」釋文：「牡馬，茂后反，草木疏云『騭馬也』，說文同。本或作『牧』。」顏氏家訓書證云：「江南書皆作『牝牡』之『牡』，河北本悉爲『放牧』之『牧』。鄴下博士見難云：『駉頌既美僖公牧于坰野之事，何限騲騭乎？』荅曰：『頌人舉其强駿者言之，於義爲得也。易曰：『良馬逐逐。』左傳云：『以其良馬二。』亦精駿之稱，非通語也。』」

據此，則六朝時本已有「牡馬」、「牧馬」兩文矣。故正義作「牧」，云「定本作『牡』」；今正文皆作「牡」，非。釋文作「牡馬」，云「本或作『牧』」。唐石經作「牡馬」，驗其改刻之痕，本是「牧」字。文選李少卿荅蘇武書「牧馬悲鳴」，李善引毛詩曰「駉駉牧馬」。藝文類聚九十三、太平御覽五十五引「駉駉牧馬」。初學記廿九、白氏六帖九十六引「駉駉牡馬」。則唐人亦兼具兩本矣。宋呂東萊讀詩記首章猶作「牧馬」。今考之「駉駉牡馬」傳云：「駉，良馬腹幹肥張也。」「在坰之野」箋云：「牧於坰野者，避民居與良田也。」「薄言坰者」傳云：「牧之坰野，則駉駉然。」箋云：「坰之牧地，水草既美，牧人又良。」則知「在坰之野，薄言坰者」二句方及牧事，首句止言馬之良駿，而未及於牧也。

釋文於「牡馬」下引草本疏云「騭馬也」。案：爾雅釋畜：「牡曰騭。」則陸氏草木蟲魚疏亦作「牡馬」矣。釋文序録：「陸（機）〔璣〕字元恪，〔一〕吴太子中庶子。」乃三國時人，非晉之陸機，遠在顏氏之前，其本更爲可據，是當作「牡馬」爲定也。「牡」、「牧」二字形、聲皆相近。

〔一〕軍案：「機」，釋文序録作「璣」，今據改。黄焯彙校云：「崇文總目云：『世或以「璣」爲「機」，非也。機本不治詩，今應以「璣」爲正。』」

7

有杕之杜

顏氏家訓書證云：「詩云：『有杕之杜。』江南本並『木』傍施『大』。傳曰：『杕，獨皃也。』徐仙民音徒計反。説文曰：『杕，樹皃也。』在木部。韻集音『次第』之『第』。而河北本皆爲『夷狄』之『狄』，讀亦如字，此大誤也。」釋文云：「杕杜，本或作『夷狄』字，非也。下篇同。」

據此，則唐風杕杜、有杕之杜兩篇，「杕」字皆有作「狄」字者。顏、陸並以爲誤，是也。顏引毛傳云：「杕，獨皃也。」今杕杜篇孔、陸本皆作「特貌」，「特」字訓「獨」。顏引毛傳竟作「獨」，非。「有杕之杜」箋亦云「特生之杜」。顏引説文「杕，樹皃也」，今本無「也」字。大徐本有「詩曰『有杕之杜』」六字，小徐本即作鍇語。今據顏舉説文，不云引詩，則楚金本是。

8

昭六年大雩

漢書五行志中上：「（劉歆説以爲）：〔一〕先是，莒牟夷以二邑來犇，莒怒伐魯，叔弓帥師，距而敗之，昭得入晉。外和大國，内獲二邑，取勝鄰國，有炕陽動衆之應。」師古曰：「時昭公適欲朝晉，而遇莒人來討，將不果行。叔弓既敗莒師，公乃得去。故傳云『成禮大國，（㠯）〔以〕爲援好』也。」〔二〕

案：經五年：「公如晉。夏，莒牟夷以牟婁及防兹來奔。秋七月，公至自晉。戊辰，叔弓帥師，敗莒師于蚡泉。」則「叔弓敗莒師」在「公至自晉」後。劉以爲「叔弓帥師，距而敗之，昭得入晉」，師古云「叔弓既敗莒師，公乃得去」者，誤也。

〔一〕軍案：「劉歆説以爲」五字當删。「説」字漢書所無，「先是」至「之應」非劉歆語。

〔二〕軍案：「曰」，漢書師古注作「以」，今據改。

9

䵵䵵本沓字

顔氏家訓書證云：「晉中興書：〔一〕『太山羊曼，常穨縱任俠，飲酒誕節，兗州號爲䵵伯。』此字皆無音訓。梁孝元帝嘗謂吾曰：『由來不識。唯張簡憲見教，呼爲「嚃羹」之「嚃」。』法盛世代殊近，當（時）〔是〕耆老相傳，〔二〕俗閒又有『䵵䵵』語，原注：「音沓。」蓋無所不施、無所不容之意也。顧野王玉篇誤爲『黑』傍『沓』。吾所見數本，並無作『黑』者。『重沓』是多饒積厚之意，從『黑』更無義旨。」

案：説文曰部：「沓，語多沓沓也。从水，从曰。」臣鉉等曰：「語多沓沓，若水之流，故从水，會意。」水部又有「涾」字，云「涫溢也」。今河朔方言謂沸溢爲「涾」，从水，沓聲。顔氏引俗閒有「䵵䵵」之語，自注「音沓」，則「䵵」當作「沓」矣。「語多沓沓」，義與羊曼「任俠」、「誕節」之行亦合。从「水」已爲「多」義，俗人復加「重」旁。煩沓則鮮有潔者，故又或从「黑」旁也，即論羊曼之行，與潔己者正相反。

玉篇黑部：「䵵，丑合切。」晉書有「䵵伯」，與顔所見本同。廣韻廿七合：「䵵，晉書有兖州八伯，太山羊曼爲黯伯。」以「黯」爲「積厚」字，是所據晉書亦从「黑」，而不從「重」也。今晉書羊曼傳云：「曼字祖延，任達頽縱，好飲酒，州里稱曼爲黯伯。」蓋從顔氏説，用何法盛書也。

〔一〕軍案：隋書經籍志云：「晉中興書七十八卷，起東晉，宋湘東太守何法盛撰。」

〔二〕軍案：「時」當作「是」。王利器顔氏家訓集解云：「抱經堂本『是』作『時』，宋本、續家訓及各本都作『是』，今從之。」今據改。

10

周人以諱事神

左傳桓六年：「周人以諱事神，名，終將諱之。」杜注：「謂舍親盡之祖而諱新死者，故言『以諱事神，名，終將諱之』。自父至高祖，皆不敢斥言。」正義曰：「周人尊神之故，爲之諱名，以此諱法，敬事明神。」釋文：「『周人以諱事神名』，絶句。衆家多以『名』字屬下句。」

案：當從衆家，以「名」字屬下句。杜讀「終將諱之」，謂自父至高祖皆諱。正義曲通之，非也。「名，終將諱之」者，即曲禮所謂「卒哭乃諱」也，鄭注云：「敬鬼神之名也。諱，辟也。生者，不相辟名。衛侯名惡，大夫有名惡，君臣同名，春秋不非。」此謂生則名之，死則名終矣，故以木鐸徇告，將諱之。如以爲自父至高祖皆不敢斥言，則「將」字何所施乎？

正義又曰：「終將諱之，謂死後乃諱之。」此雖非杜意，然其義是也。據釋文，知漢儒賈、服等皆讀「周人以諱事神」句，「名，終將諱之」句。好乖先儒，乃魏、晉人之通病也，豈獨一杜預哉！

11

爾雅經注用韻

爾雅釋訓：「『子子孫孫』，引無極也。『顒顒卬卬』，君之德也。『丁丁』、『嚶嚶』，相切直也。『藹藹』、『萋萋』，臣盡力也。『噰噰喈喈』，民協服也。『佻佻』、『契契』，愈遐急也。『宴宴』、『粲粲』，尼居息也。『哀哀』、『悽悽』，懷報德也。『儵儵』、『嘒嘒』，罹禍毒也。『晏晏』、『旦旦』，悔爽忒也。『皋皋』、『琄琄』，刺素食也。『懽懽』、『愮愮』，憂無告也。『憲憲』、『泄泄』，制法則也。『謔謔』、『謞謞』，崇讒慝也。『翕翕訿訿』，莫供職也。『速速』、『蹙蹙』，惟逑鞫也。」每句第七字皆用韻。

晉郭氏注云：「世世昌盛，長無窮。道君人者之德望。丁丁，斫木聲；嚶嚶，兩鳥鳴，以喻朋友切磋相正。梧桐茂，賢士衆，地極化，臣竭忠。鳳皇應德鳴相和，百姓懷附興頌歌。賦役不均，小國困竭。賢人憂歎，遠益急切。盛飾宴安，近處優閑。悲苦征役，思所生也。悼王道穢塞，羨蟬鳴自得，傷己失所，遭讒賊。傷見絶棄，恨士失也。譏無功德，尸寵禄也。賢者憂懼，無所訴也。佐興虐政，設教令也。樂禍助虐，增譖惡也。賢者陵替姦黨熾，背公卹私曠職事。陋人專禄國侵削，賢士永哀念窮迫。」亦依倣經文用韻，更加以錯綜變化，牽上搭下。其注也，或一句，或二句，或三句，或四句。其句也，或三字，或四字，或五字，或七字，或八字。其用韻也，或每句一韻，或每句二韻，或每句三韻。「悲苦征役」當爲「役征」，方與下句「思所生」韻。或疑「譏無功德，尸寵禄也」不得韻。案：大戴禮記載孝昭冠辭云：〔一〕「以承皇天嘉禄，韻。欽順仲夏之吉日，遵並大道邠或，韻。秉集萬福之休靈，始加昭明之元服，韻。推遠稚免之幼志，崇積文武之寵德。」韻。是西漢人固已協用之矣。

〔一〕軍案：見大戴禮記公冠第七十九。

12 董子言性

春秋繁露實性云：「無教之時，何處能善？善如米，性如禾。禾雖出米，而禾未可謂米也。性雖出善，而性未可謂善也。米與善，人之繼天而成於外也，非在天所爲之内也。天之所爲，止於繭麻與禾。以麻爲布，以繭爲絲，以米爲飯，以性爲善，此皆聖人所繼天而進也，非情性質樸之能至也。聖人言中，本無『性善』名，而有當脱「曰」字。『善人吾不得見之矣』。使萬民之性皆已能善，善人者何爲不見也？觀孔子言此之意，以爲善難當甚。〔一〕而孟子以爲萬民性皆能當之，過矣。聖人之性不可以名『性』，斗筲之性又不可以名『性』，名『性』者，中民之性。中民之性，如繭如卵。卵待復二十日而後能爲雛，繭待繰以綰湯而後能爲絲，性待漸於教訓而後能爲善。善，教誨之所然也。是以米出於粟，而粟不可謂米；玉出於璞，而璞不可謂玉；善出於性，而性不可謂善。卵之性未能作雛也，繭之性未能作絲也，麻之性未能爲縷也，粟之性未能爲米也。性者，天質之樸也；善者，王教之化也。無其質，則王教不能化；無其王教，則質樸不能善。」

案：董子言性，謂性不能本善，必待教而後能善。殆即告子「以人性爲仁義，猶以杞柳爲桮棬」之説，〔二〕而小變之，但不如荀子之言性惡耳。孔子雖無性善之言，然論語云「性相近」，〔三〕謂性與善相近，斯即聖人性善之説矣。若謂必待王教而後善，（蒸）〔烝〕民之詩將何説焉？〔四〕余故深有取於韓子嬰之言也。

〔一〕軍案：蘇輿春秋繁露義證「甚」在「善」下，云：「天啟本『甚』在『當』下，凌本同。」

〔二〕軍案：見孟子告子上。

〔三〕軍案：見論語陽貨篇。

〔四〕軍案：「蒸」當作「烝」。

13

新宮災

春秋成三年：「二月甲子，新宮災，三日哭。」左氏無傳。杜注：「三年喪畢，宣公神主新入廟，故謂之『新宮』。書『三日哭』，善得禮。」公羊傳：「『新宮』者何？宣公之宮也。宣（公）〔宮〕，〔一〕則曷謂之『新宮』？不忍言也。其言『三日哭』何？廟災三日哭，禮也。新宮災，何以書？記災也。」何注：「此象宣公篡立，當誅絶，不宜列昭穆。成公幼少，臣威大重，結怨彊齊，將不得久承宗廟之應。」

穀梁傳：「『新宮』者，禰宮也。『三日哭』，哀也。其哀，禮也。迫近不敢稱謚，恭也。其辭恭且哀，以成公爲無譏矣。」

又漢書五行志上云：「『新宮災。』穀梁以爲：『宣(公)〔宮〕，〔二〕不言謚，恭也。』劉向以爲：『時魯三桓子孫始執國政，宣公欲誅之，恐不能，使大夫公孫歸父如晉謀。未反，宣公死。三家譖歸父於成公。成公父喪未葬，聽讒而逐其父之臣，使奔齊。故天災宣宮，明不用父命之象也。一曰：「三家親而亡禮，猶宣公殺子赤而立。亡禮而親，天災宣廟，欲示去三家也。」』董仲舒以爲：『成居喪亡哀戚心，數興兵戰伐，故天災其父廟，示失子道，不能奉宗廟也。一曰：「宣殺君而立，不當列於羣祖也。」』」

案：公羊當從董說。天意以成失子道，不能奉宗廟，不如災之；欲成公之追念其父，寢兵息民也。若謂以宣篡立，故災之，則天何不誅之於未亡之先，而必欲災之於入廟之後乎？何注謂「臣威大重，結怨彊齊」，則與宣廟無涉。

穀梁當從劉說，謂成不能用父命以誅三家。夫能用父命，方可謂之孝。天意若曰：爾不能聽父生前之命，安用死後之廟哉？不如災之，庶成能感悟，追用父命，乃不能而徒爲三日之哭。哭而哀，禮也；不敢稱謚，恭也。夫能用父命，方可謂之孝。有禮而恭，非孝子之能事也。

檀弓說申生自卒而以爲恭世子，鄭康成云：「言行如此，可以爲恭，於孝則未之有。」〔三〕余謂公羊、穀梁云「禮也」者，皆微辭以婉刺也。何休、杜預云「善得禮」，失經、傳之旨，亦非董、劉之意也。至謂天欲去三家，故災宣廟以示之，雖天意昭昭，每因此以示彼，然較之「不用父命」之說，似疎矣。

〔一〕軍案：「公」，公羊傳作「宫」，今據改。清經解本亦誤。

〔二〕軍案：「公」，漢書作「宫」，今據改。清經解本亦誤。

〔三〕軍案：見禮記正義檀弓上第三。

14

遂跣以下

左傳宣二年：「秋，九月，晉侯飲趙盾酒，伏甲將攻之。其右提彌明知之，趨登，曰：『臣侍君宴，過三爵，非禮也！』遂扶以下。」釋文：「遂扶以下，舊本皆作『扶』，房乎反。服虔注作『跣』，先典反，云『徒跣也』。今杜注本往往有作『跣』者。」

正義曰：「服虔本『扶』作『跣』，注云：『趙盾徒跣而下走。』禮，脱屨而升堂，降階乃納屨。堂上無屨，跣則是常，何須云『遂跣而下』？杜本作『扶』，言扶趙盾下階跣。」

案：「遂跣以下」者，言雖降階，猶不暇納屨。故公羊傳宣六年云「躇階而走」，又云「有起于甲中者，抱趙盾而乘之」，明盾雖已下階，猶未納屨，不能疾走故也。「遂跣以下」，正言匆遽之狀。若如杜本，爲提彌明扶盾下階，一何從容不迫乎？公羊傳云：「靈公召趙盾，祁彌明佐然從乎趙盾而入，放乎堂下而立。」何注：「嫌靈公復欲殺盾，故入以爲意。」又言靈公欲觀趙盾之劍，「盾將進劍，祁彌明自下呼之曰：『盾！食飽則出，何故拔劍於君所？』趙盾知之。」據此，則大夫侍宴君所，御僕立於堂下。左傳云「趨登」者，言登階而呼耳，不得竟上堂扶盾也。〔一〕

〔一〕環案：提彌明雖不得升堂，然登階而呼，而盾已㢟階，則亦可扶以下。正義本是。若作「跣」字，亦可通。

15

衷窈窕

毛詩序：「哀窈窕，思賢才，而無傷善之心焉。」注：「『哀』蓋『衷』字之誤也，當爲『衷』。『衷』謂中心恕之。」釋文：「哀，前儒並如字，鄭氏改作『衷』。」正義曰：「以后妃之求賢女，直思念之耳，無哀傷之事在其閒也。經云『鍾鼓樂之』、

『琴瑟友之』，哀樂不同，不得有悲哀也，故云『蓋「衷」字之誤』。論語注云：『哀世夫婦不得此人，不爲減傷其愛。』彼仍以『哀』爲義者，鄭荅劉琰云：『論語注人閒行久，義或宜然，故不復定。』」

案：論語集解載孔安國説是「哀」字。據此，則鄭注論語亦作「哀」，義得兩通，故不依詩箋追改也。詩正義引王肅云「哀窈窕之不得」，此因箋改爲「衷」，故肅讀如字以難鄭。後漢書皇后紀云「進賢才以輔佐君子，衷窈窕而不淫其色」，李賢注引詩序云「衷窈窕」，蓋俱用鄭説。李善注文選云：「『哀』當爲『衷』。」六臣本作「衷」，翰曰：「衷，念也。」

16

豚曰腯肥

曲禮記下：「豚曰『腯肥』。」注：「腯，亦『肥』也。春秋傳作『腯』。腯，充貌也。」釋文：「腯肥，徒忽反，注同，本或作『豚』。」

案：鄭既云「春秋傳作『腯』」，明禮記不作「腯」矣。據釋文所引之本，知本作「豚曰『豚肥』」，注云「豚，亦『肥』也」。左傳桓六年：「吾牲牷肥腯。」鄭以此「豚肥」即春秋傳「肥腯」，但義隨字變，故訓「腯」爲「充貌」，與「肥」義原相同，然可驗此本之不作「腯」也。正義云：「『豚曰「腯肥」』者，『腯』即充滿貌也。」又杜注左傳：「腯，亦『肥』也。」正義云：「曲禮曰：『豚曰「腯肥」。』『肥』、『腯』共文，知『腯』亦『肥』也。」禮記釋文亦從「腯」爲正字。是唐時經、注俱已誤作「腯」矣。「豚」、「腯」聲相近。

17

往𨑨王舅

詩崧高：「往近王舅。」〔一〕傳：「近，已也。」箋云：「近，辭也，聲如『彼記之子』之『記』。」

案：「近」乃「𨑨」字形近之譌。說文丌部：「𨑨，古之遒人以木鐸記詩言。从辵，从丌，丌亦聲。讀與『記』同。」又「丌，讀若『箕』」，與「其」同聲。故「彼記之子」亦作「彼其之子」。詩以「𨑨」字聲與「記」、「其」同，故借用之。鄭從許讀若「記」，故云「辭也」。毛傳爲「已」，則音「以」。蓋古「己」、「已」、「𨑨」聲皆相近也。正義曰：「歎而送之，〔二〕往去已，此王之舅也。」得毛旨矣。正義又曰：「以命往之國，不復得與之相近，故轉爲『已』，以爲辭也。」然則唐時本已作「近」，孔仲達亦不知本作「𨑨」矣。

〔一〕軍案：「近」，清經解本誤作「𨑨」。

〔二〕軍案：「歎」，清經解本誤作「歡」。

18

莊十七年多麋

春秋莊十七年：「冬，多麋。」杜注：「無傳。麋多則害五稼，故以災書。」漢志云：〔一〕「劉歆㠯爲：『毛蟲之孽爲災。』劉向㠯爲：『麋色青，近青祥也。「麋」之爲言「迷」也，蓋牝獸之淫者也。是時，嚴公將取齊之淫女，其象先見。天戒若曰：「勿取齊女，淫而迷國。」嚴不寤，遂取之。夫人既入，淫於二叔，終皆誅死，幾亡社稷。』董仲舒指略同。京房易傳曰：『廢正作淫，（火）〔大〕不明，〔二〕國多麋。』又曰：『震遂泥，〔三〕厥咎國多麋。』」

案：何注公羊云：「『麋』之爲言猶『迷』也。」本劉子政義。志云「董仲舒指略同」，則公羊亦以「麋」爲「淫女」，天之示戒於莊公也。乃何氏云「象魯爲鄭瞻所迷惑」，則據春秋説，以取齊女爲聽鄭瞻計，見疏。較先儒迂遠矣。京君明説易當以「震遂泥」爲「溺愛淫女」，故迷惑不明而國多麋。李奇注具二説，後説得京意。李奇曰：「從（二）〔三〕至五，〔四〕有坎象。坎爲水，四爲泥在水中，故曰『震遂泥』。『泥』者，泥溺於水，不能自拔，道未光也。或（曰）〔以〕爲溺於淫女，〔五〕故其妖多麋。麋，迷也。」范解穀梁，引易傳首二句，義不了，當以劉子政説補之。

〔一〕軍案：見漢書五行志中之上。

〔二〕軍案：「火」，漢書五行志中之上作「大」，今據改。

〔三〕軍案：師古曰：「此易震卦九四爻辭也。」

〔四〕軍案：「二」，漢書五行志中之上李奇注作「三」，今據改。

〔五〕軍案：「巳」，漢書五行志中之上李奇注作「以」，今據改。

19

堯如腊舜如腒

穀梁音義莊廿四年「腊腒」下引説文云：「北方謂鳥腊曰腒。傳曰：『堯腊，舜始腒。』」

案：説文肉部「腒」下引「傳曰：『堯如腊，舜如腒』」，不作「始」字，上「如」字亦當有。又論衡語增云：「傳語曰：『聖人憂世，深思勤事，愁擾精神，感動形體，故稱「堯若腊，舜若腒」。桀、紂之君，垂腴尺餘」。』」然則稱「堯如腊，舜如腒」者，言堯、舜憂勤，故體瘠若乾腊耳。桀、紂逸樂，故垂腴尺餘，言其肥也。下二語亦傳文。

20

白圭之㓤

抑：「白圭之玷，尚可磨也。斯言之玷，不可爲也。」傳：「玷，缺也。」箋云：「玉之缺，尚可磨鑢而平。人君政教一失，誰能反覆之？」釋文：「玷，丁簟反，沈丁念反，説文作『㓤』。」

案：説文刀部：「㓤，缺也。从刀，占聲。詩曰：『白圭之㓤。』」義與毛傳同。是詩本作「㓤」也，从「刀」，有「缺失」義，故又爲「斯言之㓤」。俗人以文連「白圭」，遂改「刀」从「玉」矣。

21

魚須文竹

禮記玉藻：「笏，天子以球玉，諸侯以象，大夫以魚須文竹。」注：「文，猶飾也。大夫飾竹以爲笏，不敢與君並用純物也。」正義曰：「盧云『以魚須及文竹爲笏』，非鄭義也。」

案：釋文引「隱義云：『以魚須飾文竹之邊。』須，音班」，正義引「庾氏云：『以鮫魚須飾竹以成文』」，此並與注合。釋文引「崔云：『用文竹及魚班也』」，然則文竹、魚須二物皆可爲笏。崔靈恩本、盧子幹説義得兩通。隋志：「禮記音義隱一卷，謝氏撰」，又「禮記音義隱七卷。禮記略解十卷，庾氏撰。釋文敘録：「庾蔚之略解十卷，字季隨，潁川人，宋員外常侍。」三禮義宗三十卷，崔靈恩撰」。

經義雜記卷十九

武進學生臧琳玉林

經典釋文

1

陸德明經典釋文三十卷，明崇禎上黨馮斑跋云：「原書文淵閣秘籍也，不知何自出於人閒。震澤葉林宗購書工影寫一部，凡八百六十葉。嗚呼！經學盛於漢，至宋而疾漢儒如讎。玄學盛於晉，至宋而詆爲異端。注疏僅存，譌闕淆亂。今之學者，至不能舉其首題。其閒句讀字，祇賴有是書。世無刻本，又將澌滅矣！此與注疏中所引，往往不同，讀者幸詳而寶之也。」

案：唐初諸儒傳注尚存。此書採漢、魏、晉、南北朝以來諸家詁訓，可謂博極羣書矣，非孔仲達專主一家之可擬也。於周易、尚書、毛詩、論語、爾雅、莊子，更爲賅博。治經者，此書不可一日少也。但陸氏所自言，未免多誤，非特音學不精，文字亦不大識。〔一〕周

易本義引此書，稱晁氏古易。蓋朱子未見釋文原書，故引用甚少。〔二〕

〔一〕其識甚精，評斷甚確。王鳴盛記。

〔二〕廣圻案：朱子見釋文，論語集注引「陸氏曰」。

2

漢魏叢書

漢魏叢書有五：一，九十六種；一，六十四種，余皆未之見。一，明人莊周漢魏叢書纂，割裂不全。一，鍾惺評點本，止以文法論之，亦無足取。惟明人新安程榮校本，刊於神廟壬辰，〔一〕前有東海屠隆緯真序一首，分經、史、子三籍，計三十八種，妄改處尚少。玆録其目，以便考檢。

經籍：

京房易傳三卷，漢京房著，吴陸績注。周易略例一卷，晉王弼著，唐邢璹注。三墳書一卷。詩説一卷，漢申培著。韓詩外傳十卷，漢韓嬰著。大戴禮記十三卷，漢戴德著。春秋繁露十七卷，漢董仲舒著。白虎通德論二卷，漢班固著。獨斷二卷，漢蔡邕著。忠經一卷，漢馬融著。方言十三卷，漢楊雄紀，晉郭璞解。

史籍：

元經薛氏傳十卷，隋王通經，唐薛收傳，宋阮逸注。汲冢周書十卷，晉孔晁注。穆天子傳六卷，晉郭璞注。西京雜記六卷，晉葛洪集。

子籍：

素書一卷，漢黄石公著，宋張商英注。新語二卷，漢陸賈著。孔叢子三卷，漢孔鮒著。新序十卷，漢劉向著。説苑二十卷，漢劉向著。新書十卷，漢賈誼著。法言十卷，漢楊雄著。潛夫論十卷，漢王符著。申鑒五卷，漢荀悦著，明黄省曾注。中論二卷，漢徐幹著。顔氏家訓二卷，北齊顔之推著。商子五卷，秦公孫鞅著。人物志三卷，魏劉邵著，凉劉昞注。風俗通義十卷，漢應劭著。劉子新論十卷，梁劉勰著，袁孝政注。神異經一卷，漢東方朔著。洞冥記四卷，漢郭憲著。述異記二卷，梁任昉著。拾遺記十卷，晉王嘉著，梁蕭綺録。甘石星經二卷，漢甘公、石申著。飛燕外傳一卷，漢伶玄著。古今刀劍録一卷，梁陶弘景著。論衡三十卷，漢王充著。

如大戴禮記、周書，〔二〕六經之次也。韓詩外傳、春秋繁露、白虎通、方言、法言、穆天子傳、新書、風俗通，多周、秦遺文，研經好學之士其深究之。獨斷、西京雜記、新語、新序、説苑、潛夫論、申鑒、中論、新論、論衡、星經，亦多善者，但少雜耳。顔氏家訓、人物志，精義美言，時時閒出，亦學者不可不讀之書也。若神異經、洞冥記、述異記、拾遺記、飛燕外傳、刀劒録，皆小説家耳，吾不及觀之。至三墳書、詩説、忠經、素書、孔叢子，俱僞書，識者有辨矣。京氏易傳、周易略例、元經薛氏傳，此别爲一種，難以優劣論。

〔一〕軍案：「神廟壬辰」，謂明萬曆壬辰年也。

〔二〕軍案：「周書」，謂汲冢周書也。

3

吕伯恭論晏安

今歲自春至夏，翻閲雜書，一無定課，朝夕昏惰，晏安實甚。偶觀東萊博議，得管仲言晏安論，〔一〕讀之如清夜鍾，不覺汗流浹背，勇往之心勃發，因急録以爲余之藥石，庶不致酖毒日深云。以言警世者，不可爲駭世之論。

管仲告齊威公之言曰：「晏安酖毒，不可懷也。」〔二〕酖入人之口，裂肝腐腸，死不旋踵。晏安雖敗德，其禍豈遽至如是之烈哉？意者仲有警世之心，而不免于駭世之病與？〔三〕殆非也。〔四〕使仲果盡言其實，則世將愈駭矣。世之死于酖者，千萬人而一人耳；死于晏安者，天下皆是也。晏安之毒，至慘至酷，無物可譬，仲殆就世之所畏者爲譬也。〔五〕地之于車，莫仁于羊腸，而莫不仁于康衢；水之于舟，莫仁于瞿塘，而莫不仁于溪澗。蓋戒險則全，玩平則覆也。生于憂勤，死于晏安，厥理明甚，人所以不知畏者，特習之而不察耳。

端居之暇，嘗試思之：使吾志衰氣惰者，誰與？使吾功隤業廢者，誰與？使吾歲月虛棄者，誰與？使吾草木同腐者，誰與？使吾縱欲忘返而流于惡者，誰與？使吾弛備忘患而陷于禍者，誰與？皆晏安之爲也。是晏安者，衆惡之門。以賢入者，以愚出；以明入者，以昏出；以剛入者，以懦出；以潔入者，以污出。殺身滅國，項背相望，豈不甚可畏邪？

雖然，君子之耳目口鼻，所欲與人無異也。苟衆人所謂晏安者果可樂，則君子先據之矣。其所以去彼而取此者，見衆人之晏安，放肆偷惰，百殃並集，其心戚然不寧，〔六〕乃憂患之大者耳。〔七〕君子外雖若憂勤，中有逸樂者，〔八〕自彊不息，心廣體胖，無人非，無鬼責，其安殆若泰山而四維之也。然則善擇晏安者，誰若君子哉？〔九〕

〔一〕軍案：見呂祖謙左氏博議卷八。

〔二〕軍案：「管仲」至「之言」，文淵閣四庫全書本、金華叢書本左氏博議本作「管敬仲言於齊侯」。「晏安」至「懷也」，語見閔元年左傳。

〔三〕軍案：「于」，四庫本、金華本作「於」，後皆倣此。

〔四〕軍案：「殆」，四庫本、金華本無。

〔五〕軍案：「殆」，四庫本、金華本作「姑」。

〔六〕軍案：「戚」，四庫本、金華本作「焦」。

〔七〕軍案：「患」，四庫本、金華本作「勤」。

〔八〕軍案：「者」下四庫本、金華本有「存」字。

〔九〕軍案：「若」，四庫本、金華本作「如」。

4

韓子知命說

韓詩外傳，隋、唐志十卷，今本同。讀其書，少次序，又多雜見於大戴、管、荀、呂覽、淮南、説苑諸書。考漢志本作六卷，則今書非韓氏原編，容有後人分并，且以他書厠入者。本傳稱：「嬰孝文時爲博士。武帝時，嘗與董仲舒論於上前，其人精悍，處事分明，仲舒不能難也。」〔一〕

其書有曰：「子曰：『不知命，無以爲君子。』言天之所生，皆有仁義禮智順善之心。

不知天之所以命生，則無仁義禮智順善之心。無仁義禮智順善之心，謂之小人。故曰『不知命，無以爲君子』。小雅曰：『天保定爾，亦孔之固。』言天之所以仁義禮智，保定人之甚固也。大雅曰：『天生(蒸)[烝]民，〔二〕有物有則。民之秉彝，好是懿德。』言民之秉德以則天也。不知所以則天，又焉得爲君子乎？」

斯言也，即孟子「性善」之説也。秦、漢以來，如毛公、董生，皆可(爲)[謂]見道之醇儒矣，〔三〕而性善之説，則俱未能言也。琳謂孟子之後，程、朱以前，知性善者，韓君一人而已，故特爲表出之。

〔一〕軍案：見漢書儒林傳。

〔二〕軍案：「蒸」，今從毛詩大雅烝民作「烝」。

〔三〕軍案：「爲」當作「謂」。

瀾漣文同

詩伐檀：「河水清且漣猗。」傳：「風行水成文曰漣。」釋文：「漣，力纏反。」爾雅釋水作「河水清且瀾漪」，郭注：「言涣瀾。」釋文：「瀾，郭力旦反，又力安反；李依詩作『漣』，音連。」

又詩漸漸之石箋云：「入水之波漣矣。」釋文：「漣，音連；一本作『瀾』，力安反。」又釋名釋水：「風吹水波成文曰瀾。瀾，連也，波體泛流相及連也。」

案：説文水部：「瀾，大波爲瀾。从水，闌聲。漣，瀾或从連。」據此，則「瀾」、「漣」本一字。毛詩爲古文，作「漣」；爾雅爲今文，作「瀾」。説文亦以「瀾」爲正字。釋名本諸爾雅，劉成國漢人，當據三家詩，故亦作「瀾」。李巡注爾雅作「漣」，蓋用毛詩定之也。漸漸之石箋當從一本作「瀾」。釋文作「漣」，非是。

寫本徐鍇説文「漣」下有「小波」之注，不以爲重文。此非與下「淪」字相涉而誤，即是淺人所改，不可信也。徐鼎臣於「漣」下云「今俗音力延反」，亦以二字同音，不當區别故也。陸德明於「瀾」字云「力安反」，於「漣」字云「音連」，不知二字音同，識反出徐氏下矣。又爾雅釋文「瀾」作「灡」，是聲借字。〔一〕説文：「灡，潘也。从水，蘭聲。」「潘，淅米汁也」，〔二〕與「瀾」義别。〔三〕

〔一〕軍案：「聲」，清經解本作「假」，非是。

〔二〕軍案：「潘，淅米汁也」五字，清經解本作「陸所采者也」，非是。

〔三〕軍案：説文水部「潘」字段注云：「内則曰：『其閒面垢，燂潘請靧。』鄭云：『潘，米瀾也。』」

按：『灡』者，『瀾』之省。」

6

雨木冰

春秋成十六年：「春，王正月，雨，木冰。」杜注：「無傳。記寒過節，冰封著樹。」公羊傳：「『雨，木冰』者何？雨而木冰也。何以書？記異也。」何注：「木者，少陽，幼君大臣之象。冰者，凝陰，兵之類也。冰脅木者，君臣將執於兵之徵也。」穀梁傳：「雨而木冰也。志異也。傳曰：『根枝折。』」范解：「『雨，木冰』者，木介甲冑，兵之象。雨著木成冰。」疏引徐邈云：「五行以木爲介；介，甲也。木者，少陽之精，幼君大臣之象。冰者，兵之象。今冰脅木，君臣將見執之異。『根枝折』者，象禍害谏至也。」與何邵公義同。

又漢書五行志上：「春秋：『雨，木冰。』劉歆以爲：『上陽施不下通，下陰施不上達，故雨而木爲之冰，雰氣寒，木不曲直也。』劉向以爲：『冰者，陰之盛而水滯者也。木者，少陽，貴臣卿大夫之象也。此人將有害，則陰氣(協)[脅]木，[木]先寒，〔一〕故得雨而冰也。是時，叔孫喬如出奔，公子偃誅死。一曰：『時晉執季孫行父，又執公，此執辱之異。』或曰：「今之長老名木冰爲『木介』。『介』者，甲；甲，兵象也。是歲，晉有鄢陵之戰，楚王傷目而敗。屬常雨也。」』」

案：左氏無傳，當從劉子政説。説文气部：「氛，祥气也。从气，分聲。雰，氛或从雨。」則「氛」、「雰」爲一字。釋名釋天：「氛，粉也。潤氣著草木，因寒凍凝，色白若粉之形也。」劉説與釋名合，「氛」、「雰」字異也。穀梁當從劉子政説，言人將有害，則陰氣脅木，得雨而冰，是不必以冰爲「木介」，取象於甲兵矣。何注公羊、徐注穀梁，皆本劉子政義。范則專取甲兵之説，不知穀梁引傳曰「根枝折」，正與「陰氣脅木」之言合，明非取象於甲兵也。

〔一〕軍案：「協」，清經解本同，當改作「脅」。王先謙漢書補注云：「錢大昭曰：『「協」，南雍本、閩本作「脅」。』朱一新曰：『汪本作「脅」。』葉德輝曰：『德藩本作「脅」。』先謙曰：『官本作「脅」，晉、宋、隋、唐志同。』」「先」上「木」字當重，漢書不誤，今據補。

7

宜都記

袁崧宜都記，隋、唐志不著録，有云：〔一〕「自黄牛灘東入西陵界，至峽口一百許里，山水紆曲，而兩岸高山重嶂，非日中、夜半，不見日月。絕壁或千許丈，其石彩色，形容多所像類。林木高茂，略盡冬春。猿鳴至清，山谷傳響，泠泠不絕。所謂『三峽』，此其一也。崧言：嘗聞峽中水疾，書記及口傳，悉以臨懼相戒，曾無稱有山水之美也。及余來踐躋此(意)[境]，〔二〕既至，欣然始信之，耳聞不如親見矣。其疊崿秀峯，奇構異形，固難以辭敍。林木蕭森，離離蔚蔚，乃在霞氣之表。仰矚俯映，彌習彌佳。流連信宿，不覺忘返。目所履歷，未嘗有也。既自欣得此奇觀，山水有靈，亦當驚知己於千古矣！」

此皆見酈善長水經注，文字之工，語言之妙，山水之秀，皆得未曾有。

〔一〕軍案：見水經注卷三十四江水二「江水又東逕西陵峽」下。

〔二〕軍案：「意」當作「境」。沈炳巽水經注集釋訂訛卷三十四云：「『意』疑當作『境』。」武英殿聚珍版叢書本水經注卷三十四作「境」，戴震校云：「近刻訛作『意』。」

8

人可使由之

「子曰：『民可使由之，不可使知之。』」〔一〕集解：「由，用也。可使用而不可使知者，百姓能日用而不能知也。」

案：後漢書方術列傳引鄭玄注曰：「由，從也。言王者設教，務使人從之。若皆知其本末，則愚者或輕而不行。」文意周浹，遠勝何解，深得聖人「不可」二字之旨。若如何説，爲「不能使知之」矣。

又堯典正義引六藝論云：「若堯知命在舜，舜知命在禹，猶求於羣臣，舉於側陋，上下交讓，務在服人。孔子曰：『人可使由之，不可使知之。』此之謂也。」與論語注義同，皆言愚者不可使盡知本末也。疑鄭注魯論本作「人可使由之」，六藝論所引同，故注云「務使人從之」，不作「民」字。

〔一〕軍案：見論語泰伯篇。

9

辵階而走

公羊傳宣六年：「趙盾躇階而走。」何注：「躇，猶超遽不暇以次。」釋文：「躇，丑略反，與『踱』同；一本作『辵』，音同。」

案：説文：「辵，乍行乍止也。从彳，从止。讀若春秋公羊傳曰『辵階而走』。」釋文謂「一本作『辵』」，與説文正合。則古本公羊作「辵階」矣。

公食大夫禮「賓栗階升」，注：「不拾級連步，趨主國君之命。不拾級而下曰辵。」公羊傳文當本作「辵」，義則如禮經注。何邵公與鄭義同，較之説文「乍行乍止」之訓更密也。

10

不相知

禮記曲禮：「男女非有行媒，不相知名。」釋文作「不相知」，云：「本或作『不相知名』，『名』衍字耳。」〔一〕

案：注云：「見媒往來傳昏姻之言，乃相知姓名。」經如本有「名」字，鄭可無庸注矣。此當從釋文。正義曰：「相知男女名者，先須媒氏行傳昏姻之意，後乃知名，『見媒往來傳昏姻之言，乃相知姓名』也。故昏禮有六禮，二曰『問名』。」〔二〕則似本有「名」字。

〔一〕軍案：「衍」，清經解本誤作「行」。

〔二〕軍案：見禮記正義卷二曲禮上第一。

11 某有負薪之疚

曲禮下：「君使士射，不能，則辭以疾，言曰：『某有負薪之憂。』」注：「射者所以觀德，唯有疾，可以辭也。使士射，謂以備耦也。『憂』或爲『疾』。」釋文：「則辭以疾，如字；本又作『有疾』、『爲疾』，如字；本又作『疚』，音救。」

案：「辭以疾」，言以疾辭之也。下文始曰「某有負薪之憂」，此已稱「有疾」，非是，或因注云「唯有疾，可以辭也」而誤。注「『憂』或爲『疾』」，依釋文當作「『憂』或爲『疚』」。「憂」與「疚」聲相近，故文異；「疚」作「疾」，因形近致譌也。

12 行舉足

曲禮記下：「執主器，操幣、圭璧，則尚左手，行不舉足，車輪曳踵。」注：「車輪，謂行不絶也。」釋文作「行舉足」，云：「一本作『行不舉足』。」

案：「車輪曳踵」四字，正形容「舉足」之象，言雖舉足行，而踵不離地也。若絶不舉足踵，何由「曳」乎？且不舉足，并不得謂之「行」。「不」字明係衍文。正義曰：「若執器行時，則不得舉足，但起前拽後，使踵如車輪曳地而行，故云『車輪曳踵』。」是正義本有「不」字也。此當從釋文。

13

納夏作夏納

周禮鍾師：「以鍾鼓奏九夏：王夏、肆夏、昭夏、納夏。」釋文作「夏納」，云：「本或作『納夏』。」又左傳襄四年「金奏肆夏之三」，杜注：「四曰納夏。」釋文作「夏納」，云：「本或爲『納夏』，誤。」又春秋正義曰：「定本『納夏』爲『夏納』。」

案：九夏之名，皆「夏」字在下，何「納夏」諸本皆「夏」字在上？周禮注：「故書『納』作『内』。杜子春云：『「内」當爲「納」。』四方賓來，奏納夏。」「内」即古「納」字。即據此注，亦不見當爲「夏納」也。然依陸、孔之書，知舊本是「夏納」。左氏音義以作「納夏」爲誤，〔一〕當非後人乙改也。俟考。

〔一〕軍案：「氏」，清經解本改作「傳」，非是。

14

曲禮記下衍文

「大夫、士去國，祭器不踰竟」，釋文無「大夫士」三字，云：「去國祭器不踰竟，一本作『大夫、士去國』，下『去國踰竟』亦然。」

案：下文「大夫寓祭器於大夫，士寓祭器於士」，方別「大夫」、「士」言之，則此及下文「去國踰竟」皆不當預著「大夫士」字。今本誤衍，當從釋文。

15

小人之中庸也

禮記中庸「小人之中庸也」，釋文云：「王肅本作『小人之反中庸也』。」

案：「君子中庸，小人反中庸」注云：「『反中庸』者，所行非中庸，然亦自以爲中庸也。」然則「小人反中庸」者，謂小人之中庸與君子相反耳。下先明「君子之中庸」，言本是君子，而又時節其中，故曰君子以用中爲常也：此覆解「君子中庸」。下又明「小人之中庸」，言本是小人，而又以無畏難爲常行，故曰小人以非中庸爲中庸也：此覆解「小人反中庸」。「君子之中庸也」、「小人之中庸也」，此兩句是接遞之辭，當輕輕讀過，所重在上下文。王肅妄增「反」字，可謂不諳文法之至。

16 而震而怒

詩常武：「王奮厥武，如震如怒。進厥虎臣，闞如虓虎。」釋文云：「如震如怒，一本此兩『如』字皆作『而』。」

案：箋云：「王奮揚其威武，而震雷其聲，而勃怒其色。前其虎臣之將，闞然如虎之怒。」則經本作「而震而怒」，下「闞如虓虎」始作「如」字，箋甚分明。此作「如」者，蓋因上文「如雷如霆」、箋云：「如雷霆之恐怖人然。」下文「闞如虓虎」而誤。正義云「如天之震雷其聲，如人之勃怒其色」，是孔本亦同陸氏作「如」矣。

17 淥養

韓詩外傳卷七：「曾子曰：『往而不可還者，親也；至而不可加者，年也。是故孝子欲養，而親不待也；木欲直，而時不待也。〔一〕是故椎牛而祭墓，不如雞豚逮親存也。故吾嘗仕(齊)爲吏，〔二〕禄不過鍾釜，尚猶欣欣而喜者，非以爲多也，樂其逮親也。既没之後，吾嘗南遊於楚，得尊官焉，堂高九仞，〔三〕榱題三圍，〔四〕轉轂百乘，〔五〕猶北鄉而泣涕者，非爲賤也，悲不逮吾親也。』〔六〕故家貧親老，不擇官而仕。若夫信其志，〔七〕約其親者，非孝也。詩曰：『有母之尸雍。』」

又後漢書周磐傳：「磐少游京師，學古文尚書、洪範五行、左氏傳，好禮有行，非典謨不言，諸儒宗之。居貧養母，儉薄不充。嘗誦詩至汝墳之卒章，慨然而歎，迺解韋帶，就孝廉之舉。」李注引「韓詩曰：『汝濆，辭家也。』其卒章曰：『魴魚赬尾，王室如燬。雖則如燬，父母孔邇。』薛君章句：『赬，赤也。燬，烈火也。孔，甚也。邇，近也。言魴魚勞則尾赤，君子勞苦則顔色變。以王室政教如烈火矣，猶觸冒而(往)[仕]者，〔八〕以父母甚迫近飢寒之憂，爲此禄仕』」。

案：外傳「椎牛祭墓」二語，讀之令人心酸。「信其志，約其親者，非孝也」，若周堅伯之解韋就舉，其庶免於不孝乎！琳志不在温飽，而未嘗無禄養之心，乃累困塲屋，白首如故，每讀韓詩及周磐傳，未嘗不涕淚交衿也。後之子孫有志讀書者，其無老而不應試。孟子「仕非爲貧也，而有時乎爲貧」，〔九〕集注亦以「家貧親老」言之。

〔一〕軍案：許維遹韓詩外傳集釋卷七第七章云：「諸本皆同，元本下『待』字作『使』。維遹案：本或作『使』，與卷一第十七章『樹木欲茂，霜露不使』之『使』同義。」

〔二〕軍案：「齊」字當衍。清許瀚攀古小廬雜著卷二經傳説「仕齊爲吏」條云：「藝文類聚二十、初學記十七引皆作『初吾爲吏，禄不過釜』，歐引『過』作『及』，無『仕齊』字。案：無『仕齊』字是也。本書首章云：『曾子仕於莒，得粟三秉。方是之時，曾子重其禄而輕其身。親没之後，齊迎以相，楚迎以令尹，晉迎以上卿。方是之時，曾子重其身而輕其禄。』禮記檀弓『曾元稱曾子爲「夫子」』，鄭注云：『言「夫子」者，曾子親没之後，齊嘗聘以爲卿，而不爲也。』孔氏正義即引韓詩外傳爲證。然則曾子親没之前，未嘗仕齊。此『仕齊』字蓋後人所加，當依歐、徐二書所引删正。或疑『齊』即『莒』字之譌。案：仕莒『得粟三秉』，秉十六斛，三秉則四十八斛。此云『禄不過釜』，釜六斗四升耳。即如今本作『禄不及鍾釜』，釜十則鍾，才六斛四斗，與『三秉』之數甚相縣殊。以此證之，知非『莒』譌也。」許維遹韓詩外傳集釋卷七云：「許校是也。史記仲尼弟子列傳正義、御覽四百十四引並作『故吾嘗仕爲吏，禄不過鐘釜』，亦無『齊』字，今據删。」

〔三〕軍案：許維遹集釋云：「諸本皆同，趙本『仞』作『尺』。維遹案：本或作『尺』，類聚二十、白帖二十引同。」

〔四〕軍案：許維遹集釋云：「史記仲尼弟子列傳正義、御覽四百十四引『圍』作『尺』。」

〔五〕軍案：許維遹集釋云：「白帖二十引同。史記仲尼弟子列傳正義引『轉』作『躭』，御覽四百十四作『數』。」

〔六〕軍案：許維遹集釋云：「史記仲尼弟子列傳正義、御覽四百十四引『逮』作『見』，類聚二十、白帖二十引同今本。」

〔七〕軍案：許維遹集釋云：「『信』與『約』相對，『信』當讀若『伸』。」

〔八〕軍案：「往」，後漢書卷三十九劉趙淳于江劉周趙列傳李賢注作「仕」，今據改。

〔九〕軍案：見孟子萬章下。

18

虞潭投壺變

隋書經籍志：「梁有大小博法一卷，投壺經四卷，投壺變一卷，晉左光禄大夫虞潭撰。投壺道一卷，郝中撰。」唐藝文志作「郝沖、虞譚法投壺經一卷」，則書名、姓氏、卷帙無不誤矣。虞、郝之書，今皆不傳。太平御覽載虞潭投壺變文，頗譌闕難解。今并録其原注，以待通數者解之。〔一〕

謂之「投壺」者，取名篠他由反。籔，〔二〕漸而轉易，鑄金代焉。逮之於後，〔三〕人事生矣。壺底去一尺，其下筍以龍、玄，玄，月中蝦蟇，隨其生死也。横爲筍，龍蛇之形。〔四〕

運之以皫〔平表切。〕**鰕**、謂龍下皫螭也。〔五〕**燕尾也。**燕識候而歸人，來去有恒。投而歸（之）〔人〕，（目）〔自〕數之（數）極也。〔六〕**矢十二，**數之極也。**長二尺八寸。**法於恒矢，〔七〕古用柘棘。**古者投壺，擊鼓爲節，**〔八〕**帶劍十二，**〔入〕臉（頻）〔頰〕二帶，〔九〕謂之帶劍。**倚十八，**倚並左右，如狼尾狀。**狼壺二十，**令矢圓轉，（面）〔周〕於壺口。〔一〇〕**劍（饒）〔驕〕七十（八），**〔入〕帶劍還如後也。〔一一〕**三百六十籌得一馬，**言三百六十，歲功成也。馬謂之近黨，同得勝也。**三馬成〔都〕。**〔一二〕

〔一〕軍案：見太平御覽卷七百五十三工藝部十「投壺」條。參宋司馬光投壺新格（清光緒丙午長沙葉德輝刻郎園先生全書本）、明郭元鴻壺史卷二投壺正義（四庫全書存目叢書影印明鈔本）、清丁晏投壺考原（王先謙刻南菁書院叢書本）、王利器顏氏家訓集解卷七雜藝第十九「投壺之禮」條。

〔二〕軍案：「篠籔」，宋本、鮑本御覽作「蓧藪」。

〔三〕軍案：「於」，宋本、鮑本作「于」。

〔四〕軍案：宋本、鮑本「爲」作「曰」，「形」作「類」。

〔五〕軍案：宋本、鮑本「皫」下有注「平表切」三字，今據補。

〔六〕軍案：注文「燕」，宋本、鮑本作「鸛」。廣韻去聲三十二霰：「燕，説文云『玄鳥也』。鸛，俗，今通用。」「投而」至「極也」，今從宋本、鮑本作「投而歸人，自數之極也」。

〔七〕軍案：「恒矢」，鮑本同，宋本作「甞矣」。「甞矣」乃「常矢」形近之譌。

〔八〕軍案：「爲」，鮑本同，宋本作「而」。

〔九〕軍案：「臉頻」，宋本作「撿頰」，今從鮑本作「臉頰」。宋本、鮑本注首皆有「入」字，今據補。

〔一〇〕軍案：「面」，宋本作「西」，誤，今從鮑本作「周」。

〔一一〕軍案：「饒」，今從宋本、鮑本作「驕」。「八」，今從宋本、鮑本作「入」，此字乃注文誤入正文。

〔一二〕軍案：宋本、鮑本「成」下有「都」字，今據補。

19

臧曹古文尚書

孔仲達書正義引晉書云：〔一〕「晉太保公鄭沖以古文授扶風蘇愉，〔二〕字休預。預授天水梁柳，字洪季，〔三〕即謐之外弟也。季授城陽臧曹，字彦始。始授郡守子汝南梅賾，字仲真，爲豫章内史，〔四〕遂於前晉奏上其書，而施行焉。案：舜典正義言東晉之初，梅賾獻書。此言「前晉」，葢誤。時已亡失舜典一篇。」

據此，則古文尚書本出於鄭沖，〔五〕梅賾之獻書施行也，本傳自臧彦始。釋文但云「江左中興，元帝時，豫章内史梅賾奏上孔傳古文尚書」，不若正義之有源委也。今檢唐人所修晉書無此文，蓋見於王隱、臧榮緒等所撰。據正義語，知彦始所傳已亡舜典。

〔一〕軍案：見尚書正義卷二堯典第一。

〔二〕軍案：「以」，清經解本作「因」，音近而譌。

〔三〕軍案：「洪」，清經解本作「淇」，形近而譌。

〔四〕軍案：「爲」上尚書正義有「又」字。

〔五〕廣圻案：謂僞古文出於鄭沖。朱錫鬯有辨，見曝書亭集五十八。○軍案：閻若璩尚書古文疏證卷二第十九條云：「余復考之正義引晉書『晉太保公鄭沖以古文授扶風蘇愉，字休預』，似授書在其暮年，與上論語時不同。上論語爲魏光禄大夫，在正始中，魏尚盛。此書出於魏、晉之閒，安得預見之而載之？集解未可以是爲沖誣。然則此書實始授自沖云。」

20

素問注月令

唐王砅注素問引月令「桃始華」作「小桃華」，「雷乃發聲」下有「芍藥榮」，「田鼠化爲鴽」下有「牡丹華」，「王瓜生」作「赤箭生」，「苦菜秀」作「吴葵華」，「半夏生」下有「木槿榮」，〔一〕「鴻雁來」上有「盲風至」，「蟄蟲坏户」上有「景天華」，「鶡鴠不鳴」上有「冰益壯，地始坼」，「荔挺出」上有「芸始生」。此蓋後世之書，如崔實四民月令、孫思邈千金月令之類，非禮記、吕覽中本文也，學者無爲所惑。「吴葵」亦名「苦菜」。顔氏家訓云：「河北謂之『龍葵』。」〔二〕

〔一〕軍案：「木槿榮」，禮記月令作「木堇榮」，注云：「木堇，王蒸也。」釋文云：「堇，音謹，一名舜華。」正義曰：「釋草云：『椵，木槿。櫬，木槿。』某氏云：『别三名，可食，或呼爲「日及」，亦云「王蒸」。其花朝生暮落。』」

〔二〕軍案：見顔氏家訓書證篇「詩云『誰謂荼苦』」條。爾雅釋草「蘵，黄蒢」邵晉涵正義云：「本草陶注云：『益州有苦菜，乃是苦蘵。』唐本注云：『苦蘵，即龍葵也，俗亦名苦菜，非荼也。龍葵所在有之，葉圓花白，子若牛李；子生青熟黑，但堪煮食，不任生噉。』」

21

不若是恝

孟子萬章上：「夫公明高以孝子之心，爲不若是恝。」趙注：「恝，無愁之貌。夫公明高以爲孝子不得意於父母，自當怨悲，豈可恝恝然無憂哉？」

案：說文心部無「恝」字，有「忦」字，云：「忽也。从心，介聲。孟子曰：『孝子之心，不若是忦。』」據此，知古本孟子作「忦」。今作「恝」，爲俗字，當從說文所引。忽忘於心，即是「無愁」，與趙注義合，知本作「忦」也。

22

儀禮古文

古時字少，多用假借。儀禮士冠禮「贊者奠纚、笄、櫛于筵南端」，古文「櫛」爲「節」。〔一〕「束帛儷皮」，古文「儷」爲「離」。「戒賓曰：『某有子某』」，古文「某」爲「謀」。「以病吾子」，古文「病」爲「秉」。「眉壽萬年」，古文「眉」作「麋」。「嘉薦亶時」，古文「亶」爲「癉」。士昏禮「授如初禮」，古文「禮」爲「醴」。「腊一肫，髀不升」，古文「肫」爲「鈞」，「髀」爲「脾」。「贊見婦于舅姑」，古文「舅」皆作「咎」。士相見禮「問夜膳葷」，古文「葷」作「薰」。「在野則曰草茅之臣」，古文「茅」作「苗」。皆見鄭康成注，略舉數端，可識古人文字之妙矣。

鄭氏以今、古文參校，其取舍恐猶有未盡善者。安得好學深思之士，不爲章句之學者，更參訂之，豈必於鄭氏外一無發明乎？

〔一〕軍案：「古文『櫛』爲『節』」乃鄭玄儀禮注文，後皆倣此。

23

髮膚不敢毀傷

孝經云：「身體髮膚，受之父母，不敢毀傷，孝之始也。」〔一〕故落下之髮，當什襲藏之，與生平所揃手足蚤及齒牙聚一處，待葢棺之日，置之棺中，庶亦全受全歸之道，未必非敬父母遺體之一端也。其餘大節處，充類推之，自有所不能已。〔二〕

〔一〕軍案：見孝經開宗明義章。

〔二〕廷檮謹案：大清通禮第五十士喪禮曰：「三日大殮，執事者以棺入，承以兩凳，棺内奠七星版藉，茵褥施綿衾，垂其裔於四外。屆時奉尸入棺，實生時所落齒髮，卷衣以塞空處。喪主以下，憑棺哭踊，盡哀乃葢棺，加錠施桼。」此條所言，與國制相合。

經義雜記卷二十

武進學生臧琳玉林

1 襄三十年宋災

春秋襄三十年：「五月甲午，宋災，宋伯姬卒。」公羊何注云：「伯姬守禮，含悲極思之所生。」「秋七月，叔弓如宋，葬宋共姬。」傳：「外夫人不書葬，此何以書？隱之也。何隱爾？宋災，伯姬卒焉。其稱謚何？賢也。」穀梁傳：「婦人以貞爲行者也，伯姬之婦道盡矣。詳其事，賢伯姬也。」

又漢書五行志上：「『甲午，宋災。』董仲舒吕爲：『伯姬如宋五年，「五」當作「七」。宋恭公卒，伯姬幽居守節三十餘年，又憂傷國家之患禍，積陰生陽，故火生災也。』」

考伯姬之卒，公、穀皆以爲賢。胡安國因左傳云「女而不婦」，遂以伯姬爲非，〔一〕此未審傳文也。

案：傳云：「甲午，宋大災。宋伯姬卒，待姆也。」是左氏雖未稱其賢，而「待姆也」三字，已明著其賢之實矣。下引君子之言，是於傳文外兼載一説，然審其辭意，亦有褒而無貶。曰「君子謂宋共姬『女而不婦』。女待人，婦義事也」」，謂宋共姬已嫁爲婦，似可從宜行事矣，而猶謹守其女子之道，傅母不在，宵不下堂，是婦人而爲女子之行者也。

朱子詩集傳葛覃曰：「可見其已貴而能勤，已富而能儉，已長而敬不弛於師傅，已嫁而孝不衰於父母。此皆德之厚，而人所難也。」余於宋共姬亦云：「可見其已嫁而猶謹守女教，是婦人之所難也。」

〔一〕軍案：宋胡安國春秋傳卷二十三襄公下云：「易曰：『恒其德，貞婦人吉，夫子凶。』而或以爲共姬『女而不婦』，非也。世衰道微，暴行交作，女德不貞，婦道不明。能全其節，守死不回，見於春秋者，宋伯姬爾。聖人冠以夫謚，書於春秋，曰『葬宋共姬』，以著其賢行，勵天下之婦道也。」可知胡安國亦以伯姬之行爲賢。臧氏云「胡安國遂以伯姬爲非」，乃誤解胡意；以爲胡氏未審左傳「女而不婦」之文，則近是。○胡傳引「易曰」云云，乃周易巽卦六五爻辭。

大戴禮記逸篇

詩汾沮洳正義曰：「禮運注云：『英，俊選之尤者。』則『英』是賢才絶異之稱。此傳及尹文子皆『萬人爲英』。大戴禮辨名記云：『千人爲英。』異人之説殊也。」

又靈臺正義曰：「大戴禮，遺逸之書，文多假託，不立學官，世無傳者。其盛德篇云『明堂外水［名］曰辟廱』，〔一〕政穆篇稱『大學，明堂之東序』，皆後人所增，失於事實。」五經異義引大戴記禮器云：「竈者，老婦之祭。」

案：辨名、政穆、禮器皆大戴禮記逸篇，今本所無。孔氏所引盛德篇，今本别分爲明堂。

又南齊書引大戴禮記公冠篇云：「公冠自爲主，四加玄冕，以卿爲賓。」〔二〕今本誤爲「公符」，困學紀聞亦承其誤。

又白虎通所引有王度記、禮記謚法、禮三正記、禮五帝記、禮别名記、禮親屬記等，皆大戴禮記逸篇也。據孔氏正義，則唐初尚存。諸儒莫爲留意，反斥爲後人所增，失於事實，遂至於亡也。是秦火之不能焚者，而漢、唐人竟焚之矣。别名記即辨名記，禮記正

義、春秋正義皆引之。〔三〕

〔一〕軍案：「水」下毛詩靈臺正義有「名」字，今據補。

〔二〕軍案：見南齊書卷九禮志上。

〔三〕軍案：禮記禮運正義引辨名記云：「倍人曰茂，十人曰選，倍選曰俊，千人曰英，倍英曰賢，萬人曰傑，倍傑曰聖。」宣十五年左傳正義引辨名記云：「倍人曰茂，十人曰選，倍選曰儁，千人曰英，倍英曰賢，萬人曰桀，倍桀曰聖。」成八年公羊正義引辨名記云：「天子無爵。」孝經士章正義引禮辨名記云：「士者，任事之稱也。傳曰：『通古、今，辨然、不然，謂之士。』」

3

先生

韓詩外傳六：「問者曰：『古之謂知道者曰「先生」，何也？』曰：據宋本補。『猶言「先醒」也。不聞道術之人，則冥於得失，不知亂之之所由，眊眊乎其猶醉也。故世有先生者，有後生者，有不生者。』」〔一〕賈誼新書先醒云：「非爲『先生』也，爲『先醒』也。」與韓外傳合。

韓外傳二又有「石先生」、「商先生」、「李先生」，又有「卜先生」、「荆先生」。案：漢書稱「先生」，或單稱「先」，或單稱「生」，知不必定如韓、賈之説，葢亦是尊長之通稱。

〔一〕軍案：許維遹韓詩外傳集釋卷六第十一章引趙懷玉云：「二『生』字賈子俱作『醒』，此似譌。」

4

董仲舒孝經解

春秋繁露五行對：「河閒獻王問温城董君曰：『孝經曰：「夫孝，天之經，地之義。」〔一〕何謂也？』對曰：『天有五行，木、火、土、金、水是也。木生火，火生土，土生金，金生水。水爲冬，金爲秋，土爲季夏，火爲夏，木爲春。春主生，夏主長，季夏主養，秋主收，冬主藏。藏，冬之所成也。是故父之所生，其子長之；父之所長，其子養之；父之所養，其子成之。諸父所爲，其子皆奉承而續行之，不敢不致如父之意，盡爲人之道也。故五行者，五行也。〔二〕由此觀之，父授之，子受之，乃天之道也。故曰「夫孝者，天之經」也，此之謂也。』王曰：『善哉！天經既聞得之矣，願聞地之義。』對曰：『地出雲爲雨，起氣爲風。

風雨者，地之(爲)[所]爲。〔三〕地不敢有其功名，必上之於天，命若從天氣者，故曰「天風天雨」也，莫曰「地風地雨」也。勤勞在地，名一歸於天，非至有義，其孰能行此？故下事上，如地事天也，可謂大忠矣。土者，火之子也。五行莫貴於土。土之於四時，無所命者，不與火分功名。木名春，火名夏，金名秋，水名冬。忠臣之義，孝子之行，取之土。土者，五行最貴者也，其義不可以加矣。五聲莫貴於宮，五味莫美於甘，五色莫貴於黃，此謂「孝者，地之義」也。』王曰：『善哉！』此下當有王問之辭。〔四〕衣服容貌者，所以說目也；聲言應對者，所以說耳也；好惡去就者，所以說心也。故君子衣服中而容貌恭，則目說矣；聲言理，應對遜，則耳說矣；好仁厚而惡淺薄，就善人而遠僻鄙，則心說矣。故曰『行意可樂，容止可觀』，今文孝經作「容止可觀，進退可度」。董所述，蓋古文也。「進退可度」與「容止可觀」意複，董子所述者是。此之謂也。」

案：西漢儒解經之言，不可多得，存此以見其概然，非東漢以後人所能言也。

〔一〕軍案：見孝經三才章。

〔二〕軍案：蘇輿春秋繁露義證卷十五行對第三十八云：「語亦見五行之義篇。盧云：『上「行」，如字。下「行」，下孟反。』」

〔三〕軍案：「爲爲」當作「所爲」。清武英殿聚珍版叢書本春秋繁露卷十校語云：「他本『所爲』誤作『爲爲』。」蘇輿義證亦作「所爲」。

〔四〕軍案：清經解本脱「辭」字。

5

桓宫僖宫災

春秋哀三年：「五月辛卯，桓宫、僖宫災。」左傳：「夏五月辛卯，司鐸火，火踰公宫，桓、僖災。孔子在陳，聞火，曰：『其桓、僖乎？』」杜注：「言桓、僖親盡而廟不毁，宜爲天所災。」正義引服虔云：「季氏出桓公，又爲僖公所立，故不毁其廟。」服虔又云：「俱在迭毁，故不言『及』。」

公羊傳：「此皆毁廟也，其言『災』何？復立也。何以不言『及』？敵也。何以書？記災也。」何注：「親過高祖，親疏適等。災不宜立。」

穀梁傳：「言『及』，則祖有尊卑。由我言之，則一也。」

漢書五行志上：「董仲舒、劉向目爲：『此二宫不當立，違禮者也。哀公又目季氏之故，不用孔子。孔子在陳，聞魯災，曰：「其桓、釐之宫乎？」目爲桓，季氏之所出；釐，使季氏世卿者也。』」

案：公、穀及董、劉説以桓、僖廟爲毁後復立者，左傳無明文，故服、杜以爲原未毁者也。定二年「雉門及兩觀災」言「及」，此不言「及」者，公、穀以爲尊卑敵體，故不言；服氏則以並毁，故不言也。哀公時，桓、僖有廟者，服解亦本董、劉之義。至於桓、僖親盡，不當有廟，天故災之，三傳説並同也。

6　雅歌詩四篇

漢書藝文志「樂家」：「雅歌詩四篇。」

案：晉書樂志曰：「漢自東京大亂，絶無金石之樂，樂章亡缺，不可復知。魏武平荆州，獲漢雅樂郎河南杜夔，能識舊法，以爲軍謀祭酒，使創定雅樂。時又有散騎侍郎鄧靜、尹商善訓雅樂，歌師尹胡能歌宗廟郊祀之曲，舞師馮肅、服養曉知先代諸舞，夔悉總領之。遠詳經籍，近採故事，考會古樂，始設軒懸鐘磬。而黄初中，柴玉、左延年之徒，復以新聲被寵，改其聲韻。」〔一〕

又曰：「杜夔傳舊雅樂四曲：一曰鹿鳴，二曰騶虞，三曰伐檀，〔二〕四曰文王，皆古聲辭。及太和中，左延年改夔騶虞、伐檀、文王三曲，更自作聲節，其名雖存，而聲實異。唯因夔鹿鳴，全不改易。每正旦大會，太尉奉璧，羣后行禮，東廂雅樂常作者是也。後又改三篇之行禮詩。第一曰於赫篇，詠武帝，聲節與古鹿鳴同。第二曰巍巍篇，詠文帝，用延年所改騶虞聲。第三曰洋洋篇，詠明帝，用延年所改文王聲。第四曰復用鹿鳴。鹿鳴之聲重用，而除古伐檀。及晉初，食舉亦用鹿鳴。至泰始五年，尚書奏使太僕傅玄、中書監荀勗、黄門侍郎張華各造正旦行禮及王公上壽酒、食舉樂歌詩。荀勗云：『魏氏行禮、食舉，再取周詩鹿鳴以爲樂章。又鹿鳴以宴嘉賓，無取於朝，考之舊聞，未知所應。』勗乃除鹿鳴舊歌，更作行禮詩四篇。」〔三〕

據此，知漢志「雅歌詩四篇」，即杜夔所傳鹿鳴、騶虞、伐檀、文王也，魏武時尚存。及太和中，左延年改夔舊樂，而騶虞、伐檀、文王遂亡，然猶存鹿鳴一篇。自魏(大)[太]和中，〔四〕至晉泰始五年，皆用之。至荀勗除鹿鳴舊歌，更作行禮詩，而鹿鳴亦亡矣。

又宋書樂志曰「漢太樂食舉十三曲，一曰鹿鳴」，其餘俱非古歌。〔五〕則漢雖存四篇，疑亦特用鹿鳴一篇耳。蔡邕琴賦亦曰「鹿鳴三章」。是兩漢、魏、晉以來，惟鹿鳴最顯。

〔一〕軍案：見晉書卷二十二樂志上。

〔二〕杰案：「伐檀」疑即「伐木」異文。

〔三〕軍案：見晉書卷二十二樂志上。

〔四〕軍案：「大」當作「太」。
〔五〕軍案：見宋書卷十九樂志一。

7

興雲祁祁

顔氏家訓書證云：「詩〔云〕：『有渰萋萋，興雲祁祁。』毛傳〔云〕：〔一〕『渰，陰雲皃。萋萋，雲行皃。祁祁，徐皃今詩脱「皃」字。也。』箋云：『古者，陰陽和，風雨時，其來祁祁然不暴疾也。』『渰』已是『陰雲』，何勞復云『興雲祁祁』耶？『雲』當爲『雨』，俗寫誤耳。班固靈臺詩云：『三光宣精，五行布序。習習祥風，祁祁甘雨。』〔二〕此其證也。」

案：説文水部云：「渰，雲雨皃。从水，弇聲。」與毛傳「陰雲貌」正合，未嘗訓「渰」爲「雲」也。箋云「其來祁祁然不暴疾」者，蓋雲興即雨降。孟子梁惠王下：「若大旱之望雲霓也。」荀子雲賦：「友風而子雨。」何邵公云：「雲實出於地，而施於上乃雨。」〔三〕故箋云「其來」，明此「雲」是雨之先來者也。經如作「雨」，則止言「風雨不暴疾」可矣，何又追論「其來」乎？

顔氏引傳、箋爲經作「興雨」之證。余審傳、箋，知經必作「興雲」也。正義曰：「經『興雨』，或作『興雲』，誤也。定本作『興雨』。」釋文：「興雨，如字；本或作『興雲』，非也。」又呂氏春秋務本引詩「興雲祁祁」，漢書食貨志引詩「興雲祁祁」，隸釋載無極山碑云「觸石膚寸，興雲祁祁」，〔四〕韓詩外傳八亦作「興雲」，〔五〕則知自秦未焚書以前，及兩漢、六朝至於唐初，皆作「興雲」，無有作「興雨」者。孟子「天油然作雲」，注：「油然，興雲之貌。」顧寧人金石文字記載開母廟石闕銘云「穆清興雲降雨」。〔六〕

顔氏說詩「有狄之杜」，「駉駉牧馬」，「將其來施」，及毛傳「（叢）〔灌〕木，（㝡）〔叢〕木」，〔七〕「青衿，青領」，皆引河北本、江南本爲證，則當時猶有兩書。獨此止云「『雲』當爲『雨』」，而不言有本作「雨」。可見此條出自顔氏臆說，絶無憑據。而頓欲輕改千年已來相傳之本，甚矣其誤也！

陸、孔所見本有作「興雲」，而以「興雨」爲是，開成石經亦作「興雨」，皆爲顔氏所惑也。又呂覽務本、後漢書左雄傳今作「興雨」，葢後人據近本毛詩所改。王伯厚詩考引呂覽作「興雲」，〔八〕此其明證。

〔一〕軍案：顔氏家訓「詩」下、「毛傳」下皆有「云」字，今據補。引詩見小雅大田。

〔二〕軍案：見後漢書班固列傳下。

〔三〕軍案：何休語見莊二十五年公羊傳注。

〔四〕軍案：見隸釋卷三無極山碑。

〔五〕軍案：韓詩外傳卷五第三十章云：「天勃然興雲，沛然下雨，則萬物無不興起之者。」亦不作「興雨」也。

〔六〕軍案：見孟子注疏梁惠王章句上，顧炎武金石文字記卷一開母廟石闕銘。

〔七〕軍案：「叢木，寂木」，顏氏家訓書證篇作「灌木，叢木」，周南葛覃毛傳、爾雅釋木同，今據改。

〔八〕軍案：見王應麟詩考齊詩大田。

8

臧榮緒拜五經

南齊書高逸傳：「臧榮緒，東莞莒人也。惇愛五經，謂人曰：『昔呂尚奉丹書，武王致齊降位，李、釋教誡，並有禮敬之儀。』因甄明至道，乃著拜五經序論。(嘗)[常]以宣尼生庚子日，陳五經拜之。〔一〕自號『被褐先生』。」

案：孝經說孔子成春秋，孝經制作道備，使七十弟子向北辰而磬折，孔子絳單衣，向北辰而拜。〔二〕則拜經之事，起自孔門。吾家被褐先生學聖人耳。

今世學者，終身誦讀，不加禮敬，是慢聖人而褻五經也。琳嘗約同志，倣被褐先生，於宣尼生日陳五經拜之。

又，拜五經序論今不傳。明黃氏省曾有補作，亦未之見。〔三〕

〔一〕軍案：「嘗」，南齊書作「常」，今據改。清徐文靖管城碩記卷十春秋二云：「左傳，哀十六年四月己丑，孔子卒。公羊傳，孔子襄二十一年十一月庚子生。按：史記孔子世家生卒年月日與二傳同。彭雲舉曰：『余昔遊金陵，邂逅孔子六十代孫承先者，持所誌孔子像授余，稱至聖先師生於魯襄二十二年庚戌之歲十月庚子，即今之八月二十七日也；卒於哀十六年四月乙丑，即今之二月十八日也。』據授時所推日食，襄二十年戊申，二十二年庚戌。則公羊『二十一年』，『一』當爲『二』；『十一月』，『一』又當衍。左傳『己丑卒』，『己』當爲『乙』。又按：南齊書臧榮緒傳：『榮緒惇愛五經，乃著拜五經序論。嘗以宣尼生庚子日，陳五經拜之。』余竊謂當拜於八月二十七。榮緒乃拘於『庚子』，則所拜之日先後無定在矣。」

〔二〕軍案：北堂書鈔卷八十五禮儀部六拜揖十二云：「孝經右契云：『制作孝經道備，使七十二弟子向北辰星而磬折，使曾子抱河、洛事北面，孔子衣絳單衣，向北辰星而拜。』」○王石華校云：「『河、洛』句下，據吴淑事類賦注引補『事』字。今案：陳本『右契』作『援神契』，脱『使曾』九字、『絳』上『衣』字、末句『星』字。古微書引脱兩『星』字，亦作『援神契』。惟御覽五百四十二引作『右契』。」

〔三〕軍案：明陳繼儒太平清話卷二云：「臧榮緒以宣尼庚子日生，凡庚子日，陳五經再拜如神靈。黄省曾亦以五經奉高架上，朔、望拜之；有拜五經文。」陳氏此文，亦見載於清朱亦棟羣書札記卷五「拜五經」條。○黄省曾拜五經文，見五嶽山人集卷三十五（四庫全書存目叢書影印明嘉靖刻本）。

9

屈瑕伐羅

五行志中上：〔一〕「左氏傳桓公十三年，楚屈瑕伐羅，鬭伯比送之，還，謂其馭今傳作「御」。案：説文彳部云：「御，使馬也。从彳，从卸。馭，古文御，从又，从馬。」據此，知漢書所載左氏皆古文也。曰：『莫囂師古曰：「囂，或作『敖』。」案：今傳作「敖」。此當本古文，下並同。必敗，舉止師古曰：「止，足也。」案：今傳作「趾」，乃俗字。説文云：「止，下基也。象艸木出有址，故以『止』爲『足』。」詩麟之趾釋文云：「趾，本亦作『止』，兩通。」是詩本作「止」。毛詩亦古文也，故與左傳合。陸德明不能別，而以爲兩通，非是。高，心不固矣！』遽今傳作「遂」。案：此是。見楚子，㠯告。楚子使賴人追之，弗及。莫囂行，遂無次，且不設備。及羅，羅人軍之，大敗。莫囂縊死。」

〔一〕軍案：見漢書五行志中之上。

10

君國事大國

左傳襄廿八年：「子産曰：『君小國，事大國，而惰傲以爲己心，將得死乎？』」正義曰：「『君小此「小」字亦後人竄入。國事大國』，晉、宋古本及王肅注，其文皆如此。『君國』謂爲國君，言其爲君之難也。今定本作『小國』。」釋文：「『君小國，事大國』，古本無『小』字。」

案正義，知孔本作「君國事大國」，晉、宋古本及王肅本並同。蓋「君國」猶言「君人」。正義云「『君國』謂爲國君」，是也。唐定本因「君國」字古，因改「君」字爲「小」。陸德明更參合古、今本，作「君小國，事大國」，則愈改而愈失其真。猶幸有「古本無『小』字」一言，考之正義爲合。而陸氏參合之迹，亦不求而自見矣。注疏標起至「君小國」，「小」字因釋文誤衍，非孔氏之舊也。漢書五行志中上載左傳亦作「君小國，事大國」，師古曰：「言身爲小國之君，而事於大國。」

11

隱九年大雨

春秋隱九年：「三月癸酉，大雨震電。庚辰，大雨雪。」左傳：「春，王三月，『癸酉，大雨霖以震』。書，始也。『庚辰，大雨雪』，亦如之。書，時失也。」

又漢書五行志：〔一〕「大雨，雨水也；震，雷也。劉歆㠯爲：『三月癸酉，於曆數春分後一日，始震電之時也，當雨，而不當大雨。大雨，常雨之罰也。於始震電八日之閒而大雨雪，常寒之罰也。』劉向㠯爲：『周三月，今正月也，當雨，水雪雜雨，雷電未可㠯發也。〔二〕既已發也，則雪不當復降。皆失節，故謂之異。於易，雷㠯二月出，其卦曰豫，言萬物隨雷出地，皆逸豫也。㠯八月入，其卦曰歸妹，言雷復。入地則孕毓根核，保藏蟄蟲，避盛陰之害；出地則養長華實，發揚隱伏，宣盛陽之德。入能除害，出能興利，人君之象也。是時，隱㠯弟桓幼，代而攝立。公子翬見隱居位已久，勸之遂立。隱既不許，翬懼而易其辭，遂與桓共殺隱。天見其將然，故正月大雨水而雷電。是陽不閉陰，出涉危難而害萬物。天戒若曰：「爲君失時，賊弟佞臣將作亂矣。」後八日大雨雪，陰見閒隙而勝陽，篡殺之旤將成也。公不寤，後二年而殺。』」

案：穀梁傳：「八日之閒，再有大變，陰陽錯行，故謹而日之也。」范解引劉向云：「雷未可以出，電未可以見。雷電既以出見，則雪不當復降，皆失節也。雷電，陽也；雨雪，陰也。雷出非其時者，是陽不能閉陰，陰氣縱逸而將爲害也。」與五行志所載互有詳略。何邵公注公羊云：「周之三月，夏之正月，雨當冰雪雜下，雷當聞於地中，其雉雊，電未可見，而大雨震電，此陽氣大失其節，猶隱公久居位，不反於桓，失其宜也。八日之閒，先示隱公以不宜久居位，而繼以盛陰之氣也，此桓將怒而弑隱公之象。」皆與劉子政義合，蓋公、穀說同也。

「冰雪雜下」，漢志云「水雪雜雨」，「雨」，下也，「冰」字譌。鄭康成注禮記，李巡、郭璞注爾雅，俱言「水雪雜下」矣。劉子政推闡易義頗精。

〔一〕軍案：見漢書五行志中之上。

〔二〕軍案：「曰」，清經解本誤作「已」。

12

子臧聚鷸冠

左傳僖廿四年：「鄭子臧好聚鷸冠，鄭伯使盜誘殺之。君子曰：『服之不衷，身之災也。』」

五行志中上：〔一〕「劉向𠀤爲：『近服妖者也。一曰：「非獨爲子臧之身，亦文公之戒也。初，文公不禮晉文，又犯天子命而伐滑，不尊尊敬上。其後，晉文伐鄭，幾亡國。」』」

案：災異之見，應之人臣者小，應之人君者大。文公不尊尊敬上，犯天子命，故有子臧之臣好爲異服，亦不敬其君，乃不能感悟，而使盜誘殺之，是褻用人君刑殺之柄矣。故至三十年，晉侯、秦伯圍鄭，鄭幾亡也。後一說是。

〔一〕軍案：見漢書五行志中之上。

13

鼷鼠食郊牛

春秋定十五年：「鼷鼠食郊牛，牛死，改卜牛。」左氏無傳，杜注：「不言所食處，舉死，重也。改卜，禮也。」公羊傳：「曷爲不言其所食？漫也。」何注：「『漫』者，徧食其身。」穀梁傳：「不敬莫大焉。」范解：「定公不敬最大，故天災最甚。」

五行志中上：〔一〕「劉向𠀤爲：『定公知季氏逐昭公，辠惡如彼，親用孔子爲夾谷之會，齊人俠歸鄆、讙、龜陰之田，聖德如此，反用季桓子，淫於女樂，而退孔子，無道甚矣。

詩曰：「人而亡儀，不死何爲？」是歲五月，定公薨，牛死之應也。』京房易傳曰：『子不子，鼠食其郊牛。』」

案：禮記：「牛曰『一元大武』。」〔二〕說文：「牛，大牲也。」故「牛死」爲定公薨之象，以示不能誅賊臣而用聖人也。

〔一〕軍案：見漢書五行志中之上。

〔二〕軍案：見禮記曲禮下。

14 王肅信術士

魏書方技傳：〔一〕「王肅年六十二，疾篤，衆醫並以爲不愈。肅夫人問以遺言，肅云：『建平相我（年）踰七十，〔二〕位至三公，今皆未也，將何慮乎！』而肅竟卒。」

據此一事觀之，可見肅非知道者，猶不免庸碌小人之見。死生有命，富貴在天。乃僥倖長生，希圖公相，死期在即，猶懵然不知，以術士之言爲信，卒之不驗，爲其所欺，不料其經學粗通而所見止此也。

後漢書鄭康成傳曰：「玄㠯病自乞還家。五年春，夢孔子告之曰：『起，起！今年歲在辰，來年歲在巳。』既㾓，知命當終。遺令薄葬。」觀鄭、王之卒也，而賢、不肖定矣。

〔一〕軍案：見三國志魏書方技傳。

〔二〕軍案：魏書無「年」字，此當衍，今據删。

15

丁丑作僖公主

春秋文二年：「丁丑，作僖公主。」杜注：「『主』者，殷人以柏，周人以栗。」

正義曰：「論語：『哀公問主於宰我。宰我對曰：「夏后氏以松，殷人以柏，周人以栗。」』先儒舊解，或有以爲宗廟主者，故杜依用之。古論語及孔、鄭皆以爲『社主』。社爲木主者，古論不行於世，且『社主』，周禮謂之『田主』，無單稱『主』者。以張、包、周等並爲『廟主』，故杜所依用。劉炫就所以規杜過，未爲得也。」

又公羊傳：「『主』者曷用？虞主用桑，練主用栗。」何注：「夏后氏以松，殷人以柏，周人以栗。」解云：「出論語。而鄭氏注云『謂社主』，正以古文論語『哀公問社於宰我』故也。今文論語無『社』字，是以何氏以爲『廟主』耳。」

案孔、徐兩疏，知古文論語作「問社於宰我」，孔安國、鄭康成皆以爲「社主」；魯論語作「問主於宰我」，張禹、包咸、周氏皆以爲「廟主」。何休、杜預依魯論爲「廟主」，劉光伯規杜氏以爲非。

考禮記祭法正義引五經異義云：「周禮説『虞主用桑，練主用栗』，無夏后氏以松爲主之事。許君謹案：從周禮説、論語所云，謂社主也。」則一爲「社主」，一爲「廟主」，義各不同。

何、杜言「廟主」，而用「社主」之説，誤矣。即以爲本於先儒，然張、包、周等乃先儒之誤者，孔、許、鄭等乃先儒之不誤者，何、杜捨其不誤者，而從其誤者，劉氏規之，甚當。孔仲達回護杜氏，故反以劉爲未得也。

穀梁傳「立主，喪主於虞」，范解云：「其主用桑。」「吉主於練」，范解云：「其主用栗。」亦從周禮説，而不用何、杜之義。范氏此注爲最是。

16 周禮干寶注本

周禮音義上云：「宫正，此以下鄭捴列六十職序，干注則各於其職前列之。」

案：鄭康成於每一官之前摠列六十職序，當是古本如此，鄭仍之而不敢改易。干氏於各職之前列之，蓋亦如詩三百篇序別爲一卷，毛公冠於每篇之前；書百篇序馬、鄭、王爲一卷，僞孔移於每篇之首：皆變亂舊章，非其本真也。

17

感古憾字

說文心部云：「感，動人心也。从心，咸聲。」訓爲「動人心」，則「感動」、「感恨」兩義皆備。今於「感恨」之「感」更加立「心」，乃俗字，說文所無。

案：禮記中庸「人猶有所憾」，釋文：「所憾，本又作『感』。」左傳隱三年「降而不憾」，釋文：「憾，本又作『感』，同，胡暗反。五年同。」文十四年「爾不可使多蓄憾」，注：「不爲君則恨多。」釋文：「憾，本又作『感』，户暗反。」宣二年「以其私憾」，注：「憾，恨也。」釋文：「感，户暗反，本又作『憾』，注同。」襄十六年「以齊人之朝夕釋憾於敝邑之地」，釋文：「感，胡暗反，本亦作『憾』。」廿九年「美哉！猶有憾」，注：「文王恨不及己致太平。」釋文：「感，户暗反，本亦作『憾』。」案：史記吴太伯世家「美哉！猶有憾」，索隱云：「憾，或作『感』，字省爾，亦讀爲『憾』。」據此，知史記亦本作「感」，與釋文同。昭十一年「王貪而無信，唯蔡於感」，

注：「蔡，近楚之大國，故楚常恨其不服順。」釋文：「感，户暗反。」則古之「感恨」字多不加「心」也。〔一〕

〔一〕禮堂謹案：左氏宣十二年傳「二憾往矣」，釋文：「二感，胡暗反。」成二年傳「大國朝夕釋憾於敝邑之地」，釋文：「釋感，胡暗反，本又作『憾』。」哀十七年傳「令尹有憾於陳」，釋文：「有憾，本又作『感』，户暗反。」

18 鄭氏五經

後漢書鄭康成傳載：「鄭所注周易、尚書、毛詩、儀禮、禮記、論語、孝經、尚書大傳、中候、乾象歷，又著天文七政論、魯禮禘祫（議）〔義〕、〔一〕六藝論、毛詩譜、駮許慎五經異義、荅臨孝存周禮難，凡百餘萬言。」惟春秋無注，止有發墨守、鍼膏肓、起癈疾而已。任城何休好公羊學，遂著公羊墨守、左氏膏肓、穀梁癈疾，故鄭反之。

世説新語言：「鄭注春秋傳未成時，行與服子慎遇宿客舍，先未相識。服在外車上與人説己注傳意，鄭聽之良久，多與己同，就車與語曰：『吾久欲注，尚未了。聽君向言，多與吾同。今當盡以所注與君。』遂爲服氏注。」〔二〕

據此，知服子慎解誼，〔三〕本之鄭君爲多。今服注雖亡，唐以前書徵引者尚多有之，而鄭注左傳絶未之見。春秋正義引鄭玄説，及周禮、禮記疏引鄭左傳説，均非春秋注，大抵非鍼膏肓，即鄭志荅弟子問也。

〔一〕軍案：「議」，後漢書作「義」，今據改。清經解本亦誤。

〔二〕軍案：見世説新語文學第四。

〔三〕軍案：服虔春秋左氏解誼，經典釋文敘録作「三十卷」，隋書經籍志作「三十一卷」。

19　阬阬虛也

爾雅釋詁：「壑、阬阬、滕、徵、隍、漮，虛也。」郭注：「阬阬，謂阬壍也。」「壍」當作「塹」。説文土部云：「塹，阬也。一曰大也。从土，斬聲。」釋文：「阬阬，苦衡反。」案：「阬」字不宜重。釋詁、釋言二篇重文甚少，經傳亦不見「阬阬」之語。

正義曰：「『阬阬』者，坎陷之虛也，但重言耳。」鄭樵注云：「『阬』有二文無義，其一爲衍者耳。」琳案：廣韻十二庚「阬」字下引：「爾雅曰：『虛也。』郭璞云：『阬壍也。』客庚切。」「坑，上同。」〔一〕引經、注「阬」字皆不重。則鄭漁仲謂「衍」者是也，疑一即作「坑」。

又説文水部云：「沆，莽沆大水也。从水，亢聲。一曰大澤皃。胡朗切。」是作「沆」有「大」義。大者多虚，或一作「沆」。然釋文、邢疏皆作「阬阬」，則爲重文已久，余説姑備一義而已。

〔一〕軍案：「坑」下「上」字，清經解本誤作「下」。

經義雜記卷二十一

武進學生臧琳玉林

1 伍舉實遣之

左傳襄廿六年：「伍舉娶於王子牟，王子牟爲申公而亡，〔一〕楚人曰：『伍舉實送之。』伍舉奔鄭。」

案：下文聲子曰：「子牟得戾而亡，君大夫謂椒舉：『女實遣之！』」又國語楚語上：「子牟有罪而亡，康王以〔爲〕湫舉（爲）遣之。」〔二〕又：「子牟得罪而亡，執政弗是，謂湫舉曰：『女實遣之！』」則「伍舉實送之」，「送」乃「遣」字之譌。楚之君臣以子牟出奔爲伍舉遣之，行將罪及於起謀者，故伍舉亦懼禍出奔。若但送子牟之行，則伍舉罪輕，當不至於出奔也。

〔一〕軍案：杜注：「獲罪出奔。」

〔二〕軍案：「遺」上「爲」字，士禮居叢書重刻影宋明道本國語在「以」下，今據改。

2 八十曰耋

易離九三「則大耋之嗟」，釋文引「馬云：『七十曰耋。』王肅云：『八十曰耋』」。又詩車鄰「逝者其耋」，傳：「耋，老也。八十曰耋。」正義曰：「『耋，老』，釋言文。孫炎曰：『耋者，色如生鐵。』易離卦云『大耋之嗟』，注云：『年踰七十。』僖九年左傳曰『伯舅耋老』，服虔云：『七十曰耋。』此言『八十曰耋』者，耋有七十、八十，無正文也。」又禮記曲禮上「八十、九十曰耄」，注：「耄，惛忘也。春秋傳曰：『謂老將知，耄又及之。』」釋文：「『八十、九十曰旄』，本又作『耄』。本或作『八十曰耋，九十曰旄』，後人妄加之。」射義「耆耋好禮」，注：「耆、耋，皆老也。」又「旄期稱道不亂者」，注：「八十、九十曰旄，百年曰期頤。」

又左傳僖九年「以伯舅耋老，加勞」，杜注：「七十曰耋。」正義曰：「釋言云：『耋，老也。』舍人云：『年六十稱也。』郭璞云：『八十爲耋。』釋名云：『八十曰耋。耋，鐵也，皮黑如鐵。』」

又公羊傳宣十二年「使帥一二耋老而綏焉」，何注：「六十稱耋，七十稱老。」解云：「『七十稱老』，曲禮文也。案：今曲禮曰『七十曰耋』，與此異也。蓋何氏所見，與鄭注者不同，或者此『耋』字誤耳。」

案：説文：「老，考也。七十曰老。从人、毛、匕，言須髮變白也。凡老之屬，皆从老。耋，年八十曰耋。从老省，从至。𦒿，年九十曰𦒿。从老，从蒿省。」則「八十曰耋」，説文與毛詩傳同，當以此二文爲正。〔一〕蓋古本禮記作「八十曰耋，九十曰旄」，毛、許據之。鄭注本則無「曰耋」二字，故曲禮注不解「耋」字。或又益之鄭本，陸氏所以斥爲妄加也。〔二〕

周禮司刺「壹赦曰幼弱，再赦曰老旄」，鄭司農云：「幼弱、老旄，若今律令年未滿八歲、八十以上，非手殺人者，他皆不坐。」杜注左傳隱四年、昭元年並云：「八十曰耄。」孔子家語觀鄉射「耄期稱道而不亂者」，王肅注：「八十、九十曰耄。」皆與鄭本禮記合。然易注以「耋」爲「年踰七十」，則鄭意亦以「耋」爲「八十」矣。王肅易注、劉熙釋名、郭璞爾雅〔注〕並云「八十」，〔三〕是也。馬融、服虔、杜預皆以爲「七十」，蓋如春秋正義説「經無明文」故也。〔四〕犍爲舍人云：「『六十』之稱，未詳所出。」而何邵公從之，知非無據矣。

徐疏云「今曲禮『七十曰耋』」，當作「今曲禮『六十曰耆』」。徐據今禮記「六十曰耆」

不作「耋」，故下云「或者此『耋』字誤」也。

依說文「九十曰耄」，「耄」當爲「薹」。玉篇：「薹，莫報切，邁也。九十曰薹。耄，同上，亦作『耄』。」知「耄」爲「薹」之俗矣。

書呂刑「王享國百年耄荒」，釋文：「耄，本亦作『薹』。」汗簡中之一載「薹」字，云：「見尚書。」「薹」即「薹」字之譌。知禮記「耄」字亦本作「薹」矣。陸德明以「耋」、「耇」、「考」、「孝」等字皆从「老」省，因於尚書大禹謨「耄期倦于勤」，呂刑「百年耄荒」，毛詩行葦傳「耄期稱道不亂」，抑「亦聿既耄」，周禮司刺「再赦曰老耄」，左傳隱四年「老夫耄矣」，昭元年「老將知而耄及之」，「耄」字俱作「耄」，不知「老」字上本从「毛」，今下復从「毛」，無以下筆。據毛詩行葦傳，周禮司刺，禮記曲禮、射義，知古皆假借作「旄」也。說文㫃部：「旄，幢也。」

〔一〕禮堂謹案：鹽鐵論孝養云：「丞相史曰：『八十曰耋，七十曰耄。』」次公說與毛、許同。○軍案：蓋寬饒字次公，未嘗任丞相史。臧禮堂以「丞相史」爲次公，非是。王利器鹽鐵論校注卷五遵道篇云：「丞相史，即後雜論篇『羣丞相、御史』中人。漢書百官公卿表：『相國、丞相皆秦官。文帝二年，復置一丞相，有兩長史，秩千石。』這裏所謂『丞相史』，當即丞相長史。」其說可從。

〔二〕鏞堂謹案：「八十曰耋」與王肅易注合，疑此禮記係王肅私加。

〔三〕軍案：「爾雅」下當補「注」字。

〔四〕軍案：「經無明文」四字，見定十二年春秋孔疏。

3

白茷央央

詩六月：「白旆央央。」傳：「白旆，繼旐者也。」釋文：「白茷，本又作『旆』，蒲貝反。繼旐曰茷。左傳云『蒨茷』是也。一曰：『「旆」與「茷」，古今字殊。』」正義曰：「釋天云：『繼旐曰旆。』故云『白茷，繼旐者也』。『茷』與『旆』，古今字也。故定四年左傳曰『蒨茷、旃旌』，亦『旆』也。」

又泮水「其旂茷茷」，傳：「茷茷，言有法度也。」釋文：「伐伐，蒲害反，又普貝反，言有法度；本又作『茷』。」正義曰：「我觀其車之所建之旂，而有文章法度，則其旂乃茷茷然有法度。」

又羣經音辨卷三：「伐伐，旂皃也，蒲害切。詩：『其旂伐伐。』今文作『茷』。」

據此，知六月「白旆央央」，陸、孔本皆作「白茷」，與定四年左傳同爲假借字。陸氏所見本有作「旆」者，恐是後人改從正字，而今本遂從之也。

泮水「其旂茷茷」，本不與六月「白茷」同；據釋文、羣經音辨皆作「伐伐」，正義當亦作「伐」。乃陸氏所見已有作「茷」者，而今本又誤從之，竟與「旆」之假借字無別矣。

4

莊十八年秋有蜮

五行志下之上：〔一〕「嚴公十八年『秋，有蜮』。劉向以爲：『蜮生南越。越地多婦人，男女同川，淫女爲主，亂氣所生，故聖人名之曰「蜮」。蜮，猶「惑」也，在水旁，能射人，射人[有]處(有)，〔二〕甚者至死。南方謂之「短弧」。近射妖，死亡之象也。時嚴將取齊之淫女，故蜮至。天戒若曰：「勿取齊女，將生淫惑篡弒之禍。」嚴不寤，遂取之。入後，淫於二叔，二叔以死，兩子見弒，夫人亦誅。』劉歆以爲：『蜮，盛暑所生，非自越來也。』京房易傳曰：『忠臣進善，君不試，厥咎國生蜮。』」

案：穀梁傳云：「一有一亡曰『有』。蜮，射人者也。」故劉以爲「在水旁，能射人」，又以「齊女淫惑」爲說，取義嚴切。范解(祇)[祗]引京房易傳，〔三〕說亦不了。

又「君不試」，師古曰：「試，用也。」范注作「君不識」，字誤。何氏云：「『蜮』之猶言『惑』也，其毒害傷人形體，不可見，象魯爲鄭瞻所惑。言『有』者，以有爲異也。」

左傳：「『秋，有蜚』，爲災也。」正義曰：「洪範五行傳曰：『蜚，如蠦，三足，生於南越。南越婦人多淫，故其地多蜚，淫女惑亂之氣所生也。』」與漢志載劉説同。又引「陸（機）[璣]毛詩義疏云：〔四〕『蜚，短弧也，一名射景，如鼈，三足，在江、淮水中。人在岸上，景見水中，投人景則殺之，故曰「射景」。或謂含沙射人，入皮肌，其創如疥。』服虔云：『編身濩濩或或，故爲災』」。與劉子政「射人，甚者至死」、何邵公「毒害傷人形體」義合。劉子駿以爲「盛暑所生」，未詳所本。

〔一〕軍案：見漢書五行志下之上。

〔二〕軍案：「處有」，漢書作「有處」，今據乙。

〔三〕軍案：「祇」當作「祇」。

〔四〕軍案：左傳正義「機」當作「璣」，今改。

𣂏瘍

周禮瘍醫：「掌腫瘍、潰瘍、金瘍、折瘍之祝藥。」注：「折瘍，踠跌者。」釋文：「折瘍，劉本作『𣂏』，同，時設反。」

案：説文艸部：「𣂺，斷也。从斤斷艸，譚長説。𣃔，籀文𣂺，舊作「折」，非。下同。从艸在仌中，仌寒故斷。折，篆文𣂺，从手。」然則今用「折」字者，從小篆也。〔一〕劉昌宗作「𣂺」，爲古文，當從之。注疏本誤作「斷」。

〔一〕軍案：説文艸部「折，篆文𣂺，从手」，段注云：「按：此唐後人所妄增。斤斷艸，小篆文也。艸在仌中，籀文也。從手、從斤，隸字也。九經字樣云：『説文作「𣂺」，隸省作「折」。』類篇、集韵皆云：『隸從手。』則『折』非篆文，明矣。」

6 羞服之式

周禮大宰之職：「以九式均節財用，四曰羞服之式。」注：「羞，飲食之物也。」釋文：「羞服，干云：『羞，飲食也。服，車服也。』『服』或作『膳』。」釋曰：「『羞服之式』者，謂王之膳羞、衣服所用也。」

據此，則晉干寶、唐賈公彦本皆作「羞服」，釋文同。或作「膳」，係妄改。

7

實見閒

禮記雜記上：「醴者，稻醴也。甕、甒、筲、衡，實見閒，而后折入。」注：「此謂葬時藏物也。實見閒，藏於見外、椁内也。」釋文：「實見，音『閒廁』之『閒』，棺衣也，注同。閒，如字，注同，徐古莧反。一解云：『鄭合「見閒」二字共爲「覸」字，音古辯反。』」

正義曰：「『見』謂棺外之飾。言實此甕、甒、筲等於見外、椁内二者之閒，故云『實見閒』。既夕禮『乃（窆之）〔窆〕，〔一〕藏器於旁，加見』，注云：『器，用器、役器也。見，棺飾也。先言「藏器」，乃云「加見」者，「器」在「見」内也。』既夕禮又云『藏苞、筲於旁』，注云：『「於旁」者，在見外也。不言「甕、甒」，饌相次可知。』知是『藏於見外、椁舊譌「棺」。内』者，則見内是用器、役器，見外是明器也。」

案：「覸」字雖有誤分爲「見閒」二字者，然據注云「藏於見外、椁内」，則知鄭本作「見閒」，不作「覸」也，正義引儀禮可證。彼注有云「更謂之『見』者，加此則棺柩不復見矣」，賈疏云：「以其唯見此帷荒，故名帷荒爲『見』，是棺柩不復見也。」則「見」爲棺飾，益明矣。陸氏所引「一解」非也。

〔一〕軍案：「穸之」，儀禮既夕禮、禮記雜記上正義皆作「窆」，今據改。

8

濟濟者容也

禮記祭義：「子曰：『濟濟者，容也，遠也。漆漆者，容也，自反也。容以遠，若容以自反也，夫何神明之及交？夫何濟濟漆漆之有乎？』」注：「漆漆，讀如『朋友切切』。自反，猶言自脩整也。容以遠，言非所以接親親也。容以自反，言非孝子所以事親也。及，與也。此皆非與神明交之道。」釋文：「『濟濟者，客也』，口白反，賓客也，下『客以遠』同。『漆漆者，容也』，羊凶反，儀容也，下『若容以自反』同。」

正義曰：「『濟濟者，容也，遠也』，是容貌自疏遠。『漆漆者，容也，自反也』，謂容貌自反覆而脩正[也]。〔一〕『容以遠，若容以自反也』者，覆結上文，言孝子若容貌以疏遠，若容貌以自脩正，此乃賓客之事。『夫何神明之及交？』其『容也，遠也』。王肅以『容』爲『客』。皇氏用王肅以『客』有其容之義，其義亦通，但於文勢不便。或『容』爲『客』字，則是『遠』義，舊作「義遠」，今乙轉。何須云『客此「客」字舊誤作「容」。以遠』？又『容以自反』與『容以遠』相對，一字爲『容』，一字爲『客』，未之有也。又王肅爲『客』字破鄭義，明鄭義『容』字也。」

案：此當從正義本。王肅妄改「客」字以破鄭，皇侃義疏從之，非也。孔仲達謂皇氏既遵鄭氏，乃時乖鄭義；木落不歸其本，狐死不守其丘，於此見之。釋文從皇本，故亦作「客」。

家語公西赤問篇：「子貢問曰：『夫子之言祭也，濟濟漆漆焉。王肅注：「威儀容止。」今夫子之祭無濟濟漆漆，何也？』孔子曰：『濟濟者，容也，遠也。注：「言賓客疏遠之容也。」漆漆者，以自反。注：「謂安辭之容也。」容以遠，若容以自反，夫何神明之及交？』」

案：家語「容也，遠也」，必本作「客也，遠也」，故王肅注以「客也」爲「賓客之容」，以「遠也」爲「疏遠之容」。下「容以遠」，亦作「客以遠」，有禮記釋文可證。今本家語作「容」，又後人據禮記改也。

禮記「漆漆者，容也，自反也」，家語作「漆漆者，以自反」，無「容也」字。蓋王肅亦知「容以自反」與「容以遠」相對，一字爲「容」，一字爲「客」，不可通，故以「容也，自反也」之「容」刪之，於家語似爲本無此「容」字，以泯其私改之迹。下「若容以自反」，「容」字亦當衍。蓋王肅既改禮記以破鄭，遂私作家語以證其是矣。

〔一〕軍案：禮記祭義正義「正」下有「也」字，今據補。疑此涉正義下文「若容貌以自脩正」而脱。

9

聘禮注使之將

儀禮聘禮：「使者歸，及郊，請反命。」注：「必請之者，以己久在外，嫌有罪惡，不可以入。春秋時，鄭伯惡其大夫高克，使之將兵，逐而不納。此葢請而不得入。」釋文：「使之將，子匠反。一本作『使之將兵將』，則後加字。」釋曰：「閔二年公羊傳云：『鄭伯惡高克，使之將兵，逐而不納，棄師之道也。』」

案：公羊傳作「使之將」，無「兵」字。禮注本公羊傳，故陸以爲後加。賈疏葢已作「使之將兵」矣。

10

猗重較兮

詩淇奧：「寬兮綽兮，猗重較兮。」「猗」字傳、箋無説。禮記曲禮「尸必式」，正義引「詩云『倚重較兮』」。荀子非相篇「軒較之下而以楚霸」，楊注：「詩曰：『倚重較兮。』」文選西京賦「倚金較」，李注：「毛詩曰：『倚重較兮。』」

案：説文：「倚，依也。依，倚也。」疑今詩「猗」字从「犬」者譌。然釋文作「猗」，云「於綺切，依也」；正義釋經云「依此重較之車兮」，似本从「人」旁，而下引經仍作「猗」，則陸、孔皆从「犬」旁，爲「倚」之假借字。開成石經亦作「猗」。説文繫傳「較」字下引詩「猗重較兮」。羣經音辨犬部云：「猗，依也，於綺切。詩：『猗重較兮。』」然則自六朝以及五代，至於宋初，皆作「猗」字。唐人雖多引作「人」旁，要未若从「犬」者尤爲信而可徵也。

11

敢告不寧

左傳成十六年，郤至對楚王曰：「敢告不寧君命之辱。」杜注：「以君辱賜命，故不敢自安。」

正義曰：「劉炫以爲：『楚王云：「無乃傷乎？」恐其傷也。荅云：「敢告不寧。」告其身不傷耳。魏犫云「不有寧也」，以「傷」爲「寧」。此與魏犫相似。』今知不然者，按僖二十八年，魏犫云『以君之靈，不有寧也』，謂不有被傷以自寧也。知不與彼同者，以彼云『不有寧』，謂不有損傷；此直云『不寧』，既無『有』字，又先無被傷之狀，與魏犫不同也。按撿杜注，『敢告不寧君命之辱』宜連讀之。若『敢告不寧』別自爲句，則『君命之辱』一句零行無所依附，故知與彼不同。劉君不尋杜意，以爲與魏犨相似而規杜，非也。」

案：此傳當從劉説。若依杜注，則傳止應云「不寧君命之辱」，不當於「不寧」之上贅「敢告」之言。今既「敢告不寧」連文，則知與「無乃傷乎」相應矣。此是杜改先儒舊義。劉光伯據以規之，故其言甚當。正義曲爲回護，非也。

又毛詩文王「有周不顯，帝命不時」，傳云：「不顯，顯也。不時，時也。」然則此「不寧」，寧也。依本解亦通，不必定訓爲「傷」。〔一〕

〔一〕軍案：臧説是也。參王引之經傳釋詞卷十「不丕否」條。

12

南風之詩

禮記樂記：「昔者，舜作五弦之琴，以歌南風。」注：「南風，長養之風也，以言父母之長養己，其辭未聞也。」

正義曰：「言己得父母生長，如萬物得南風生也。舜有孝行，故以此五弦之琴，歌南風之詩，而教天下之孝也。（注）云『其辭未（得）聞也』者，〔一〕則非詩凱風之篇也。熊氏以爲凱風，非矣。案：聖證論引尸子及家語，難鄭云：『昔者，舜彈五弦之琴，其辭曰：「南風之薰兮，可以解吾民之愠兮。南風之時兮，可以阜吾民之財兮。」鄭云「其辭未聞」，失其義也。』今案馬昭云：『家語，王肅所增加，非鄭所見。』又尸子雜説，不可取證正經，故言『未聞』也。」

又淮南子詮言云：「舜彈五弦之琴，而歌南風之詩，以治天下。」高注：「南風，愷樂之風。」

案：爾雅釋天及毛詩凱風傳皆云：「南風謂之『凱風』。」詩正義引李巡曰：「南風長養萬物，萬物喜樂，故曰『凱風』。凱，樂也。」蓋「南」之爲言「任」也。任，養也。能長養萬物，則物皆凱樂。或以爲長養之風，或以爲凱樂之風。鄭康成、李巡、高誘、熊安等義並同。據高注淮南，亦有其義而亡其辭。乃王肅增加家語，以鄭爲失，妄孰甚焉？正義以熊氏爲非，當由誤會熊意爲即指國風凱風篇也。

史記樂記集解引王肅曰：「南風者，養民之詩也。其辭曰：『南風之薰兮，可以解民之愠兮。』」蓋即王肅禮記注，既作聖證論以難鄭，遂自用其説也。

〔一〕軍案：「注」、「得」二字禮記樂記正義無，皆當衍，今據删。

13

兩足不能相過

春秋穀梁昭二十年：「秋，盜殺衞侯之兄輒。」傳曰：「『輒』者何也？曰：兩足不能相過，齊謂之『綦』，楚謂之『(踙)[踂]』，〔一〕衞謂之『輒』。」釋文：「兄輒，如字，或云『音近「縶」』。左氏作『縶』。綦，音其，又其冀反。劉兆云：『綦，連併也。』踂，女輒反，劉兆云『聚合不解也』。輒，本亦作『縶』，劉兆云『如見絆縶單本釋文作「縶糾」，譌。今從舊刻注疏本。也』。」

案：說文馬部：「馽，絆馬也。从馬，口其足。讀若『輒』。縶，馽或从糸，執聲。」則「輒」當作「馽」。葢兩足不能相過，如馬之縶絆其足，不能馳走。左氏作「縶」者，「馽」之或體；公羊、穀梁作「輒」者，「馽」之同聲假借字也。

「綦」下从「糸」，故云「連併」。「楚謂之『(踙)[踂]』」，當從宋刻注疏本作「踙」，从「足」，从「取」。故劉兆云「聚合不解」，以字本从「取」也。丁度集韻：「踙，遵須切。」司馬光類篇：「踙，足不相過。」皆與劉氏合。

陸德明从「耴」，「女輒反」。玉篇足部：「女輒切，兩足不相過。」廣韻廿九葉：「尼輒切，足不相過。」五經文字：「女輒反，足不相過，楚言。」字俱作「踂」，疑非是。案：玉篇、廣韻、五經文字、類篇皆云「足不相過」，無「能」字。疑今穀梁傳「能」爲衍文。

〔一〕軍案：「踙」，穀梁傳作「踂」，今據改。下引「楚謂之『踙』」同。

14 詩古文今文

毛詩爲古文，齊、魯、韓爲今文。古文多假借，故作詁訓傳者以正字釋之。若今文，則經直作正字。今拈示數則於此，俟嗜學者推闡之。

毛詩芄蘭「能不我甲」，傳：「甲，狎也。」韓詩作「能不我狎」。釋文。

毛詩小旻「是用不集」，傳：「集，就也。」韓詩作「是用不就」。韓詩外傳卷六。

毛詩鴛鴦「摧之秣之」，傳：「摧，莝也。」韓詩作「莝之秣之」。箋云：「摧，今『莝』字也。」釋文云：「『莝』，韓詩云『委也』。」故知韓詩經作「莝」而訓爲「委」。

毛詩大明「俔天之妹」，傳：「俔，磬也。」韓詩作「磬天之妹」。釋文、正義。

毛詩丘中有麻「將其來施」，顔之推云：「江南舊本悉單爲『施』。」傳：「施施，難進之意。」韓詩作「將其來施施」。顔氏家訓。〔一〕

是今文皆以詁訓代經也。〔二〕然韓詩防有鵲巢「誰侜予娓」，「娓」，美也，釋文。毛詩作「誰侜予美」，又疑韓詩爲本經。

蓋詩四家，毛爲最，然三家各有傳授，其足互相考正者不少，但存乎好學深思之士耳。

〔一〕軍案：見顔氏家訓卷六書證篇。

〔二〕鏞堂謹案：毛詩抑「洒埽庭内」，傳：「洒，灑也。」韓詩作「灑掃庭内」，見韓詩外傳卷六。毛詩宛丘「子之湯兮」，傳：「湯，蕩也。」三家詩作「子之蕩兮」，見楚辭章句卷一。○軍案：臧鏞堂引韓詩外傳「灑掃庭内」，不誤；清經解本改「掃」作「埽」。廣韻上聲三十二皓云：「埽，埽除。掃，上同。」

15

不衰城

五行志：〔一〕「昭三十一年『十二月辛亥朔，日有食之』。董仲舒㠯爲：『宿在心，天子象也。時京師微弱，後諸侯果相率而城周；宋中幾亡尊天子之心，而不衰城。』」師古曰：「衰城，謂以差次受功賦也。衰音初爲反。一曰：『「衰」讀曰「蓑」。蓑城，謂以草覆城也。』蓑音先和反。」

春秋公羊：〔二〕「三月，晉人執宋仲幾于京師。」傳：「仲幾之罪何？不蓑城也。」何注：「若今以草衣城是也。禮，諸侯爲天子治城，各有分丈尺。宋仲幾不治所主。」釋文：「仲幾，本或作『機』。不衰，素戈反，一或作『蓑』，一音初危反。」解云：「謂不以蓑苫城也。」公羊之義，以爲昭三十二年「城成周」者，既是城訖，故於此處責其不蓑而已，不似左氏方始欲城耳。

案釋文及漢志，知公羊本作「不衰城」。〔三〕說文衣部：「衰，艸雨衣。从衣，象形。」何注用說文本義也。詩無羊「何蓑何笠」，止當作「衰」，釋文與唐石經从「艸」。公羊釋文亦云「或作『蓑』」，今注疏本同，俗字也。

「衰城」之義，當從師古說，「謂以差次受功賦」。顏氏必本漢、魏人舊注，故勝於何邵公。陸德明亦「一音初危反」。玉篇：「衰，先和切，雨衣也，今作『蓑』；又史追切，微也；又初危切，等衰也。」〔四〕國語齊語：「管子曰：『相地而衰征，則民不移。』」韋注云：「衰，差也。視土地之美惡及所生出，以差征賦之輕重也。」可證顏注之有本矣。

左傳：「孟懿子會城成周。庚寅，栽。宋仲幾不受功，乃執仲幾以歸。三月，歸諸京師。」與顏注正合。徐疏謂「昭卅二年既城訖，於此責其不蓑而已」，〔五〕此臆說也。「仲幾」，左、公、穀及漢志並同。釋文「或作『機』」，非。

〔一〕軍案：見漢書五行志下之下。

〔二〕軍案：見定元年公羊經。

〔三〕軍案：「衰」，清經解本誤作「蓑」。

〔四〕軍案：見玉篇衣部「衰」字條。

〔五〕軍案：見定元年公羊傳徐疏。

16 昭廿四年日食

五行志：〔一〕「昭二十四年『五月乙未朔，日有食之』。董仲舒㠯爲：『宿在胃，魯象也。後昭公爲季氏所逐。』劉向㠯爲：『自十五年至此歲，十年閒天戒七見，人君猶不寤。後楚殺戎蠻子，〔二〕晉滅陸渾戎，〔三〕盜殺（衛）〔衛〕侯兄，〔四〕蔡、莒之君出奔，〔五〕吳滅巢，〔六〕公子光殺王僚，〔七〕宋三臣㠯邑叛其君。』〔八〕它如仲舒。劉歆㠯爲：『二日，魯、趙分。是月斗建辰。左氏傳：「梓慎曰：『將大水。』」左傳作「將水」。〔九〕此以義言之。昭子曰：『旱也。日過分，而陽猶不克，克必甚，能無旱乎？』孟康曰：「謂春分後，陰多陽少，爲『不克』。陽勝則盛，故言『甚』。」案：杜注云：「過春分，陽氣盛時，而不勝陰，陽將猥出，故爲旱。」陽不克，莫將積聚也。』」是歲秋，大雩，旱也。以下是漢儒左氏說。二至、二分，日有食之，不爲災。日月之行也，春、秋分日夜等，故同道；冬、夏至長短極，故相過。相過、同道而食輕，不爲大災，水、旱而已。』」〔一〇〕

〔一〕軍案：見漢書五行志下之下。

〔二〕軍案：師古曰：「昭十六年，楚子誘戎蠻子殺之。戎蠻國在河南新城縣。」

〔三〕軍案：師古曰：「十七年，晉荀吳帥師滅陸渾之戎。其地，今陸渾縣是也。」

〔四〕軍案：「衛」，漢書作「衞」，今據改。師古曰：「衞靈公兄也，名縶，二十年爲齊豹所殺。以豹不義，故貶稱『盜』，所謂求名而不得。」

〔五〕軍案：師古曰：「蔡君，即朱也。莒君，莒子庚與也，二十三年出奔魯。」王先謙漢書補注云：「官本『與』作『輿』，是。」

〔六〕軍案：師古曰：「二十四年，吳滅巢。巢，吳、楚閒小國，即居巢城是也。」

〔七〕軍案：師古曰：「事在二十七年。」

〔八〕軍案：師古曰：「二十一年，宋華亥、向寧、華定入于宋南里以叛是也。」

〔九〕軍案：見昭二十四年左傳。

〔一〇〕軍案：昭二十一年左傳云：「秋，七月壬午朔，日有食之。公問於梓慎曰：『是何物也？

禍福何爲？』對曰：『二至、二分，日有食之，不爲災。日月之行也，分，同道也；至，相過也。其他月則爲災，陽不克也，故常爲水。」杜注云：「二至，冬至、夏至。二分，春分、秋分。二分日夜等，故言『同道』。二至長短極，故『相過』。陰侵陽，是陽不勝陰。」然則劉歆所言「二至、二分」以下，是用梓慎説也。

17

成王若曰

書酒誥：「王若曰：『明大命于妹邦。』」釋文：「王若曰，「曰」字諸本皆無。今案：當有，補。馬本作『成王若曰』，注云：『言「成王」者，未聞也。俗儒以爲：「成王骨節始成，故曰『成王』。」或曰：「以成王爲少成二聖之功，生號曰『成王』，没因爲謚。」衛、賈以爲：「戒成康叔以慎酒成就人之道也，故曰『成』。」此三者，吾無取焉。吾以爲後録書者加之。』」正義曰：「馬、鄭、王本以文涉三家而有『成』字。鄭玄云『成王所言，成道之王』，三家云『王年長骨節成立』，皆爲妄也。」

據此，知衛敬仲、賈景伯、馬季長、鄭康成、王子雍所注古文皆作「成王若曰」，即歐、夏、大小夏侯今文亦作「成王」，義雖不同，其經有「成」字則同也。晉出尚書號稱「古文」，乃與古、今文俱不合，何耶？

正義意在回護僞孔，因云「馬、鄭、王［本］以文涉三家而有『成』字」，〔一〕蓋反以有者爲誤矣，不知尚書亦每言「成王」。顧命「王崩」，馬本作「成王崩」，注云：「安民立政曰『成』。」康王之誥「康王既尸天子」，馬本此句上更有「成王崩」三字。皆見釋文。晉出古文，於凡言「成王」者皆删之，陋矣。此當從馬説，「以爲後録書者加之」。

〔一〕軍案：「王」下酒誥正義有「本」字，今據補。

説文冽寒皃

詩大東：「有冽氿泉。」傳：「冽，寒意也。」正義曰：「七月云：『二之日栗冽。』今七月誤作「栗烈」，當從此所引。是『冽』爲『寒氣也』。説文：『冽，寒貌。』故字從『冰』。」

案：今説文仌部無「冽」字，有「瀨」，云：「寒也。从仌，賴聲。」據孔氏所引，知唐初説文本有「冽」字。古「冽」、「瀨」聲同，詩思齊「烈假不瑕」，正義云：「鄭讀『烈假』爲『厲瘕』。」論語子張「未信則以爲厲己也」，釋文云：「厲，鄭讀爲『賴』。」説文蓋以「冽」爲正字，「瀨」爲重文，今本脱落，合始得之。李善注文選嘯賦，引字林「冽，寒貌」，本説文也。高唐賦注引作

「冽，寒風也」，「風」字誤。唐石經「冽」字誤从「水」。〔一〕毛傳「寒意也」，正義本作「寒氣也」。

〔一〕軍案：「唐石經」下「冽」字，清經解本誤作「洌」。

經義雜記卷二十二

武進學生臧琳玉林

1

仲秋鳥獸毛𣯯

周禮司裘:「中秋獻良裘。」注:「良,善也。中秋鳥獸𣯍毨,因其良時而用之。」釋文:「𣯍,音毛。毨,先典反。」釋曰:「云『中秋鳥獸𣯍毨』者,此是尚書堯典文。」案:説文毳部:「𣯶,羽獵韋絝。从毳,灷聲。𧝄,或从衣,从朕。虞書曰:『鳥獸𧝄毛。』」毛部:「𣯯,毛盛也。从毛,隼聲。虞書曰:『鳥獸𣯯毛。』」徐鉉本作「髦」,徐鍇本作「毛」。案:説文:「毛,獸毛也。」「髦,髮也。」則小徐本是。毳部引書亦作「毛」。毨,仲秋鳥獸毛盛,可選取以爲器用。从毛,先聲。讀若『選』。」

據此,知尚書「仲冬,鳥獸氄毛」,古文作「鳥獸𧝄毛」;「仲秋,鳥獸毛毨」,古文作「鳥獸毛𣯯」。鄭注周禮亦云「中秋鳥獸毛𣯯」,與説文正合。蓋許、鄭皆本壁中古文,故所見同也。

後人以孔傳本校周禮，因附著「毨」字於「氄」旁。寫者誤入注中，或覺其難通，反誤認「氄」爲「毛」字之異，因删「毛」字，遂「氄毨」連文。葢唐時本皆如此，故陸、賈不能辨之。而釋文以「氄」音「毛」，爲尤誤。「氄」字从毛，隼聲。若因从「毛」而音「毛」，則凡字書毛部字皆可音「毛」矣，恐陸氏誤不至此也。

孔傳本「仲冬」作「氄」者，俗字；「仲秋」作「毨」者，與「氄」聲相近，義通。說文引作「氄毛」，但「毛」字誤倒在下耳，其爲「毛毨」之異文，則無可疑者。乃唐韻「氄，人勇切」，是誤作「仲冬鳥獸氄毛」矣。

余昔撰尚書集解，亦謂「氄」當爲「而尹切」，不當爲「人勇切」，疑所引書即「仲秋毛毨」駁文。今考之周禮注，益信前説之確。玉篇：「毴，而勇、而允二切，眾也，聚也。氄，同上。」此不特非顧野王原書，恐并非孫强竄改者矣。廣韻十七準：「毴，毛聚，而尹切。」較之玉篇，學識爲遠勝。

2

王肅聖證論

三國志王肅傳謂：「肅善賈、馬之學，而不好鄭氏，集聖證論以譏短玄。孫叔然授學鄭玄之門人，駁而釋之。」

舊唐書元行沖傳云：「子雍規玄數十百件，守鄭學者，時有中郎馬昭，上書以爲肅謬。詔王學之輩，謂孔晁輩。占荅以聞。又遣博士張融案經論詰，融等召集，分别推處，理之是非，具聖證論。王肅酬對，疲於歲時。」

案：聖證論，唐人義疏及杜氏通典皆引之。余幼爲困學鈔時，嘗彙輯之而未全備。兹見周禮媒氏疏載王肅、馬昭、張融、孔晁四人論難，較他書爲詳，爲校訂之，以詒嗜古者。

媒氏：「令男三十而娶，女二十而嫁。注：「『二』、『三』者，天地相承覆之數也。易曰『參天兩地而奇數』焉。」凡娶判妻入子者，皆書之。注：「『書之』者，以别未成昏禮者。鄭司農云：『入子者，謂嫁女者也。』玄謂：言『入子』者，容媵姪娣不聘之者。」中春之月，令會男女。注：「中春，陰陽交，以成昏禮，順天時也。」於是時也，奔者不禁。注：「重天時，權許之也。」若無故而不用令者，罰之。注：「無故，謂無喪禍之變也。有喪禍者娶，得用非仲春之月。雜記曰：『已雖小功，既卒哭，可以冠子娶妻。』」司男女之無夫家者而會之。注：「司，猶『察』也。無夫家，謂男女之鰥寡者。」

王肅曰：「周官云『令男三十而娶，女二十而嫁』，謂男女之限，嫁娶不得過此也。三十之男、二十之女，不待禮而行之，所奔者不禁，娶何三十之限？前賢有言：『丈夫二十，不敢不有室；女子十五，不敢不有其家。』家語：『魯哀公問於孔子：見本命篇。「男子十六精通，女子十四而化，是則可以生民矣。聞家語作「而」。禮，男三十而有室，女二十而有夫，豈不晚哉？」孔子曰：「夫禮言其極，亦不是過。家語作「不是過也」。男子二十而冠，有爲人父之端；女子十五許嫁，有適人之道。於此以往，則自昏矣。」』然則三十之男、二十之女，中春之月者，所謂言其極法耳。」

昭曰：「禮記本命曰：見大戴禮記。『中古，舊脱「古」字，據大戴禮記補。男三十而娶，女二十而嫁，合於中節。今大戴禮記作「合於五也，中節也」。盧注：「合於五十。」此蓋略引。大古，男五十而有室，女三十而嫁。』大戴禮記下有「備於三、五，合於八也」。尚書大傳曰：『孔子曰：「男三十而娶，女二十而嫁，通於織紝紡績之事，黼黻文章之美。不若是，則上無以孝於舅姑，而下無以事夫養子。」』穀梁傳曰：『男子二十而冠，冠而列丈夫，三十而娶。』見文十二年。尹更始云：西漢説穀梁者，字翁君，汝南邵陵人，議郎諫大夫。『男三十而娶；女十五許嫁，笄，二十而嫁。』曲禮：『三十曰壯，有室。』盧氏云：『三十盛壯，可以娶女。』內則：『三十而有室，始理男事。女子十五笄，二十而嫁；有故，則二十三而嫁。』經有『夫姊之長殤』，〔一〕舊説三十而娶，而有夫姊長殤者，何關盛衰？一説關畏猒溺而殤之。盧氏以爲衰世之禮也。葢本馬季長「關盛衰」説。張融從鄭及諸家説。又春秋外傳，越王句踐蕃育人民，以速報吳，故男二十而娶，女子十七而嫁。國語越語上：「女子十七不嫁，其父母有罪。丈夫二十不娶，其父母有罪。」如是，足明正禮男不二十娶、女不十七嫁可知也。」

又王肅論云：「吾幼爲鄭學之時，爲謬言尋其義，乃知古人可以於冬。〔二〕自馬氏以來，乃因周官而有疑「言」。二月。詩『東門之楊，其葉牂牂』，毛傳曰：『男女失時，不逮秋冬。』三星，參也，十月案：毛傳本云「在天，謂始見東方也」，無「十月」二字。正義引王肅云「謂十月也」。然則此「十月」二字，即王肅所加。而見東方，時可以嫁娶。」此綢繆篇「綢繆束薪，三星在天」傳。

又云：「時尚暇務，須合昏姻。萬物閉藏於冬，而用生育之時，家語云：「羣生閉藏乎陰，而爲化育之始。」此疑當作「而爲生育之始」。娶妻入室，長養之（毋）〔母〕，〔三〕亦不失也。孫卿曰：見荀子大略。『霜降逆女，冰泮殺止。』荀子云：「冰泮殺内，十日一御。」楊注：「内，謂妾御也。十日一御，即『殺内』之義。」案：此作「殺止」，恐因下引韓詩傳而誤。詩曰：『將子無怒，秋以爲期。』韓詩傳亦曰：『古者，霜降逆女，冰泮殺止；士如歸妻，待冰未泮。』爲此驗也。而玄云：『歸，使之來歸於己，謂請期時。』『來歸』之言，非請期之名也。或曰：『親迎用昏，而曰「旭日始旦」，何用哉？』此肅設爲問難，以申己說。詩以鳴鴈之時納采，以昏舊作「感」，今改。時而親迎。而周官中春令會男女之無夫家者，於是時奔者不禁，則昏姻之期非此日也。孔子家語曰：『霜降而婦功成，嫁娶者行焉。冰泮而農業東門之楊正義同引作「農業」，與「婦功」相對。今家語作「農桑」，注云：「正月農事起，（蚕）〔蠶〕者採桑。」〔四〕與通典引同。起，昏禮殺於此。』又曰：『冬合男女，春班爵位也。』」舊作「秋班時位」，誤也。家語作「春頒爵位」，東門之楊正義所引同，今據改。禮記禮運本作「合男女，頒爵位」，「冬」、「春」二字是肅所加以難鄭者。又，以上皆王肅論，以下皆馬昭難肅之辭。

「詩曰：『有女懷春，吉士誘之。』野有死麕。『春日遲遲，女心傷悲。』七月。『綢繆束芻，三星在隅。』綢繆。『我行其野，蔽芾其樗。』我行其野。『倉庚于飛，熠燿其羽。』

東山。詩殷頌曰：『天命玄鳥，降而生商。』玄鳥。月令：『仲春，玄鳥至之日，以大牢祠于高禖，天子親往。』玄鳥生乳之月，以爲嫁娶之候，天子重之而祀焉。凡此，皆與仲春嫁娶爲候者也。夏小正曰：疑衍。『二月，冠子嫁女娶妻今夏小正無「嫁女」，「娶妻」作「娶婦」。之時。』『秋以爲期』，泯。此淫奔之詩。」此下是張融評。

「夏小正曰：『二月，綏多士女，夏小正作「女士」。交昏於仲春。』易泰卦六五：『帝乙歸妹，以祉元吉。』鄭說：『之當作「六」。五爻，辰在卯，春爲陽中，萬物以生。生育者，嫁娶之貴。疑。仲春之月嫁娶，男女之禮，福祿大吉。』易之咸卦，柔上剛下，二氣感應以相與。皆說男下女。召南草蟲之詩，夫人待禮隨從，傳云：「卿大夫之妻，待禮而行，隨從君子。」在塗見采鼈者，以詩自興。又云：『士如歸妻，迨冰未泮。』舊說舊作「詩」，今改。云：『士如歸妻，我尚及冰未泮「泮」字舊無，今補。定納。其篇義云「篇義」謂詩序。嫁娶以春。陽氣始生萬物，嫁娶亦爲生類，故管子篇時令云：當作「時令篇云」，今管子闕。『春以合男女。』」

融謹案：「春秋魯送夫人、嫁女，四時通用，無譏文。然則孔子制素王之法以遺後世，男女以及時盛年爲得，不限以日月。家語限以冬，不附於春秋之正經，如是則非孔子之言嫁娶也。以仲春，著在詩、易、夏小正之文，且仲春爲有期之言，秋、冬、春三時嫁娶，當作「無仲春爲期盡之言，又春秋四時嫁娶」。何自違也「也」字當在「之語」下。家語『冬合男女，窮天數』之語？詩、易、禮傳所載，咸、泰、歸妹之卦，國風行露、箋云：「道中始有露，謂二月中，嫁娶時也。」綢繆箋云：「三星，[謂]心星也。[心]有尊卑、夫婦、父子之象，〔五〕又爲二月之合宿，故嫁娶者以爲候焉。昏而火星不見，嫁娶之時也。今我束薪於野，乃見其在天，則三月之末、四月之中見於東方矣，故云『不得其時』。」『有女懷春』、箋云：「有貞女思仲春以禮與男會。」『倉庚于飛，熠燿其羽』、箋云：「倉庚仲春而鳴，嫁娶之候也。」『春日遲遲，樂與公子同歸』箋云：「春，女感陽氣而思男，所以悲；悲，則始有『與公子同歸』之志，欲嫁焉。」之歌，小雅『我行其野，蔽芾其樗』箋云：「樗之蔽芾始生，謂仲春之時，嫁娶之月。」之歎，此春娶之證也。禮，諸侯越國娶女，仲春及冰未散請期，乃足容往反也，秋如期往；淫奔之女，不能待年，故設秋迎之期。摽有梅之詩，殷紂暴亂，娶失其盛時之年，習亂思治，故戒當作「嘉」。文王能使男女得及其時。箋云：「梅實尚餘七未落，喻始衰也。謂年二十，春盛而不嫁，至夏則衰。」陳、晉棄周禮，爲國亂悲傷，故刺昏姻不及仲春。」詩序：「東門之楊，刺時也。昏姻失時，男女多違。親迎，女猶有不至者也。」箋云：「楊葉牂牂，三月中也。興者，喻時晚也，失仲春之月。」又唐風序：「綢繆，刺晉亂也。國亂，則昏姻不得其時焉。」

玄説云「嫁娶以仲春」，既有羣證，此下是賈疏引孔晁申肅之辭。故孔晁曰：「『有女懷春』，毛云：『春，不暇待秋。』『春日遲遲』、『女心傷悲』，謂蠶事始起，感事而悲。『蔽芾其樗』，喻遇惡夫。『熠燿其羽』，喻嫁娶之盛飾。『三星在隅』，孟冬之月，參見東方，舉正昏以刺時。此雖用毛義，未若鄭玄『用仲春爲正禮』爲密也。』」

〔一〕鏞堂謹案：舊誤作「夫婦」，兹從通典嘉禮四所引校正。

〔二〕志祖案：御覽五百四十一婚姻類引聖證論云：「嫁娶，古人皆以秋冬。」此文有脱誤。

〔三〕軍案：「毋」，周禮媒氏疏作「母」，今據改。

〔四〕軍案：「蚕」，明翻宋本孔子家語作「蠶」，是也。廣韻下平二十二覃：「蠶，俗作『蚕』。」今據清經解本改。

〔五〕軍案：詩綢繆鄭箋「心星」上有「謂」字，「有尊卑」上有「心」字，今據補。

3

章義癉惡

禮記緇衣：「子曰：『有國家者，章善癉惡，以示民厚，則民情不貳。』」釋文：「章義，如字，尚書作『善皇』，云『義，善也』。」正義曰：「言爲國者，有善以賞章明之，有惡則以刑癉病之也。」

據此，知禮記本作「章義」，不與書古文畢命「章善癉惡」同。梁皇侃本作「義」，故陸氏據之。開成石經亦作「義」。今本作「善」，因書古文亂也。案：正義云「言爲國者」，則「家」字衍文。

4 投壺複句衍字

禮記投壺：「正爵既行，請爲勝者立馬，一馬從二馬。三馬既立，請慶多馬。」釋文：「請爲勝者立馬，俗本或此句下有『一馬從二馬』五字，誤。」正義曰：「『一馬從二馬』者，每一勝輒立一馬。禮，以三馬爲成。若專三馬，則爲一成。但勝偶未必專頻得三，若勝偶得二，劣偶得一，一既劣於二，故徹取劣偶之一，以足勝偶之二爲三，故云『一馬從二馬』。然定本無此一句。」〔一〕又：「正爵既行，請立馬。馬各直其筭，〔二〕一馬從二馬，以慶。」注：「三立馬者，投壺如射，亦三而止也。三者，一黨不得三勝。其一勝者，并其馬於再勝者，以慶之。」

案：注言「其一勝者，并其馬於再勝者」，此即所謂「一馬從二馬」也。如上文本有此句，則鄭當於上注之，不得至此方釋也。宜從定本爲是，俗本葢因下誤衍。釋文從定本，正義從俗本。上「司射進度壺，閒以二矢半」，釋文云：「以二矢半，一本無此四字，依注則有。」案：四字當有。惟今本「閒」字爲衍文，釋文無。

〔一〕軍案：禮記正義投壺阮元校勘記「請爲勝者立馬，一馬從二馬」條云：「今大戴記亦無此『一馬從二馬』五字。孫志祖云：『鄭注「一馬從二馬」之義在下文，疑此處無此五字也。』」

〔二〕軍案：「筭」，清經解本改作「算」，非是。

5

隱三年日食

五行志下之下：〔一〕「隱公三年『二月己巳，日有食之』。穀梁傳曰：『言日不言朔，食晦。』公羊傳曰：『食二日。』董仲舒、劉向以爲：『其後，戎執天子之使，鄭獲魯隱，師古曰：「公羊傳隱六年狐壤之戰，隱公獲焉。」滅戴，師古曰：「十年秋，宋人、蔡人、衛人伐戴，鄭伯伐取之。戴國，今外黃縣東南戴城是也。讀者多誤爲『載』，故隨室置載州焉。」衛、魯、宋咸殺君。』左氏、劉歆以爲：『正當作「二」。月二日，燕、越之分野也。凡日所躔而有變，則分野之國失政者受之。人君能修政，共御厥罰，〔二〕則災消而福至；不能，則災息而禍生。故經書災而不記其故，蓋吉凶亡常，隨行而成禍福也。周衰，天子不班朔，魯曆不正，置閏不得其月，月大小不得其度。史記(曰)〔日〕食，〔三〕或言朔而實非朔，或不言朔而實朔，或脱不書朔與日，皆官失之也。』」

案：漢志引公羊傳「食二日」，此西漢儒説公羊之言，傳無此文。傳曰：「其或日，或不日，或失之前，或失之後。失之前者，朔在前也。」何注：「謂二日食，『己巳，日有食之』是也。」又云：「是後，衛州吁弑其君完，諸侯初僭，魯隱係獲，公子翬進諂謀。」與董、劉義皆合。

劉子駿言左氏以爲「二日」，與公羊説同。惟杜云：「今釋例以長歷推經、傳，明此食是二月朔也。不書朔，史失之。」〔四〕與古義不合，以待能筭者定之。〔五〕

〔二〕軍案：見漢書五行志下之下。

〔二〕軍案：「共」，清經解本誤作「其」。

〔三〕軍案：漢書「曰」當作「日」。王先謙漢書補注云：「錢大昕曰：『「曰」，南雍本、閩本作「日」。』先謙曰：『官本作「日」，是。』」今據改。

〔四〕軍案：見隱三年春秋杜注。

〔五〕軍案：「筭」，清經解本改作「算」。

6

鞠窮如也

儀禮聘禮：「賓入門，皇；升堂，讓；將授，志趨。」注：「孔子之執圭，鞠躬如也，如不勝。上如揖，下如授，勃如戰色，足蹜蹜如有循。」釋文：「鞠窮，劉音弓，本亦作『躬』。」又羣經音辨卷三：「鞠窮，容謹也，音弓。鄭康成説禮『孔子之執圭，鞠窮如也』。今本作『躬』。」〔一〕據此，知儀禮注本作「鞠窮」，「躬」蓋古聲借字，故釋文作「窮」，音辨本之。賈疏作「躬」，陸云「本亦作『躬』」，恐皆依今論語所改。

〔一〕軍案：見羣經音辨卷三穴部。

7

昭十七年日食

五行志：〔一〕「昭十七年『六月甲戌朔，日有食之』。董仲舒以爲：『時宿在畢，晉國象也。晉厲公誅四大夫，失衆心，目弒死。後莫敢復責大夫，六卿遂相與比周，專晉國，君還事之。日比再食，其事在春秋後，故不載於經。』左氏傳：〔二〕『平子曰：「唯正月朔，慝未作，日有食之，於是乎天子不舉，伐鼓於社，諸侯用幣於社，伐鼓於朝，〔三〕禮也。其餘則否。」大史曰：「在此月也。日過分而未至，三辰有災，百官降物，〔四〕君不舉，避移時，〔五〕樂奏鼓，祝用幣，史用辭，嗇夫馳，庶人走，〔六〕此月朔之謂也。當夏四月，是謂孟夏。」』説曰：『「正月」，謂周六月，夏四月，正陽純乾之月也。「慝」，謂陰爻也。冬至陽爻起初，故曰「復」。至建巳之月爲純乾，亡陰爻，而陰侵陽，爲災重，故伐鼓用幣，責陰之禮。「降物」，素服也。「不舉」，去樂也。「避移時」，避正堂，須時移災復也。「嗇夫」，掌幣吏。「庶人」，其徒役也。』劉歆目爲：『六月二日，魯、趙分。』」

案：所引「説曰」云云，是西漢儒左氏舊説。晉杜預注多本之，而猶有疏漏未盡者。

〔一〕軍案：見漢書五行志下之下。

〔二〕軍案：見昭十七年左傳。

〔三〕軍案：「天子」至「於朝」十八字，昭十七年左傳作「有伐鼓用幣」，昭二十五年左傳孔疏、毛詩小雅正月孔疏引同。

〔四〕軍案：「百官」上昭十七年左傳有「於是乎」三字。

〔五〕軍案：「避」，昭十七年左傳作「辟」。

〔六〕軍案：「嗇夫」至「人走」，昭十七年左傳作「故夏書曰：『辰不集于房，瞽奏鼓，嗇夫馳，庶人走』」，儀禮覲禮賈疏、禮記曾子問孔疏引同。

8 薄狩于敖

文選東京賦「薄狩于敖」，李注引詩「薄獸于敖」。毛刻文選作「薛注」，今從明刻五臣注本。又「狩」作「獸」，當是後人依今本毛詩改。如李本作「獸」，當云「『狩』與『獸』同」矣。又水經濟水篇「濟水又東逕敖山北」，酈注云：「詩所謂『薄狩于敖』者也。」據此，知古本詩經作「薄狩于敖」，〔一〕鄭箋當云：「狩，田獵搏獸也。」「薄」者，語辭也。古「狩」、「獸」通。書序：「武王伐殷，往伐歸獸，識其政事，作武成。」史記周本紀云：「罷兵西歸，行狩記政事，作武成。」是司馬子長以「獸」爲「狩」矣。芣苢「薄言采之」，傳：「薄，辭也。」箋云：「薄言，我薄也。」可證。

考唐石經作「搏獸于敖」。釋文無「狩」字音，而云「搏獸，音博，舊音傅」，單本釋文作「音付」，今從注疏本。是釋文亦作「搏獸」。正義釋經云「往搏取禽獸於敖地」，是孔氏亦作

「搏獸」。

又「之子于苗」，傳：「夏獵曰苗。」正義云：「『夏獵曰苗』，則此時宣王爲夏田也。上云『駕言行狩』者，是獵之總名，但冬獵大於三時，故『狩』爲冬獵名耳，非宣王發意嚮東都，歷冬夏也。」正義（祗）［祇］引上文「駕言行狩」，〔二〕而不引此「薄狩于敖」，益知孔本作「搏獸」矣。

〔一〕廣圻案：初學記廿二引「搏狩于敖」。〇軍案：詩小雅車攻文。

〔二〕軍案：「祗」當作「祇」。

9

肅肅馬鳴

詩車攻：「蕭蕭馬鳴。」唐石經原刻作「肅肅馬鳴」，後即於「肅肅」上改爲「蕭蕭」，其迹宛然可考。

案：傳曰：「『肅肅馬鳴，悠悠旆旌』，言不讙譁也。」以經本作「肅」，爲「肅然清靜」意，故云「不讙譁」；若作「蕭」，爲「蕭涼」、「蕭條」，則入近人辭氣矣。

或謂既「馬鳴」矣，安得肅然清靜？蓋天子親田，士馬衆盛，徒御囂囂，今而聞肅然馬鳴之聲，見悠然旆旌之形，是於極煩擾之中，而得此整暇景象矣，故爲「不謹譁」。當從石經原刻。

10

侈兮哆兮

詩巷伯：「哆兮侈兮，成是南箕。」傳：「哆，大貌。南箕，箕星也。侈之言是必有因也，斯人自謂辟嫌之不審也。」箋云：「箕星哆然，踵狹而舌廣。今讒人之因寺人之近嫌而成言其罪，猶因箕星之哆而侈大之。」詩考補遺載説文作「鉹兮哆兮」，載崔靈恩集注作「侈兮哆兮」。

案詩考引説文，知毛詩本作「侈兮哆兮」。古文借「鉹」爲「侈」，故許君於金部引詩，（一）其義則以「曲鉹」、「鬵鼎」爲正也。

吕東萊讀詩記載董氏説，每言崔靈恩集注江左古本，石經等皆作僞欺人，不可據。而吕、王兩家每爲所惑。

琳考之有年，知崔氏之書，自陸、孔所引外，絶無遺文，蓋亡於唐末。此條當即竄改説文爲之，理雖通而文則僞也。毛傳「侈之言是必有因也」，正義所引無「是」字，當從之。

「哆，大貌。南箕，箕星也」，此先釋經「哆」字、「南箕」字。「侈之言必有因也，斯人自謂辟嫌之不審也」，此通解詩人比興之旨。「侈之言必有因也」七字爲句，謂凡侈大者皆必舊有所因，今益侈大之。興斯人昔有小嫌，讒人更增益之，以成其罪也。毛傳所云「因」，即目「哆」言之，斯經「哆」在「侈」下之證。箋云「因箕星之哆而侈大之」，此反言以申傳，非倒易經文也。若因箋而疑傳先云「哆，大貌」以釋「哆兮」，後云「侈之言必有因也」以釋「侈兮」，則「南箕，箕星也」五字何又錯於「哆兮侈兮」之閒？此由於不通詁訓，不諳毛傳文句，故誤會。毛於「侈」字無釋者，以「侈」即「奢侈」義，說文：「侈，奢也。」世所共曉，故略之。「哆，大貌」指南箕之舌言，與說文「哆，張口也」正合。玉篇口部、廣韻四紙皆本說文。

正義釋經云：「言有星初本哆然寬大爲踵兮，其又侈之更益而大爲舌兮，乃成是南箕之星。」又釋傳云：「箕四星，二爲踵，二爲舌。若使踵本（大）［太］狹，〔二〕言當作「舌」。雖小寬，不足以爲箕。由踵之二星已哆然而大，舌又益大，所以成爲箕也。」則孔本已倒釋文「哆」音在上，「侈」音在下。開成石經亦作「哆兮侈兮」。陸、孔俱不言有作「侈兮哆兮」，是唐以來各本皆誤矣。

〔一〕鏞堂［謹案］：疑是「鉹」讀若詩「侈兮」。○軍案：依例，「鏞堂」下當補「謹案」二字。說文金部：「鉹，曲鉹也。从金，多聲。一曰：『鬵鼎，讀若「摛」。』一曰：『詩云「侈兮哆兮」。』」段注：「宋本皆如此，今本作『哆兮侈兮』。『一曰』下當奪『若』字，謂讀若『哆』也。小徐作『一曰：若詩曰「侈兮」之「侈」，同』。」

〔二〕軍案：「大」，毛詩巷伯正義作「太」，今據改。

11

相近於坎壇

禮記祭法：「相近於坎、壇，祭寒、暑也。」注：「『相近』當爲『禳祈』，聲之誤也。禳，猶『卻』也；〔一〕祈，求也。寒、暑不時，則或禳之，或祈之；寒於坎，暑於壇。」釋文：「相近，依注讀爲『禳祈』，如羊反，下音巨依反。王肅作『祖迎』也。」

案：「禳」字从「襄」，「襄」與「相」聲亂，「祈」、「近」皆「斤」聲，故「禳祈」誤爲「相近」。注義甚精。鄭不云「『相近』或爲『祖迎』」，則知本無作「祖迎」者。孔叢子（書）論［書］云：〔二〕「祖迎於坎、壇，所以祭寒、暑也。」與王肅同。孔叢子亦僞書。朱子云：「其文軟弱，不類西京，多似東漢人語。」〔三〕琳考此書解「納于大麓，烈風雷雨弗迷」、「禋于六宗」，〔四〕皆與僞孔及王肅合。

書正義云：「惟王肅據家語『六宗』與孔同。」〔五〕則孔子家語言「禋于六宗」，亦取祭法爲説，其「相近於坎、壇」句必作「祖迎於坎、壇」。今家語非完書，故無此文，詩皇矣正義引家語，今家語亦無。孔仲達所據唐本有之。嘗疑孔子家語、孔安國書傳、孔叢子皆出於肅手，故其文往往互相祖述。蓋三書皆託之孔氏，以希人之尊信。用以改鄭説而申己意，駮鄭氏非而證己是者，無不於此取之，故三書即肅之罪案也。

試以此條論之：鄭以「相近」爲「禳祈」聲近之誤。肅於禮記改爲「祖迎」，見作「相近」者乃形似之誤，而非聲近之誤。肅解禮記及家語「祖迎」，當用周禮「迎寒」、「迎暑」説。〔六〕今家語雖闕，可據孔叢子、書正義推測之也。又恐後人不信其説，因託之家語以證之。復恐後人并疑家語爲己所私定，故又著之孔叢子以證之。

肅之詭計勞心，往往若此。非好學深思、心知其意者，恐急索解人不得也。

〔一〕軍案：「卻」，清經解本作「郤」，形近而譌。

〔二〕軍案：「書論」二字當乙。

〔三〕軍案：臧氏引朱子語，出處不詳。此語亦見清徐昂發畏壘筆記卷四「孔叢子」條。然徐氏之書成於康熙戊戌（一七一八年），已在臧琳逝後。四部叢刊影明嘉靖本晦庵集卷七十一記尚書三義云：「嘗疑今孔傳并序皆不類西京文字氣象，未必真安國所作，只與孔叢子同是一手僞書。蓋其言多相表裏，而訓詁亦多出小爾雅也。此事先儒所未言，而予獨疑之，未敢必其然也。姑識其説，以俟知者。」同書卷六十五尚書、卷八十二書臨漳所刊四經後皆云：「而安國之序，又絶不類西京文字，亦皆可疑。」趙翼陔餘叢考卷一「宋儒疑古文尚書」條云：「朱子曰：『孔傳並序皆不類西京文字，似與孔叢子同出一手。』」

〔四〕軍案：見孔叢子論書篇。

〔五〕軍案：見尚書舜典「禋于六宗」正義。

〔六〕軍案：周禮春官籥章職云：「掌土鼓、豳籥。中春，晝擊土鼓、龡豳詩，以逆暑。中秋，夜迎寒，亦如之。」鄭注云：「迎暑以晝，求諸陽。迎寒以夜，求諸陰。」賈疏云：「中春，二月也。言『迎暑』者，謂中春晝夜等，已後漸暄，故預迎之耳。言『亦如之』，亦當『擊土鼓、龡豳詩』也。」

12

古人語氣急

古人之言，多氣急而文簡。如毛詩以「不寧」爲「豈不寧」，以「不康」爲「豈不康」。書堯典「試可乃已」，史記五帝本紀云「試不可用而已」，是尚書以「可」爲「不可」也。

論語陽貨「其未得之也，患得之」，集解：「『患得之』者，患不能得之。楚俗語。」論語以「得」爲「不得」，猶尚書以「可」爲「不可」也，皆古人語急反言之證。何氏云「楚俗語」者，舉時驗以證之耳。

13

舜典音義考

尚書音義非陸氏原書，昔人已言之。余反覆舜典一篇，知此爲後人竄改者尤甚。陸德明用王肅堯典注，與孔仲達用姚方興本不同。姚雖采馬、王之義以造孔傳，亦必有與王肅不同者。如：

王云：「上帝，天也。」姚意亦以「上帝」爲「天」，而無「上帝，天也」之文。

王云：「禋，絜祀也。」姚云：「精意以享謂之禋。」

王云：「輯，合。」姚云：「輯，斂。」

王云：「同，齊也。律，六律也。」姚云：「律，法制。」

王云：「藝，禰也。」姚云：「藝，文也。」

王云：「四朝，四面朝於方岳下。」姚云：「各會朝於方岳之下。」

王云：「胄子，國子也。」姚云：「胄，長也。教長國子。」序「九共九篇、稾飫」下，〔一〕王本有「汨作、九共故逸」六字正文，「共，法也」三字注，而姚本皆無，且云「凡十一篇，皆亡」。

於此具見王、姚之注文義不同，或義同而文異。陸氏既據王本，則所音王注中字，必有姚本所無者。如孝經音義所音鄭注，多不與唐明皇注同，可證也。乃檢釋文所出之注，無有一字出姚本外者，則爲後人據孔本以删改可知。今即據孔本證明之：

釋文有「八元」、「八凱」音義，因姚云「舉八元」、「舉八凱」也。

有「來朝」，因姚云「四方諸侯來朝」也。

有「愆」字，因姚云「不有迷錯愆伏」也。

有「墳衍」，因姚云「羣神，謂丘陵、墳衍」也。

有「巡行」，因姚云「巡行之」也。

有「燔」字，因姚云「燔柴」也。

有「瀆」字，因姚云「四瀆視諸侯」也。

有「纁」字，因姚云「諸侯世子執纁」也。

有「還」字，因姚云「復還」也。

有「華」字，因姚云「西岳，華山」也。

有「榎」字，因姚云「扑，榎、楚」也。

有「裔」字，因姚云「崇山，南裔」也。

有「縉」字，因姚云「縉雲氏之後」也。

有「饕餮」，因姚云「號饕餮」也。

有「匏」字，因姚云「八音，金、石、絲、竹、匏、土、革、木」也。

有「故復」，因姚云「故復至文祖廟告」也。

有「之長」，因姚云「元，善之長」也。

有「劓、刵、大辟」，因姚云「五刑，墨、劓、刵、宮、大辟」也。

有「三處」，因姚云「（臨）［行］刑當就三處」也。〔二〕

有「於朝」，因姚云「大夫於朝」也。

有「喉」字，因姚云「納言，喉舌之官」也。

有「令」字，因姚云「不令相從」也。

幾似陸本與孔本同，正爲姚方興作音義矣，可怪也。

馬氏文獻通考載崇文總目云：「開寶中，詔以德明所釋乃古文尚書，與唐明皇所定今文駮異，令鄂刪定其文，改從穎書。」〔三〕則刪改釋文以從孔本者，出北宋陳鄂手，此其明證也。釋文：「藝，魚世反，馬、王云『禰也』。」此「禰」字，陸氏當爲作音，後人見姚本所無，因刪之。

又「讒，切韻『士咸反』」，「殄，切韻『徒典反』」。切韻，陸法言之書。德明與法言時世相近，不宜引用其書。臯陶謨，「『惇』，切韻『都昆反』」。『慤』，切韻『苦角反』」。禹貢，「『緜』，切韻『祖稽反』」。泰誓上，「『嗜』，切韻『常利反』」。洛誥，「『裦』，切韻『博毛反』」。呂刑，「『耄』，切韻『莫報反』」。餘經音義引切韻者甚少，此皆竄改之迹也。

又「『至于北岳，如西禮』，方興本同，馬本作『如初』」。案：馬季長、鄭康成所注古文皆作「如初」。王肅依今文據公羊注。〔四〕改作「如西禮」，此猶毛詩「維此王季」，肅依齊、魯、韓改作「維此文王」。〔五〕故陸氏據之。「方興本同」者，謂姚氏從王肅本作「如西禮」也。詳琳所撰尚書集解。

〔一〕軍案：「槀」，清經解本作「槀」。黃焯經典釋文彙校卷三尚書序云：「槀飫，宋本『槀』作『槀』，景宋本與此本同。」

〔二〕軍案：「臨」，尚書注作「行」，今據改。

〔三〕軍案：見馬端臨文獻通考卷一百七十七經籍考四「陸德明尚書釋文一卷」條。

〔四〕軍案：見公羊傳隱八年「三月，鄭伯使宛來歸邴」杜注。

〔五〕軍案：見毛詩大雅皇矣「維此王季，帝度其心」孔疏。

14

士則朋友

禮記曾子問：「天子、諸侯之喪，斬衰者奠。大夫，齊衰者奠。士，則朋友奠。」釋文作「士則朋友」，云：「一本作『士則朋友奠』。」據此，知此句古本無「奠」字，蒙上文也；有者係衍文。

經義雜記卷二十三

武進學生臧琳玉林

1 雜記匠人執翿

禮記雜記下：「升正柩，諸侯執紼五百人，四紼皆銜枚。司馬執鐸，左八人，右八人。匠人執羽葆御柩。」正義曰：「『匠人執羽葆御柩』者，以鳥羽注於柄頭，如蓋，謂之『羽葆』。『葆』，謂蓋也。匠人主宮室，故執蓋物御柩。謂執羽葆居柩舊衍「葆」字，今删。前，御行於道。」

又周禮鄉師：「及葬，執纛以與匠師御匶。」〔一〕注引「雜記曰：『匠人執翿以御柩。』鄭司農云：『翿，羽葆幢也』」。釋曰：「匠人舊譌「師」，今改正。執翿羽葆幢，此諸侯之禮，引以況天子之法。言『執翿羽葆幢』者，彼文唯有『執翿』，無『羽葆幢』之言；今云『羽葆幢』者，鄭因釋『翿』是『羽葆幢』。」

案：據周禮注及賈疏，知雜記本作「匠人執翿以御柩」，「羽葆幢」三字爲「翿」字之義。今本誤以「翿」字之訓爲經，又脱「幢以」二字，殘缺譌誤之至。

考正義，知孔氏所據即同今本，而賈氏所見獨與周禮注合。然周禮注先引雜記「執翿」之文，後載司農「羽葆幢」之訓，乃疏中兩援注文，皆云「執翿羽葆幢」牽合引之。豈唐時周禮注已誤，後人遂據以增添禮記，或疑其複，遂致反删正文而存注義乎？

爾雅釋言：「翿，纛也。」郭注：「今之『羽葆幢』。」玉篇系部：「纛，羽葆幢也，亦作『翿』。」皆可證雜記「羽葆」爲「翿」字之訓。

〔一〕軍案：阮元周禮注疏校勘記云：「閩、監、毛本同。唐石經、宋本、嘉靖本『纛』作『纛』。釋文：『執纛，桃報反。』葉鈔本作『執纛』。然則作『纛』者非。」

2

鄭氏神童

太平御覽載鄭玄别傳曰：「玄年十六，號曰神童。民有獻嘉禾者欲表府，文辭鄙略，玄爲改作，又著頌一篇。侯相高其才，爲脩冠禮。」見卷八百三十九。

又「玄年十七，在家，見大風起，詣縣曰：『某時當有火災，宜祭爟禳，廣設禁備。』時火果起，而不爲害」。見卷八百六十八。

余嘗欲彙采此類遺文，撰鄭氏年譜。

3

命于楚伐宋

左傳宣二年：「鄭公子歸生受命于楚伐宋。」杜注：「受楚命也。」釋文：「命于楚，本或作『受命于楚』，非也。」

據此，知傳本無「受」字，故注云「受楚命」。若傳本作「受命于楚」，則文義已明，杜可無庸注矣。陸氏非之，是也。今注疏本載釋文，又倒轉之。

4

易輶攸畏

梁周興嗣千字文：「易輶攸畏，屬耳垣牆。」或讀「易」爲「變易」之「易」，誤也。

案：周氏即用詩小弁「君子無易由言，耳屬于垣」之文。鄭箋云：「由，用也。王無輕用讒人之言，人將有屬耳於壁而聽之者，知王有所受之，知王心不正也。」釋文：「易，夷豉反。屬，音燭。垣，音袁。」「由」與「輶」聲相近，或周氏所見詩本有作「君子無易輶言」者。

5 二孔孝經説

左傳宣十二年：「進思盡忠，退思補過。」正義曰：「孝經有此二句。孔安國云：『進見於君，則必竭其忠貞之節，以圖國事，直道正辭，有犯無隱。退還所職，思其事宜，獻可替否，以補王過。』此孔意『進』謂見君，『退』謂還私職也。或當以此二句據臣心爲文。文既據臣，君在其上，施之於君則稱『進』，内省其身則稱『退』。『盡忠』者，盡己之心，以進獻於君。『補過』者，内修己心，以補君愆失。故以『盡忠』爲『進』，『補過』爲『退』耳，非謂『進見』與『退還』也。」

案：傳云「進思盡忠，退思補過，社稷之衞也」，則先孔平直之説得之。後孔雖似精密，然恐過巧。

6 孝經孔安國傳

唐司馬貞云：〔一〕「古文孝經出孔壁。先是，安國作傳，緣遭巫蠱，未之行也。昶集注之時，尚未見孔傳，〔二〕中朝遂亡其本。近儒欲崇古學，妄作傳學，〔三〕假稱孔氏。」

案：古文孝經，見漢藝文志。謂孔安國作傳，當無其事，殆猶晉出古文尚書也。且荀昶晉人，尚未之見，隋儒劉炫輩何由得之？此明是劉光伯僞託。此書北宋前已亡逸，惟唐人尚有徵引者。今録以備考。

唐元行沖孝經正義宋邢昺校。載：

「用天之道，分地之利」，云：「脱衣應唐會要作「就」。〔四〕功，暴其肌體，朝暮從事，露髪徒唐會要作「塗」。足，少而習之，其心安焉。」〔五〕又見文苑英華七百六十六。

「無念爾祖，聿脩厥德」，云：「義取常念先祖，述脩其德。」〔六〕

「蓋天子之孝也」，云：「『蓋』者，辜較之辭。」〔七〕劉炫云：「辜較，猶『梗槩』也。」

「非先王之法服不敢服」，云：「『服』者，身之表也。」〔八〕

「資於事父以事母」，云：「資，取也。」〔九〕

「分地之利」，云：「各盡（其）所宜，此分地（之）利也。」〔一〇〕

「民具爾瞻」，云：「具，皆也。爾，女也。」〔一一〕

「故得百姓之懽心，以事其先君」，云：「亦以相統理。」〔一二〕

「故不愛其親而愛他人者，謂之悖德；不敬其親而敬他人者，謂之悖禮」，云：「言盡愛敬之道，然後施教於人。」

「德義可尊」，云：「立德行義，不違道正，故可尊也。」

「容止可觀」，云：「容止，威儀也，必合規矩，則可觀也。」

「故能成其德教，而行其政令」，云：「上正身以率下。」〔一三〕

「要君者無上」，云：「君者，臣之稟命也，而敢要之，是無上也。」

「非聖人者無法」，云：「聖人制作禮法，而敢非之，是無法也。」〔一四〕

「敬一人而千萬人悦」，云：「一人，謂父、兄、君。千萬人，謂子、弟、臣也。」〔一五〕

「昔者，天子有爭臣七人」，云：「虞、夏、商、周，有師、保，有疑、丞，設四輔及三公。」

「諸侯有爭臣五人」，云：「天子所命之孤，及三卿與上大夫。」

「大夫有爭臣三人」，云：「家相、室老、側室。」〔一六〕

「故雖天子，必有尊也，言有父也；必有先也，言有兄也」，云：「禮，君燕族人，與父兄

齒也。」〔一七〕

「爲之棺槨衣衾而舉之」，云：「衣，謂斂衣。衾，被也。舉，謂舉屍内於棺也。」

「卜其宅兆，而安措之」，云：「宅，墓穴也。兆，塋域也。恐其下有伏石、涌水泉，案：「水」字當衍。復爲市朝之地，故卜之。」〔一八〕

釋文引「『仲尼居』，云：『靜而思道也』」。〔一九〕案：古文云「仲尼閒居」，故傳以「閒」訓「靜」。

舊唐書卷廿一王仲丘載：「『宗祀文王於明堂，以配上帝』，云：『帝，亦天也。』」與春秋正義所載「進思盡忠，退思補過」説，〔二〇〕共二十四則，唐明皇注多所采用。〔二一〕

〔一〕軍案：見孝經正義序。

〔二〕軍案：阮元孝經注疏校勘記云：「文苑英華、唐會要『尚未』作『有』字，是也。」

〔三〕軍案：阮元孝經注疏校勘記云：「文苑英華、唐會要作『妄作此傳』，是也。」

〔四〕軍案：見唐會要卷七十七貢舉下論經義「開元七年四月七日」條。下同。

〔五〕軍案：見孝經正義序。「徒」，清武英殿聚珍版叢書本、江蘇書局本唐會要皆作「跣」。文苑英華卷七百六十六經籍載司馬貞孝經老子注易傳議作「塗」，注云：「一作『徒』。」又云：「『一作』皆唐會要。」臧氏云「唐會要作『塗』」，疑其據文苑英華而誤記也。○册府元龜卷六百四學校部奏議第三引作「露禱塗足」。
〔六〕軍案：見孝經正義開宗明義章第一。
〔七〕軍案：見孝經正義天子章第二。
〔八〕軍案：見孝經正義卿大夫章第四。
〔九〕軍案：見孝經正義士章第五。
〔一〇〕軍案：見孝經正義庶人章第六。正義載傳無「其」、「之」二字，今據删。
〔一一〕軍案：見孝經正義三才章第七。
〔一二〕軍案：見孝經正義孝治章第八。
〔一三〕軍案：見孝經正義聖治章第九。
〔一四〕軍案：見孝經正義五刑章第十一。
〔一五〕軍案：見孝經正義廣要道章第十二。
〔一六〕軍案：見孝經正義諫諍章第十五。
〔一七〕軍案：見孝經正義感應章第十六。
〔一八〕軍案：見孝經正義喪親章第十八。
〔一九〕軍案：見經典釋文卷二十三孝經音義開宗明義章。
〔二〇〕軍案：見宣十二年左傳正義。參本書本卷「二一孔孝經説」條。

〔二一〕鏞堂謹案：春秋左傳昭廿一年「天子省風以作樂」，正義曰：「孝經云：『移風易俗，莫善於樂。』孔安國云：『風，化也。俗，常也。移太平之化，易衰敝之常也。』」書湯誥正義曰：「孔注孝經，『圜丘』與『郊』共爲一事。」

7

雖少必作

論語述而：「子見齊衰者、冕衣裳者與瞽者，見之，雖少必作。」集注引或曰：「『少』當作『坐』。」案：史記孔子世家云：「見齊衰、瞽者，雖童子必變。」「童子」字正釋經「少」字，可證本不作「坐」。或說非是。

8

爲其拜如蹲

公羊傳僖卅(二)[三]年：〔一〕「子揖師而行。」何注：「揖其父於師中。介胄不拜，爲其拜如蹲。」解云：「『介胄不拜』，出曲禮上篇，彼文『蹲』作『蓌』字。」釋文：「介胄，直又反。如蹲，音存。」

案：今禮記作「介者不拜，爲其拜而蓌拜」，釋文：「蓌拜，盧本作『蹲』。」與何邵公正合。「蓌」乃俗字。「介者」作「介胄」，蓋何氏以義言之。「而」、「如」古通。此當從公羊注讀「而」爲「如」。「拜而蓌拜」費解，據公羊注，則「蓌拜」之「拜」係衍文。

〔一〕軍案：清經解本脱「傳」字。〔二〕當作「三」，清經解本亦誤。

9　穀梁注禮之疏

穀梁僖廿五年：「宋殺其大夫。」傳：「其不稱名姓，以其在祖之位，尊之也。」范注引釋癈疾云：「禮，公族有罪，刑于甸師氏，不與國人慮兄弟也，所以尊異之。今骨肉在其位而見殺，故尊之，隱而不忍稱名氏。若罪大者，名之而已，使若異姓然，此乃祖之疏也。」釋曰：「『祖之疏』，古本或作『禮之疏』者，言同姓與異姓不別，則於禮法爲疏也。理亦通。」

案：當從古本作「禮」字。既言罪大名之，使若異姓然，何復論祖之親疏乎？

10

出入周疏

左傳昭二十年：「清濁、小大，短長、疾徐，哀樂、剛柔，［遲速］、高下，〔一〕出入、周疏，以相濟也。」注：「周，密也。」釋文：「周流，傳本皆作『流』。然此五句皆相對，不應獨作『流』。古本有作『疏』者。案：注訓『周』爲『密』，則與『疏』相對，宜爲『疏』耳。」正義曰：「杜訓『周』爲『密』，則『疏』爲『希』，亦相反也。俗本『疏』作『流』。易繫辭云：『周流六虚。』仲尼燕居云：『周流無不徧也。』涉彼文而誤耳。杜既以『周』爲『密』，則『流』當爲『疏』。今定本作『流』，非也。」

案：陸、孔説是也。但陸既據古本作「疏」，而釋文猶大書「周流」字，注疏本釋文改作「周疏」，不足信。是其識究不能定。此條孔勝於陸。

〔一〕軍案：「高下」上脱「遲速」二字，清經解本同，今據左傳補。

11

盡之盜少止

左傳昭二十年：「興徒兵以攻萑苻之盜，盡殺之，盜少止。」釋文：「盡之，本或作『盡殺之』，『殺』衍字。」

案：正義曰：「既言『盡殺之』，復云『盜少止』者，『盡』謂盡萑苻之内盜也，『少止』謂鄭國餘處之盜由此少止。」知孔本亦作「盡之」，無「殺」字，與陸本同。「既言『盡殺之』」當作「既言『盡之』」。標起至「盡殺之，盜少止」當作「盡之，盜少止」。此二「殺」字，皆後人所增。

12

敬恭明神

詩雲漢：「敬恭明神。」釋文作「明祀」，云：「本或作『明神』。」李善注文選陸士衡荅張士然詩引「毛詩曰：『敬恭明祀』」。又洪氏隸釋載西岳華山亭碑云「敬恭明祀，以奉皇靈」，〔一〕當本此詩。或欲據此改詩作「明祀」。

余案：箋云：「肅事明神如是，明神宜不悔怒於我，我何由常遭此旱也？」則下文「宜無悔怒」，正承此「明神」言之。若言「明祀無悔怒」，似不可通。

又案：文選東京賦云：「清道案列，天行星陳。肅肅習習，隱隱轔轔。殿未出乎城闕，旆已反乎郊畛。盛夏后之致美，爰恭敬於明神。」李注引毛詩「恭敬明神」。知張平子所據詩亦作「明神」。即有一本作「明祀」，要不得據以輕改也。〔二〕

〔一〕軍案：見洪适隸釋卷二。

〔二〕鏞堂謹案：「敬恭明祀」承上「祈年」、「方社」言之，「明神」字蓋涉箋而誤。張賦易字以韻句耳。

13

般於繹思衍文

詩般釋文云：「於繹思，毛詩無此句，齊、魯、韓詩有之。今毛詩有者，衍文也。崔集注本有，是採三家之本。崔因有，故解之。」正義曰：「此篇末，俗本有『於繹思』三字，誤也。」

案：賚：「時周之命，於繹思。」箋云：「勞心者，是周之所以受天命，而王之所由也。

於女諸臣受封者，陳繹而思行之，以文王之功業敕勸之。」以此詩是大封伐紂時諸臣之有功者，故勉其繹思文王之功業。若般爲巡守祀四嶽、河、海之詩，勉誰陳繹思行之乎？

鄭箋「敷天之下，裒時之對，時周之命」云：「裒，衆；對，配也。徧天之下，衆山川之神，皆如是配而祭之，是周之所以受天命而王也。」則推其受命而王，由於得神之助，方歸功於山川之靈，無容忽及先王之子孫、臣庶而戒勉之也。

齊、魯、韓有此，當爲臣下告君之辭，言周之受命由此王，不可不繹思以永保神貺。然一篇之中，神、人雜沓，恐非體製，即在三家，亦當爲衍文。

14 匹馬踦輪

公羊傳僖卅(二)[三]年：〔一〕「晉人與姜戎要秦師于殽而擊之，匹馬隻輪無反者。」何注：「匹馬，一馬也。隻，踦也。皆喻盡。」釋文：「隻輪，如字，一本又作『易輪』。董仲舒云：『車皆不還，故不得易輪轍。』隻踦，居宜反，一本作『易踦』。」

穀梁傳作「匹馬倚輪無反者」，范解：「倚輪，一隻之輪。」釋文：「倚輪，居宜反，或於綺反。」

漢書五行志中之下載劉向説，謂「晉敗秦師，匹馬觭輪無反者」。服虔曰：「觭，音『奇偶』之『奇』。」師古曰：「觭，隻也。言盡虜獲之。觭音居宜反。」

案：作「觭」、作「踦」、作「倚」皆「奇」字之通借。疑公羊傳本作「匹馬踦輪」，與穀梁及漢志同。何注作「踦，隻也」，與范解及顔注同。今注疏本與釋文皆誤倒。若傳本作「隻」，文義已明，反訓爲「踦」，意轉晦矣。

釋文謂「隻輪」本作「易輪」，亦誤。若作「易輪」，依董説爲「車皆不還，不得易輪轍」，則下文「無反者」三字可删矣。

〔一〕軍案：「二」當作「三」，清經解本亦誤。

15

毛傳文例最古

十三經中，惟毛詩傳最古，而最完好。其詁訓能委曲順經，不拘章句。俗儒不知而私改者，唐以前已不免矣。兹偶舉數則，以質通經學古者焉。

有經本一字而傳重文者。如：

擊鼓「憂心有忡」，傳：「憂心忡忡然。」

淇奧「赫兮咺兮」，傳：「赫，有明德赫赫然。」

芄蘭「容兮遂兮，垂帶悸兮」，傳：「佩玉遂遂然，垂其紳帶悸悸然。」

丘中有麻「將其來施」，傳：「施施，難進之貌。」〔一〕

中谷有蓷「條其歗矣」，傳：「條條然歗也。」

黄鳥「惴惴其慄」，傳：「慄慄，懼也。」

匪風「匪風發兮，匪車偈兮」，傳：「發發飄風，非有道之風；偈偈疾驅，非有道之車。」韓詩略同。

有經重文而傳一字者。如：

公劉「于時言言，于時語語」，傳：「直言曰言，論難曰語。」

有客「有客宿宿，有客信信」，傳：「一宿曰宿，再宿曰信。」爾雅釋訓云：「『有客宿宿』，言再宿也。『有客信信』，言四宿也。」與毛傳異。孔仲達合爲一，非是。

有經分而傳合者。如：

旄丘「瑣兮尾兮」，傳：「瑣尾，少好之貌。」

泉水「載脂載舝」，傳：「脂舝其車。」

北風「其虚其邪」，傳：「虚邪也。」〔二〕

女曰雞鳴「將翺將翔」，傳：「閒於政事，則翺翔習射。」

子衿「挑兮達兮」，傳：「挑達，往來相見貌。」

卷阿「有馮有翼」，傳：「道可馮依，以爲輔翼也。」

常武「匪紹匪遊」，傳：「不敢繼以（遨）〔敖〕遊也。」〔三〕

有客「有萋有且」，傳：「萋且，敬慎貌。」

有經合而傳分者。如：

定之方中「騋牝三千」，傳：「騋馬與牝馬也。」

淇奧「緑竹猗猗」，傳：「緑，王芻也。竹，萹竹也。」

防有鵲巢「中唐有甓」，傳：「中，中庭也。唐，堂塗也。」

七月「以伐遠揚」，傳：「遠，枝遠也。揚，條揚也。」

（生民）〔緜〕「自土漆沮」，〔四〕傳：「漆，水；沮，水也。」

〔生民〕「以興嗣歲」，傳：「興來歲，（嗣）〔繼〕往歲也。」〔五〕

蕩「疾威上帝」，傳：「疾，病人矣。威，罪人矣。」

時邁「明昭有周」，傳：「明矣，知未然也。昭然，不疑也。」

閟宮「奄有龜蒙」，傳：「龜，山也。蒙，山也。」「保有鳧繹」，傳：「鳧，山也。繹，山也。」

有經省文而傳補者。如：

生民「烏覆翼之」，傳：「一翼覆之，一翼藉之。」

〔一〕軍案：今本毛詩作「將其來施施」，傳、箋皆作「施施」。案下章云「將其來食」，則此章本作「將其來施」，「施」字不重。傳、箋作「施施」者，乃以重文釋經「施」字也。俗儒不悟，見傳、箋皆作「施施」，遂於經文妄增一「施」字。釋文云：「施，如字。」是陸氏所見本「施」字亦不重。臧説是也。

〔二〕軍案：「虛邪也」，此疑臧氏以意改；北風傳作「虛，虛也」。鄭箋云：「『邪』讀如『徐』。」孔疏標起止亦作「傳『虛，虛』」。阮元毛詩注疏校勘記云：「小字本、相臺本同。案：此釋文本也。釋文云：『虛虛也，一本作「虛徐也」。』正義云：『但傳質，詁訓疊經文耳，非訓「虛」爲「徐」。』是正義本當是『虛，徐也』，與釋文『一本』同。標起止云『傳「虛，虛」』，或合併經、注、正義時所改也。段玉裁云：『經文作「邪」，鄭始易爲「徐」。毛意「虛邪」如管子之「志無虛邪」耳。「虛，虛也」者，謂此「丘虛」字即「空虛」字也。正義本非。』○按：古之訓詁，有此一例，如易大傳：『比者，比也。』『剥者，剥也。』『蒙者，蒙也。』説文亦云：『已者，已也。』經傳不可枚數。或疑毛傳内無此，因舉『要之襋之』傳曰：『要，褸也。』毛公時安得有『褸』字？『褸』本作『要』，謂此『要』非人『要領』之『要』，乃衣裳之『要』也。正與此

『虛，虛也』一例。古者，『虛』本訓『丘虛』，因之訓『空虛』；嫌其義之不可定也，故釋之曰『此「丘虛」字，其義則「空虛」也』。如易『蒙者，蒙也』，謂此『蒙』，艸名之字，其義則訓『蒙覆』也。」〇段引「志無虛邪」，管子弟子職文。

〔三〕軍案：「遨」，毛傳作「敖」，今據改。

〔四〕軍案：「生民」當作「緜」。

〔五〕軍案：「以」上當補「生民」，「嗣」當作「繼」。

16

后爲後之假借

儀禮鄉射禮：「乃射。上射既發，挾弓矢，而后下射。」注：「古文『而后』作『後』，非也。孝經説『然后』曰：『「后」者，後也。』當從『后』。」釋曰：「引孝經説，取孝經緯援神契文。彼説孝經云『然後能保其社稷』之等皆作『后』。『后』者，後也。故不從古文『後』。是以云『當從「后」』。」

案：説文彳部：「後，遲也。从『彳』、『幺』、『夂』者，後也。」又：「后，繼體君也。象人之形，施令以告四方，故『厂』之从『一』、『口』。發號令者，君、后也。凡后之屬，皆从『后』。」〔一〕則「先後」字作「後」，「君后」字作「后」。

儀禮古文作「後」，與說文合；今文作「后」，當是同聲假借字。禮記「後」多作「后」，大學一篇全用「后」字。說文訓「后」爲「繼體君」，則義可轉爲「先後」之「後」。故孝經說云「『后』者，後也」，然要非正字。鄭注儀禮，據今文孝經，從今文，不從古文，未聞也。又賈公彦謂援神契說孝經「然後能保其社稷」之等皆作「后」。世所行唐明皇注本稱爲今文，而「然後能保其社稷而和其民人」、「然後能守其宗廟」、「然後能保其禄位而守其祭祀」，皆作「後」不作「后」，蓋據古文改之，非漢以來之舊矣。

〔一〕軍案：見說文后部「后」字條。

17

五帝本紀書說

史記載尚書今文爲多，閒存古文義。其詁訓多用爾雅，馬融注及僞孔傳往往本之。唐司馬貞謂「太史公博採經記而爲此史，廣記異聞，不必皆依尚書」。〔一〕此說甚誤。余讀尚書，以史記參之，其義始通，不特詁訓〔而〕已也。〔二〕昔著尚書集解，曾纂録之而未盡。欲以二十八篇，采史記注之，更以己意發明之。今老矣，精力不能全逮，姑就孔傳本堯典，録史記於上，以尚書證之，所以祛索隱之惑也。

史記五帝本紀：

帝堯者，放勳。尚書：「曰若稽古帝堯，曰放勳。」孔傳：「言放上世之功化。」案：史以放勳爲堯名，猶以重華爲舜名，文命爲禹名也。釋文引馬融云「放勳，堯名」，與史合。說文：「勳，从力，熏聲。勛，古文勳，从員。」史記，今文尚書也，故作「放勳」；孔傳本，古文尚書也，當作「放勛」。**其仁如天，其知如神。就之如日，望之如雲。**此蓋釋經之「光被四表，格于上下」也。**富而不驕，貴而不舒。黄收純衣，彤車乘白馬。**此蓋釋經之「允恭克讓」也。**能明馴德，**「克明俊德」。傳：「能明俊德之士。」案：爾雅：「克，能也。」徐廣曰：「馴，古『訓』字。」「俊」、「馴」聲相近。蓋古文尚書作「克明俊德」，今文尚書作「克明馴德」，訓「順」也。古文「疇若予工」、「疇若予上下草木鳥獸」，孔傳以「若」爲「順」，而五帝本紀作「誰能馴予工」、「誰能馴予上下草木鳥獸」。**以親九族。九族既睦，便章百姓。**「以親九族。九族既睦，平章百姓」。傳：「言化九族，而平和章明。」索隱曰：「今文作『辯章』。『便』則訓『辯』，遂爲『辯章』。」案：毛詩采菽「平平左右」，傳：「平平，辯治也。」釋文云：「平平，韓詩作『便便』。」毛詩爲古文，韓詩爲今文，是古文「平」字，今文多作「便」。古文尚書「平章百姓」，今文尚書「便章百姓」。大傳作「辯章」，是書文之詁訓，今文之或體。唐時三家已亡，故司馬貞取以當今文。**百姓昭明，合和萬國。**「百姓昭明，協和萬邦」。傳：「協，合。」案：漢碑及石經「邦」、「國」字互見。宋洪适謂經典「邦」或作「國」，蓋所傳本異，非由避諱。是古文尚書作

「協和萬邦」，今文尚書作「協和萬國」。

乃命羲、和，敬順昊天，「乃命羲、和，欽若昊天」。傳：「使敬順昊天。」案：爾雅「欽，敬也」，「若，順也」。**數法日月星辰**，「曆象日月星辰」。索隱曰：「此言『數法』，是訓『曆象』二字。」案：論語：「堯曰：『天之曆數在爾躬。』」「象」者，可象法也。**敬授民時**。「敬授人時」。案：兩漢人所引多作「民時」，亦古、今文之異。**分命羲仲，居郁夷**，「分命羲仲，宅嵎夷」。傳：「宅，居也。」釋文云：「尚書考靈耀及史記作『禺銕』。」案：說文土部：「堣，堣夷」，引書「宅堣夷」。是古文尚書作「堣夷」也，「嵎」字蓋後人所改。考靈耀爲今文，是今文尚書作「禺銕」。史記此作「郁夷」，夏本紀作「嵎夷」，與陸氏所言不合。魯詩：「周道郁夷。」〔三〕**曰湯谷**。「曰暘谷」。傳：「暘，明也。」案：史記作「暘谷」。索隱曰：「舊本作『湯谷』，今並依尚書字。淮南子曰：『日出湯谷，浴於咸池。』則『湯谷』亦有他證，明矣。」據此，知史記本同淮南作「湯谷」。司馬貞既知作「湯谷」有他證，又改依尚書，何耶？兹復其舊。玉篇引說文云：「叒，日出東方湯谷所登榑叒木也。」今說文亦改作「暘谷」。又說文山部云：「嵎銕，崵谷也。」「郁夷」、「禺銕」、「嵎銕」並今文之異體，古文以土部「堣夷」爲正。「湯谷」、「崵谷」並今文之異體，古文以日部「暘谷」爲正。今文有歐陽、大、小夏侯三家，當互有不同。說文偁書雖本孔氏，亦不廢今文，猶詩主毛氏，復徵魯、韓也。**敬道日出，便程東作**。「寅賓出日，平秩東作」。傳：「寅，敬。賓，導。秩，序也。」張守節曰：「道，音導。」釋文：「賓，徐音擯。」書「出日」，謂日出也。索隱曰：「尚書大傳曰『辯秩東作』，則是訓『秩』爲『程』，言便課其作程者也。」案：説文引書「平豑東作」，此古文尚書也；史記作「便程東作」，此今文尚書也。「豑」與「秩」古今字，「程」與「秩」聲相近，下同。史正義、索隱隨字立訓，非。**日中，星鳥，以殷中春**。「日中，星鳥，以殷仲春」。傳：「殷，正也。」案：史記下云「以正中夏」、「以正中秋」、「以正中冬」，孔傳以「殷」爲「正」，本史記。此作「殷」，葢因集解引孔傳而誤。疑古文尚書「仲春」、「仲秋」言「殷」，「仲夏」、「仲冬」言「正」，今文尚書則通言「正」也。古文「仲」當爲「中」。**其民析**，「厥民析」。傳：「言其民老壯分析。」爾雅：「厥，其也。」**鳥獸字微**。「鳥獸孳尾」。傳：「乳化曰孳，交接曰尾。」案：古文尚書「鳥獸孳尾」，今文尚書「鳥獸字微」。「孳」，字也。「尾」，微也。古「微」或作「尾」。此孔安國以今文讀之之證，傳非。**申命羲叔，居南交**。「申命羲叔，宅南交」。案：爾雅：「宅，居也。」故史公以「宅」爲「居」，孔傳本之。**便程南爲，敬致**。「平秩南訛，敬致」。傳：「訛，化也。」索隱曰：「爲，依字讀。春言『東作』，夏言『南爲』，皆是耕作營爲勸農之事。孔安國强讀爲『訛』字，雖則訓『化』，解釋亦甚紆回也。」張守節曰：「爲音于僞反。」案：説文口部「吪，動也」，引詩「尚寐無吪」。言部「譌，言也」，引詩「民之譌言」。無「訛」字。釋言「訛，化也」，當作「吪」。郭注引詩「四國是訛」，今詩正作「吪」。「化」、「動」義相合。兔爰「尚寐無吪」，與説文同，而釋文本或誤作「訛」。無羊「或寢或訛」，亦當與兔爰、破斧同，而唐石經及今本誤作「訛」。沔水、正月「民之訛言」，當從説文作「譌」，而今誤作「訛」。「訛」本俗字，乃「化動」之「吪」，「譌僞」之「譌」反兩用之，不可以不辨也。孔傳訓「訛」爲「化」，是古文作「吪」矣。古「爲」字或作「僞」，見詩采苓及荀子性惡，故史記作「南爲」，漢書王莽傳作「南僞」。張守節音「爲」「于僞反」，亦從漢書讀。是今文尚書作「南爲」也。史記舊本作「譌」者，因尚書作「訛」，俗人謂「譌」與「訛」通，遂誤加「言」傍。今據索隱、正義校正。**日永，星火，以正中夏。**「日永，星火，以正仲夏」。**其民因，鳥獸希革。**「厥民因，鳥獸希革」。**申命和仲，居西土，**「分命和仲，宅西」。案：「中春」同書作「分命」，此又作「申命」，當有一誤。「居西土」蓋以義言之。徐廣曰：「一無『土』字。」則據尚書删之也。**曰柳谷。**「曰昧谷」。傳：「昧，冥也。」案：古文尚書「曰昧谷」，今文尚書「曰柳谷」。史記舊作「昧谷」，徐廣曰：「一作『柳谷』。」據此，知史記本用今文，後人依尚書所改。今正之。**敬道日入，**「寅餞納日」。傳：「餞，送也。日出言『導』，日入言『送』。」案：説文「入，内也」，「内，入也」，「納，絲溼納納也」，知古「内入」字本作「内」。周禮鍾師「納夏」注：「故書『納』作『内』。杜子春云：『「内」當爲「納」。』」轉從漢讀也。史訓「納日」爲「日入」，知經必作「内」字。孔傳本爲古文，不應反作「納」，知亦從漢讀改也。又此同「仲春」言「敬道」，疑今文經亦作「寅賓」，與孔傳異。集韻載釋文「餞」作「淺」；今釋文作「餞」，是後人所改。正義釋傳云「送行飲酒謂之『餞』，故『餞』爲『送』也」，不云「『淺』讀爲『餞』」，是孔本作「餞」也。**便程西成。**「平秩西成」。**夜中，星虛，以正中秋。**「宵中，星虛，以殷仲秋」。爾雅：「宵，夜也。」**其民**

易，「厥民夷」。傳：「夷，平也。老壯在田，與夏平也。」案：爾雅：「平、均、夷、弟，易也。」是「夷」、「易」義同。故古文尚書作「厥民夷」，今文尚書作「厥民易」。古文「夷」字當從今文義爲「易」，言其民至秋樂易也。孔傳以爾雅展轉相訓，義得爲「平」，然其説支離，不可從。今文每以詁訓爲經，如「鳥獸孳尾」義爲「字微」，而今文即作「字微」，可證。孔傳詁訓多用史記，而「鳥獸孳尾」不以「尾」爲「微」，「厥民夷」不以「夷」爲「易」者，以今文經作「微」、作「易」，恐相涉致嫌，故别下己意以區別之，而不知孔安國得壁中書，曾以今文讀之矣；馬、鄭注古文，亦采用今文矣。六經之古、今文，雖古義勝者爲多，然未嘗不互有短長，非可偏主一家也。史記舊作「其民夷」，「易」當是以書校史注其旁，而寫者誤入，今爲刪正。**鳥獸毛毨。**「鳥獸毛毨」。案：許叔重説文、鄭康成周禮注皆作「鳥獸毛毴」。是古文尚書作「毛毴」也。史記作「毛毨」，當是今文。不知孔傳本何以亦作「毨」字。**申命和叔，居北方，曰幽都。**「申命和叔，宅朔方，曰幽都」。傳：「北稱『朔』。」案：爾雅：「朔，北方也。」毛詩傳：「朔方，北方也。」〔四〕**便在伏物。**「平在朔易」。傳：「易，謂歲改易於北方。」索隱曰：「使和叔察北方藏伏之物，謂人畜積聚等冬皆藏伏。尸子曰：『北方者，伏方也。』大傳云『便在伏物』，太史公據之而書。」案：古文尚書「平在朔易」，今文尚書「便在伏物」。**日短，星昴，以正中冬。**「日短，星昴，以正仲冬」。**其民燠，**「厥民隩」。傳：「隩，室也。」案：古文尚書「厥民奥」，今文尚書「厥民燠」。釋文引馬云「煖也」，是馬從今文讀。**鳥獸氄毛。**「鳥獸氄毛」。傳：「鳥獸皆生耎毳細毛以自温焉。」案：説文引書「鳥獸𧘝毛」，是古文尚書作「𧘝毛」也。史記作「氄毛」，蓋是今文尚書。徐廣曰：「氄，音茸。」**歲三百六十六日**，「帝曰：咨！汝羲暨和。朞三百有六旬有六日。」**以閏月正四時**。「以閏月定四時，成歲」。案：古文尚書「以閏月定四時」，今文尚書「以閏月正四時」。「定」，正也。「歲」字已見上，故於此省文。**信飭百官，衆功皆興**。「允釐百工，庶績咸熙」。傳：「允，信。釐，治。工，官。績，功。咸，皆。熙，廣也。」案：「釐」，正也，故爲「飭」。爾雅：「庶，衆也。」又「熙，興也」，注引書「庶績咸熙」。「熙」、「興」義同，聲亦相近。蓋古文尚書「庶績咸熙」，今文尚書「庶績咸興」。釋文云：「熙，興也。」此當是馬融義，取今文爲説也。孔傳見今文經作「興」，遂不取爾雅，别訓「熙」爲「廣」，以區别之。

堯曰：「誰可順此事？」「帝曰：疇咨若時？登庸」。傳：「疇，誰。庸，用也。誰能順是事者？將登用之。」案：「咨」，咨可否也。「若」，順也。「時」，是也，此也。古文「時」，今文多作「是」，故以「時」爲「此」。「庸」，功也，事也。蓋古文尚書「疇咨若時？登庸」，今文尚書「疇咨若是庸」。孔傳「事」字，乃以義增加，經文所無。史記「事」字，則經「庸」字之訓也。**放齊曰：「嗣子丹朱開明。」**「放齊曰：胤子朱啟明」。傳：「胤，國。子，爵。朱，名。啟，開也。」案：古文尚書「胤子朱啟明」，今文尚書「嗣子丹朱開明」。是「胤子」爲「嗣子」也。爾雅「胤」、「嗣」同訓爲「繼」。釋文引馬云「嗣也」。張守節曰：「鄭玄云：『帝堯胤嗣之子，名曰丹朱，開明也。』」是馬、鄭注古文皆用今文爲説。而孔傳棄絶三家，徒自立異，創爲「國爵」之説，其設心豈可問耶？凡經傳古文「啟」字，今文多作「開」。〔五〕堯曰：「吁！頑凶，不用。」「帝曰：吁！嚚訟，可乎」。傳：「吁，疑怪之辭。言不忠信爲嚚，又好爭訟，可乎？言不可。」案：左傳「嚚」、「頑」異義，此古、今文之别也。釋文云：「訟，馬本作『庸』。」是古文尚書作「嚚庸」，今文尚書作「頑訟」。史公訓「訟」爲「凶」。馬既作「庸」，鄭、王亦作「庸」可知。書釋文每舉馬本以該鄭、王，正義又詳鄭、王而略馬。本其實，馬、鄭、王並注古文，苟非王肅所改，不容有異。書言「可乎」，謂如此之人豈可用乎？故史以「不用」釋「可乎」也。堯又曰：「誰可者？」「帝曰：疇咨若予采」。案：此以詁訓代經，又省「若予采」，蒙上文「順此事」也。讙兜曰：「共工旁聚布功，可用。」「驩兜曰：都！共工方鳩僝功」。傳：「都，於，歎美之辭。鳩，聚。僝，見也。歎共工能方方聚見其功。」案：古文「旁」爲「方」。依説文，「鳩」當作「逑」。説文「僝，具也」，故爲「布」。釋文引馬融亦云「具也」。孔傳言「見」，非是；「方」作如字讀，亦誤。古文尚書「方逑僝功」，今文尚書「旁鳩僝功」。「都」，歎美之辭，故史以爲「可用」也。堯曰：「共工善言，其用僻，似恭漫天，不可。」「帝曰：吁！靜言庸違，象恭滔天」。傳：「靜，謀。滔，漫也。言不可用。」案：「靜」，善也。韓詩「東門之栗，有靜家室」，薛君曰：「靜，善也。」「庸」，用也。「回」，僻也。〔六〕「象」，似也。蓋古文尚書作「靜言庸違」，故孔傳云「起用行事而違背之」。今文尚書作「靜言厥庸回」，故史言「其用僻」，以「不可」釋經之「吁」。孔傳本之。「不可」與「可用」相對，合上文「誰可順此事」、「不用」、「誰可者」，下文「鯀可」、「不可」、「試不可用」觀之，西漢人解經，簡而明若此。

堯又曰：「嗟！四嶽！「帝曰：咨！四岳」。案：古文尚書「咨！四岳」，今文尚書「嗟！四嶽」。爾雅：「咨，蹉也。」字林云：「蹉，古『嗟』字。」是「咨」、「嗟」義同。説文：「嶽，从山，獄聲。𡶳，古文，象高形。」「𡶳」即「岳」字。**湯湯洪水，滔天浩浩，懷山襄陵，**「湯湯洪水方割，蕩蕩懷山襄陵，浩浩滔天」。傳：「湯湯，流貌。洪，大。割，害也。蕩蕩，言水奔突有所滌除。懷，包。襄，上也。」案：論語「君子坦蕩蕩」，鄭注云：「魯讀『坦蕩』爲『坦湯』。今從古。」魯論，今文也。是古文「蕩蕩」字，今文作「湯湯」。古文尚書「蕩蕩洪水」，今文尚書「湯湯洪水」。孔本不當别出「湯湯」字，葢於「懷山襄陵」上誤衍「蕩蕩」兩字，俗人欲區别之，因據今文改上「蕩蕩」爲「湯湯」。今文無「方割」，或史公所略也。「懷山襄陵，浩浩滔天」，古、今文同，言滔天之勢浩浩然，懷山而襄陵也。經是倒句，史以義讀順之，故云「滔天浩浩，懷山襄陵」。**下民其憂，有能使治者？**」「下民其咨，有能俾乂」。傳：「俾，使。乂，治也。言民咨嗟憂愁，病水困苦。」**皆曰：「鯀可。」**「僉曰：於！鯀哉」。傳：「僉，皆也。」案：以「可」釋經之「於」。**堯曰：「鯀負命毁族，不可。」**「帝曰：吁，咈哉！方命圮族」。傳：「咈，戾。圮，毁。族，類也。言鯀性很戾，好此方名，命而行事，輒毁敗善類。」案：「方命」，負命也。「方」、「負」聲相近。古文尚書「方命圮族」，今文尚書「負命圮族」。釋文引馬云：「方，放也。」徐云：「鄭、王音放。」則馬、鄭、王注古文皆取今文爲説矣。孔傳之意，讀「咈哉方」爲句，「命圮族」爲句，師心好異，力改舊義，以古、今文相難，殆欲毁彼衆家，獨伸己是，其心術之不可問也若此。史以「不可」釋經之「咈哉」，或古文「咈哉」，今文作「弗哉」。**嶽曰：「异哉！試不可用而已。」**「岳曰：异哉！試可乃已」。傳：「异，已也。言餘人盡已，唯鯀可試，無成乃退。」案：古文尚書「岳曰：异哉！試可乃已」，今文尚書「嶽曰：异哉！試不可而已」。「用」字乃史公以義增足。「异」，舉也。「而」，乃也。「可」，不可也。四嶽言：「鯀可舉而用之；試用而不可，乃已之。」孔傳以「試可」爲「可試」，以「乃已」爲「無成乃退」；若從今文以「可」爲「不可」，不必空增「無成」矣。**堯於是聽嶽用鯀。**「帝曰：往，欽哉」。傳：「勑鯀往治水，命使敬其事。」案：此以義釋經也。「勑使往敬其事」，是「聽嶽用鯀」也。**九歲，功用不成。**「九載，績用弗成」。案：古文尚書「九載，績用弗成」，今文尚書「九歲，績用不成」。史記下云「七十載」，故知此非訓「載」爲「歲」，乃本異也。下文「三載考績」，史記亦作「三歲一考功」。古文「弗」字，今文多作「不」。

堯曰：「嗟！四嶽！案：古文尚書「咨！四岳」，今文尚書「嗟！四嶽」。**朕在位七十載，汝能庸命，踐朕位？」**「朕在位七十載，汝能庸命，巽朕位」。案：「巽」、「踐」聲相近。古文尚書「巽朕位」，今文尚書「踐朕位」。由堯言之曰「巽」，由四嶽言之曰「踐」。**嶽應曰：「鄙德忝帝位。」**「岳曰：否德忝帝位」。傳：「否，不。」案：古文尚書「岳曰：否德忝帝位」，今文尚書「嶽曰：鄙德忝帝位」。論語「予所否者」，論衡問孔作「予所鄙者」。兩漢人所引，魯論爲多，鄭康成以古論校正之。是古文論語作「予所否者」，今文論語作「予所鄙者」，與書古、今文正合。書古文「否」字，當從今文讀爲「鄙」。孔傳欲異於今文，故別訓爲「不」。釋文「否，方久反」，此孔音也；「又音鄙」，此馬、鄭義，從今文説也，學者審之。至魯論「鄙」字，則當從古文作「否」，鄭君所校最是。琳謂古、今文不可偏主，於此見之。**堯曰：「悉舉貴戚及疏遠隱匿者。」**「曰：明明揚側陋」。傳：「廣求賢也。」案：「悉舉貴戚」，此釋經之「明明揚」也。「及疏遠隱匿者」，此釋經之「側陋」也。**衆皆言於堯曰：「有矜在民閒，曰虞舜。」**「師錫帝曰：有鰥在下，曰虞舜。」案：古文尚書「有鰥在下」，今文尚書「有矜在下」。經典「鰥寡」字，古文皆作「鰥」，漢人始作「矜」。「在下」，「在民閒」也。孔傳「在下民之中」，本此。**堯曰：「然，朕聞之。其何如？」**「帝曰：俞，予聞，如何」。孔傳：「俞，然也。」案：古文尚書「予聞，如何」，今文尚書「朕聞之，如何」。爾雅：「予、朕，我也。」「朕，予也。」**嶽曰：「盲者子。**「岳曰：瞽子」。傳：「舜父有目不能分別好惡，故時人謂之瞽，配字曰瞍。」案：此當從史記以「瞽」爲「盲者」。孔傳無理之至。**父頑，母嚚，弟傲，**「父頑，母嚚，象傲」。案：作「弟」與「父」、「母」字相配，蓋今文經作「弟傲」。**能和以孝，烝烝治，不至姦。」**「克諧以孝，烝烝乂，不格姦」。案：「克」，能。「諧」，和。「乂」，治。「格」，至也。**堯曰：「吾其試哉！」**「帝曰：我其試哉」。案：爾雅：「吾，我也。」古文尚書「我其試哉」，今文尚書「吾其試哉」。**於是堯**

妻之二女，「女于時」。傳：「堯於是以二女妻舜。」案：「女」，謂堯妻之以二女也。「于」，於也。「時」，是也。**觀其德於二女。**「觀厥刑于二女」。傳：「刑，法也。」案：古文尚書「觀厥刑于二女」，今文尚書「觀厥德於二女」。**舜飭下二女於嬀汭，**「釐降二女于嬀汭」。傳：「降，下。」案：史公皆以「釐」爲「飭」，上「釐百工」作「信飭百官」。爾雅：「降，下也。」**如婦禮。**「嬪于虞」。傳：「嬪，婦也。行婦道於虞氏。」**堯善之。**「帝曰：欽哉」。傳：「歎舜能修己行敬以安人。」案：史以義釋經，故云「堯善之」。

〔一〕軍案：見史記五帝本紀「分命羲仲，居郁夷，曰暘谷」司馬貞索隱。

〔二〕軍案：「已」上當補「而」字。

〔三〕軍案：胡渭禹貢錐指卷四「嵎夷既略」條下云：「緯書已亡，檢史記，無作『禺銕』者。唯說文作『嵎銕』。『銕』字見金部，云：『古文鐵，从夷。』『从夷』則可讀爲『夷』，不當作『鐵』。其作『鐵』者，蓋後人傳寫之誤。」○說文山部：「崵，从山，昜聲。一曰：『嵎銕，崵谷也。』」段注云：「『銕』，宋本作『鐵』。此即堯典之『嵎夷，暘谷』也。土部引書『宅嵎夷』，日部引書『暘谷』，皆謂古文尚書也；此云『嵎銕，崵谷』，則今文尚書也。堯典釋文曰：『尚書考靈曜及史記作「禺銕」。』尚書正義曰：『夏侯等書「宅嵎夷」爲「宅嵎鐵」。』夏本紀索隱曰：『嵎夷，今文尚書及帝命驗並作「禺鐵」。』凡緯書皆同今文尚書。金部曰：

『銕，古文鐵。』」

〔四〕軍案：「朔，北方也」，見爾雅釋訓。「朔方，北方也」，見詩小雅出車「城彼朔方」毛傳。

〔五〕鏞堂謹案：毛詩「東有啟明」，三家詩「東有開明」，見大戴禮記四代篇。

〔六〕軍案：「有靜家室」，藝文類聚卷八十七菓部下「栗」條引同，然無注文。太平御覽卷九百六十四果部一「栗」條、事類賦注卷二十七果部栗賦引韓詩及注「靜」皆作「靖」。淵鑒類函卷四百三果部五「栗一」條引韓詩及注皆作「靜」。「靜」、「靖」字通。王引之經義述聞卷三「自作弗靖」條云：「小雅小明篇『靖共爾位』，韓詩外傳作『靜』。漢帝堯碑『竫恭祈福』，蔡邕王子喬碑作『靜』。公羊春秋定八年『葬曹竫公』，左氏、穀梁竝作『靖』。逸周書謚法篇『柔德考眾曰靜』，蔡邕獨斷作『靖』。史記周本紀『周宣王靜』，漢書古今人表作『靖』。」○「『回』，僻也」，「回」字當作「違」。此乃臧氏釋堯典「靜言庸違」之「違」也。

1

經義雜記卷二十四

武進學生臧琳玉林

更定大學

禮記大學本無作者名氏，亦無經、傳可分，闕處當補誠意；關頭於學者最爲切要，所以成始而成終者，不當退於後。自河閒獻王得後，劉向別録屬於通論，漢注、唐疏皆謹守遺經，未敢以私意移改。

宋以來儒者紛紛更定，不特大學一篇也。然推其端，則自二程子之改大學始，不免爲賢者之過。後人不學其不可及者，而喜效其不必爲者，可怪也。余別有大學考異一卷。

2

二程子大學

程子伯淳所定，自「大學之道」至「則近道矣」，次「康誥曰：『克明德』」至「止於信」，次「古之欲明明德於天下者」至「必誠其意」，次「所謂脩身」至「辟則爲天下僇矣」，次「詩云：『瞻彼淇澳』」至「此以没世不忘也」，次「子曰：『聽訟，吾猶人也』」至「此謂知本」，次「詩云：『殷之未喪師』」至「以義爲利也」。

程子正叔所定，自「大學之道」至「未之有也」，次「子曰：『聽訟，吾猶人也』」至「此謂知本」，次「此謂知本，此謂知之至也」，次「康誥曰：『克明德』」至「止於信」，次「所謂誠其意者」至「必誠其意」，次「所謂脩身」至「辟則爲天下僇矣」，次「詩云：『瞻彼淇澳』」至「此以没世不忘也」，次「康誥曰：『惟命不于常』」至「驕泰以失之」，次「詩云：『殷之未喪師』」至「亦悖而出」，次「生財有大道」至「以義爲利也」。

又「在親民」，云：「『親』當作『新』。」「此謂知本，此謂知之至也」，以「此謂知本」爲衍文。「身有所忿懥」，云：「『身有』之『身』當作『心』。」「所謂齊其家」，云：「『其』字衍。」「舉而不能先命也」，云：「『命』當作『怠』。」「彼爲善之小人之使爲國家」，云：「或作『彼爲不善之小人，使之爲國家』。」

故不特朱子章句與二程本不同，即二程子所定，又各不同，使學者何所適從乎？蓋不如從注疏本爲定矣。

3

疾雷爲霆

釋天：「疾雷爲霆霓。」案：説文雨部：「霆，雷餘聲也鈴鈴，所以挺出萬物。从雨，廷聲。」「霓，屈虹青赤或白色，陰气也。从雨，兒聲。」則「霆」、「霓」顯然二物，不當連文。郭注云「雷之急激毛本訛「急」。者，謂霹靂」，亦無「霓」字義。

考初學記一、白氏六帖二引作「疾雷謂之霆」，北堂書鈔一百五十二、文選注一、事類賦三引作「疾雷爲霆」，是可證「霆」下本無「霓」字。今諸本並有，蓋因下句「雨霓爲霄雪」，「霓」與「霓」形相近，遂誤衍矣。後有校刊此書者，不妨竟删之。

4

御廩災

春秋桓十四年：「秋，八月壬申，御廩災。乙亥，嘗。」杜注：「廩雖災，苟不害嘉穀，則祭不應廢，故書以示法。」

左傳：「『壬申，御廩災。乙亥，嘗。』書不害也。」正義引服虔云：「魯以壬申被災，至乙亥而嘗，不以災害爲恐。」杜注：「災其屋，救之則息，不及穀，故曰『書不害』。」

公羊傳：「『御廩』者何？粢盛委積之所藏也。御廩災，何以書？記災也。」何注：「天子親耕東田千畝，諸侯百畝，后、夫人親西郊采桑，以共粢盛、祭服，躬行孝道，以先天下。火自出燒之曰災。先是，龍門之戰，死傷者衆，桓無惻痛於民之心，不重宗廟之尊，逆天危先祖，鬼神不饗，故天應以災御廩。」

又「乙亥，嘗」，傳：「常事不書，此何以書？譏。何譏爾？譏嘗也。曰：『猶嘗乎？御廩災，不如勿嘗而已矣。』」注：「譏新有御廩災而嘗之。難曰：『四時之祭不可廢，則無猶嘗乎？』當廢一時祭，自責以奉天災也。知不以不時者，書本不當嘗也。」

穀梁傳：「御廩之災不志，此其志，何也？以爲唯未易災之餘而嘗，句。可也，志不敬也。天子親耕，以共粢盛；王后親蠶，以共祭服。國非無良農工女也，以爲人之所盡事其祖禰，不若以己所自親者也。何用見其未易災之餘而嘗也？曰：甸粟而内之三宫，三宫米而藏之御廩。夫嘗，必有兼甸之事焉。『壬申，御廩災。乙亥，嘗』，以爲未易災之餘而嘗也。」范解：「鄭嗣曰：『用火焚之餘以祭宗廟，非人子所以盡其心力，不敬之大也。』」

又漢書五行志上：「春秋『御廩災』。董仲舒㠯爲：『先是，四國共伐魯，大破之於龍門。韋昭曰：「魯郭門。」〔一〕百姓傷者未瘳，怨咎未復，而君臣俱惰，内怠政事，外侮四隣，非能保守宗廟，終其天年者也。故天災御廩㠯戒之。』劉向㠯爲：『御廩，夫人、八妾所舂米之臧㠯奉宗廟者也。〔二〕時夫人有淫行，挾逆心。〔三〕天戒若曰：「夫人不可㠯奉宗廟。」桓不寤，與夫人俱會齊，〔四〕夫人譖桓公於齊侯，〔五〕齊侯殺桓公。』〔六〕劉歆㠯爲：『御廩，公所親耕藉田㠯奉粢盛者也。棄法度、亡禮之應也。』」

案：左氏當從服解。杜預謂「書以示法」，最謬。夫遇災而懼，所以敬天也；夙夜小心，潔其祭祀，所以敬祖也。御廩災而嘗，遂書以示法，是聖人之勸災也。故不論嘉穀之害與不害，而御廩必不可災。公羊曰「御廩災，不如勿嘗」，甚言其不當災也。穀梁曰「未易災之餘而嘗，志不敬也」，言災之不可復嘗也。「可也」者，不可也。魯人不能於未災之前謹守御廩，復不能於既災之後敬卜遠日，是皆不以災爲恐也。

依服解，而三傳並通。歆謂「棄法度、亡禮之應」，亦得之。董生推所以致災之由，可謂遠識矣。何氏本之，是也；然言「廢一時祭，以奉天災」，則猶未得公羊之旨。穀梁但言「甸粟内之三宫，三宫米而藏之御廩」，而子政復推其本，以爲夫人文姜不可以奉宗廟祭祀，益深切著明矣。

〔一〕軍案：王先謙漢書補注引蘇輿云：「四國，謂齊、宋、衛、燕，共伐魯，爲魯所敗。事在桓十三年，經不書地。何休公羊注『親戰龍門，兵攻城池』，即本於此。」
〔二〕軍案：師古曰：「一娶九女，正嫡一人，餘者妾也，故云『八妾』。」
〔三〕軍案：師古曰：「謂通於齊侯，欲弑桓公。」
〔四〕軍案：師古曰：「十八年『春，公會齊侯于濼。公與夫人姜氏遂如齊』也。」
〔五〕軍案：師古曰：「言『世子同非吾子，齊侯之子』。」王先謙漢書補注引周壽昌云：「見公羊莊元年傳。」
〔六〕軍案：師古曰：「齊侯享公，公醉，使公子彭生乘公，拉其幹而殺之，公薨於車。」

5

古人之象

説文解字序：「書曰：『予欲觀古人之象。』言必遵修舊文而不穿鑿。」魏書江式傳：

「孔子曰：『必也，正名乎！』又曰：『述而不作。』書曰：『予欲觀古人之象。』皆言遵修舊史而不敢穿鑿也。」據此，知書臯陶謨「予欲觀古人之象」，舊説以爲考文事。

許序又云：「古者，庖犧氏之王天下也，仰則觀象於天，俯則觀法於地，視鳥獸之文與地之宜，近取諸身，遠取諸物，於是始作易八卦，以垂憲象。及神農氏，結繩爲治，而統其事。黄帝之史倉頡，見鳥獸蹏迒之迹，知分理之可相別異也，初造書契，百工以乂，萬品以察，蓋取諸夬。」又：「倉頡之初作書，蓋依類象形，故謂之『文』。其後形聲相益，即謂之『字』。『字』者，言孳乳而浸多也。」可知古者以「象」爲文字之名矣。故保氏教國子以六書，鄭司農以象形爲第一。〔一〕

許氏述六書，二曰象形，三曰形聲。是六書之中，惟象形最先。今許書所載古文，多象形字。臯陶謨所謂「古人」，蓋即指庖犧、神農、黄帝、倉頡等也。

〔一〕軍案：周禮地官保氏職「養國子以道，乃教之六藝，五曰六書」，鄭玄注引鄭司農云：「六書，象形、會意、轉注、處事、假借、諧聲也。」

6

萬子曰

孟子盡心下：「萬子曰：『一鄉皆稱原人焉，無所往而不爲原人，孔子以爲德之賊，何哉？』」趙注：「萬子，即萬章也。孟子録之，以其不解於聖人之意，故謂之『萬子』。子，男子之通稱也。美之者，欲以責之也。萬子言人皆以爲原善，所至亦謂之善人。若是，孔子以爲賊德，何爲也？」是趙邠卿注本作「萬子」。今集注作「萬章」，未知是轉寫之譌，或朱子本誤也。〔一〕

趙注謂「以其不解於聖人之意，美之者，欲以責之」，此説頗曲。夫公孫丑、萬章、告子之徒，平日反覆辨難，往往數千百言，孟子皆據理告之，未嘗責其不解，何至此忽欲責其不解，而反假以美之乎？

葢鄉原之行，孟子雖已告之，其所以稱爲「鄉原」者，孟子尚未言也。孟子未言，則萬章不知。萬章不問，則孟子終不言，後世之人亦終不知賊德、亂德者幾何不接踵於世，而堯、舜之道不可得入矣。是非有萬章此問不可，故特稱「子」以美之。

〔一〕鏞堂〔謹案〕：曾見元板四書尚作「萬子」，知非朱子之誤。○軍案：依例，「鏞堂」下當補

「謹案」二字。

7

原隰捊矣

說文手部：「捊，引取也。从手，孚聲。」玉篇：「捊，說文曰：『引聚也。詩曰：「原隰捊矣。」』捊，聚也，本亦作『裒』。」

案：爾雅釋詁：「裒，聚也。」釋文：「裒，古字作『褒』，本或作『桴』。」又詩「原隰裒矣」，傳：「裒，聚也。」箋云：「原也、隰也，以相與聚居之故，故能定高下之名。」是說文「引取」當從玉篇作「引聚」。〔一〕許書所收皆古義，故與爾雅、毛傳合。據說文，知毛詩本作「捊」。據釋文，知爾雅亦作「捊」。今釋文从「木」，爲傳寫之誤。

又玉篇云「本亦作『裒』」，則顧野王所見毛詩已有同今本者。家藏寫本說文通釋亦有「詩曰」等六字，今說文無，宜據玉篇、通釋校補之。〔二〕

〔一〕宗彦案：禮運注：「田人所捊治也。」正義：「捊，謂以手捊聚。」亦作「聚」字。○鏞堂謹案：詩緜「捄之陾陾」，箋云：「捄，捊也。築牆者捊聚壤土。」釋文引「爾雅云：『捊，聚也。』說文云：『捊，引聚也。』」譌作「引取」也。

〔二〕軍案：段玉裁説文解字注手部「拶」字條，即據玉篇、説文通釋補「詩曰」等六字。

8 秦有楊紆

釋地：「秦有楊陓。」釋文：「陓，孫於于反，郭烏花反；本或作『紆』字，非也。」

案：周禮職方氏「冀州，其澤藪曰楊紆」，注：「楊紆所在未聞。」淮南子墬形「九藪，秦之陽紆」，高注：「陽紆蓋在馮翊池陽，一名具圃。」又脩務「禹之爲水，以身解於陽盱之河」，注：「陽盱河蓋在秦地。」説文艸部：「藪，大澤也。九州之藪，冀有楊紆。」竹書紀年：「周穆王十三年春，祭公帥師從王西征，次于陽紆。」又風俗通山澤引爾雅「秦有陽紆」，劉昭注續漢郡國志引爾雅「秦有楊紆」。則釋地舊本皆作「紆」字，陸德明所見本尚然。郭璞改爲「陓」，音「烏花反」。陸氏據之，反以作「紆」爲非，不知孫叔然「於于反」亦作「紆」，不作「陓」也。

考吕氏春秋有始覽「九藪，秦之陽華」，高注：「陽華在鳳翔，或曰在華陰西。」「華」、「陓」音相近，蓋郭氏或有所本。然周禮作「紆」，終當依舊本也。「陽」、「楊」，「紆」、「盱」，「鳳」、「馮」，皆音相近。「翔」、「翊」文相近，義同。

文翰若翬雉

周書王會：「蜀人以文翰。文翰者，若皋雞。」孔晁注：「鳥有文彩者。皋雞似鳧，冀州謂之『澤特』也。」王伯厚補注云：「皋，一作『皇』。」

案：「皋雞」當爲「翬雉」，字之誤也。説文羽部：「翰，天雞赤羽也。从羽，倝聲。逸周書曰：『文翰若翬雉。』一名鷐風。周成王時，蜀人獻之。」〔一〕是許氏所見周書本作「翬雉」，而不作「皋雞」。

爾雅釋鳥：「鶾，天雞。」釋文引樊光云：「一名山雞。」郭注：「鶾，雞赤羽。逸周書曰：『文鶾若采雞。』成王時，蜀人獻之。」疏曰：「『文鶾若采雞』者，王會篇文也。彼云：『蜀人以文鶾。文鶾者，若翬雉。』」是邢氏所見周書亦作「翬雉」，而不作「皋雞」，故徵引原文，稱「彼」以別乎郭注。

郭注又引作「采雞」者，案釋鳥：「伊、洛而南，素質，五采皆備成章曰翬。」疏引「李巡曰：『素質，五采備具，文章鮮明曰翬。』孫炎曰：『翬雉白質，五色爲文也』」。是「采雞」爲「翬雉」之訓，郭注蓋以詁訓代經，須人易曉故耳。

觀邢疏所引，知北宋本周書不誤。以王氏補注考之，則南宋本已誤矣。後之校刊此書者，宜據説文、爾雅疏正之。

又説文鳥部云：「鶾，雉肥鶾音者也。从鳥，倝聲。魯郊以丹雞，祝曰：『以斯鶾音赤羽，去魯侯之咎。』」又見風俗通祀典。此亦「翬雉」之類。審諸家所解，知孔注「似梟」之言爲誤矣。

〔一〕軍案：「一名鷐風」，説文段注云：「四字當在『蜀人獻之』之下。『一名』當作『一曰』。『一曰』者，別一義也。」

10

孟子注致至也

困學紀聞云：〔一〕「文選注引孟子曰：『墨子兼愛，摩頂致於踵。』趙岐曰：『致，至也。』今本作『放踵』。注無「致，至也」三字。」〔二〕

案：王氏所引，見文選任彦昇奏彈曹景宗注。又劉孝標廣絶交論注引孟子曰「摩頂放踵」，與今本同；又引趙岐曰「放，至也」。是正文「放」字非誤作「致」，或形近之譌。〔三〕趙注「放，至也」，文選注兩引，爲本有無疑。據王氏語，知宋本已脱。今趙注云：「墨

子，墨翟也。兼愛他人，摩突其頂，下至於踵。」則「放，至也」三字當在「墨翟也」之下。〔四〕

〔一〕軍案：見王應麟困學紀聞卷八「文選注引孟子」條。

〔二〕軍案：「注無」至「三字」爲王氏原注。

〔三〕宗彦案：風俗通亦有「放踵」之言。○軍案：風俗通十反第五云：「墨翟摩頂以放踵。」

〔四〕鏞堂謹案：文選江文通詣建平王上書注：「孟子曰：『墨子兼愛，摩頂致於踵，利天下爲之。』劉熙曰：『致，至也。』」則劉成國注本作「致於踵」矣。

11

叩頭漢人常語

李善注文選丘希「範」與陳伯之書，〔一〕引「孟子曰：『百姓若崩厥角。』趙岐曰：『厥角，叩頭，以額角犀厥地也』」。今本注云「若崩厥角，額角犀厥地，稽首拜命」，無「叩頭」之文。葢趙氏以「叩頭」釋經之「稽首」。此必淺人以其近俗而私改，幸有文選注所引足考也。

案：萬章下「北面稽首再拜」，注：「再拜叩頭不受。」與盡心下注正合。又公羊僖八年「鄭伯乞盟」，注云：「使若叩頭乞盟者也。」昭廿五年傳「再拜顙」，注

云：「顙者，猶今叩頭矣。謝見唁也。」〔二〕

又楊子方言載劉子駿取方言書首云「歆叩頭」，末云「歆叩頭叩頭」；子雲荅書首云「雄叩頭」，末云「雄叩頭叩頭」。則此二字乃漢人常語，未足爲異，何不考而輕改之耶？

〔一〕軍案：「希」下脱「範」字，今據清經解本補。梁書卷四十九文學傳上云「丘遲，字希範」也。

〔二〕軍案：段注説文「頓」字云：「周禮太祝『九𢷎，一曰䭫首，二曰頓首，三曰空首』，三者分別劃然。鄭曰：『稽首，拜頭至地也。頓首，拜頭叩地也。空（手）〔首〕，拜頭至手，所謂「拜手」也。』凡經言『拜手』、言『拜』，皆周禮之『空首』。手部『𢷎』字下曰『首至手』，何注公羊傳曰『頭至手曰拜手』，皆與周禮『空首』注合。凡經言『稽首』，小篆作『䭫』，古文作『𦣻』，經傳無異偁。何注公羊云『頭至地曰稽首』，與周禮注合。凡經傳言『頓首』、言『稽顙』、或單言『顙』，皆『九拜』之『頓首』。何注公羊曰『顙，猶今叩頭』，檀弓『稽顙』注曰『觸地無容』，皆與周禮『頓首』注合。『頭至手』者，拱手而頭至於手，頭與手俱齊心不至地，故曰『空首』。若『稽首』、『頓首』，則拱手皆下至地，頭亦皆至地；而稽首尚稽遲，頓首尚急遽。頓首主於以顙叩觸，故謂之『稽顙』，或謂之『顙』。」注説文「顙」字云：「方言：『中夏謂之「頟」，東齊謂之「顙」。』『九拜』中之『頓首』，必重用其顙。故凡言『稽顙』者，皆謂頓首，非稽首也。公羊傳曰『再拜顙』者，即拜而後稽顙也。何曰：『顙者，猶今叩頭。』

按：『叩頭』者，經之『頓首』也。」

12

襄九年宋災

春秋襄九年："春，宋災。"公羊經作"宋火"，傳曰："大者曰『災』，小者曰『火』。"又曰："外災不書，此何以書？爲王者之後記災也。"何注："『大』者，謂正寢、社稷、宗廟、朝廷也；下此則『小』矣。是時，周樂已毁，先聖法度浸疏遠不用之應。"穀梁傳："外災不志，此其志，何也？故宋也。"范解："故，猶『先』也。孔子之先，宋人。"疏引徐邈云："春秋王魯，以周公爲主後，以宋爲故也。"

又漢書五行志上："『宋災』。劉向曰爲：『先是，宋公聽讒，逐其大夫，華弱出奔魯。』〔一〕左氏傳曰：『宋災，樂喜爲司城，〔二〕先使火所未至，徹小屋，塗大屋，陳畚揭，傳作「挶」。具綆缶，備水器，師古曰："罃、瓮之屬也。許氏説文解字曰：『罃，備火，金之長頸瓶也。』"案："金之"當爲"令之"。今説文無此二字。又此"備火"下疑當有"器"字。蓄水潦，積土塗，繕守備，表火道，儲傳作"具"，與上文複，當從此。正徒。郊保之民，使奔火所。又飭衆官，〔三〕各慎其職。晉侯聞之，問士弱曰："宋災，於是乎知有天道，何故？"對曰："古之火正，或食於心，或食於味，㠯出入傳作「内」。案：「入」，古「内」字。火。是故味爲鶉火，心爲大火。陶唐氏之火正閼伯，居商丘，祀大火，而火紀時焉。相土因之，故商主大火。商人閱其旤敗之釁，必始於火，是㠯知有天道。」公曰：「可必乎？」對曰：「在道。國亂亡象，不可知也。」』〔四〕說曰：『古之火正，謂火官也，掌祭火星，行火政。季春昏，心星出東方，而味、七星、鳥首正在南方，則用火；季秋，星入，則止火，㠯順天時，救民疾。帝嚳則有祝融，堯時有閼伯，民賴其德，死則㠯爲火祖，配祭火星，故曰「或食於心，或食於味」也。相土，商祖契之曾孫，〔五〕代閼伯後主火星。宋，其後也。世司共占，故先知火災。賢君見變，能修道㠯除凶；亂君亡象，天不譴告，故不可必也。』」

案：漢志所引「說曰」，蓋秦、漢相傳左氏舊義，可以補正後儒之說，學者寶之。公、穀以宋爲王者後，故志之。穀梁傳「故宋也」，謂以宋故志之也。即莊十一年「秋，宋大水」，傳曰「此何以書？王者之後也」之例。以其爲聖人之後，先世嘗有天下，故特詳之，不與他國同。

而范氏謂「孔子之先，宋人」，故志之，是春秋之書，孔子爲一己作矣。徐仙民謂「春秋王魯」，故「以宋爲故」，此用何邵公說，皆非本傳旨也。

〔一〕軍案：師古曰：「華弱，華耦之孫也，與樂轡少相狎，長相優，又相謗。轡以弓梏弱于朝，宋平公怒，逐之，遂來奔。事在襄六年。」

〔二〕軍案：師古曰：「司城，本司空，避武公之諱，故改其官爲『司城』。」

〔三〕軍案：師古曰：「飭，讀與『赤』同。」王先謙漢書補注云：「朱一新曰：『汪本「赤」作「敕」，是。』先謙曰：『官本作「敕」。』」

〔四〕軍案：韋昭曰：「大亂之君，天下復告，故無象。」王先謙漢書補注云：「朱一新曰：『注汪本「下」作「不」，是。』先謙曰：『官本「下」作「不」。』」

〔五〕軍案：師古曰：「契，讀曰『偰』，音先列反；字或作『卨』，其用同耳。據諸典籍，相土即卨之孫，今云『曾孫』，未詳其意。」

13

帝清問下民

書呂刑：「皇帝清問下民。」孔傳以「皇帝」爲帝堯。正義引鄭以「皇帝哀矜庶戮之不辜」爲言顓頊，「皇帝清問下民」以下爲言堯。則上文「皇帝」，鄭、孔雖異，下文「皇帝」，鄭、孔同以爲堯也。

孟子盡心下「盡信書，則不如無書」，趙注云：「若康誥曰『冒聞于上帝』，甫刑曰『皇帝清問下民』。人不能聞天，天不能問於民，豈可案文而皆信之？」是以「皇帝」爲「天」，猶言「皇天上帝」也。此當是今文家説，故引吕刑作「甫刑」。

案：今文孝經引甫刑云：「一人有慶，兆民賴之。」書大傳亦以吕刑爲甫刑。據此，知趙邠卿爲今文家學也。

又困學紀聞云：「趙岐注孟子引甫刑『帝清問下民』，無『皇』字。」〔一〕然則今注「皇」字，係後人依尚書所增。

〔一〕軍案：見王應麟困學紀聞卷二「『皇帝』始見于吕刑」條。

14

捊多益寡

易謙象：「君子以（裒）〔裒〕多益寡。」〔一〕釋文：「裒，蒲侯反。鄭、荀、董、蜀才作『捊』，云『取也』。字書作『掊』。廣雅云『掊，減』。」王弼注：「多者用謙以爲裒，少者用謙以爲益，隨物而與，施不失平。」

正義曰：「爾雅釋詁云：『裒，聚也。』於先多者，其物雖多，未得積聚，以謙故益，其物更多而積聚，故云『多者用謙以爲裒』也。『少者用謙以爲益』者，其物先少，今既用謙而更增益，故云『用謙以爲益』也。」

案：李氏集解引「虞翻曰：『捊，取也。』侯果曰：『裒，聚也』」，與孔氏引爾雅義同。然審王弼意，則當用廣雅「掊，減」之訓，即朱子本義「損高增卑」、程傳「損過益不及」之説。若多者更益其物，豈得謂「隨物而與，施不失平」乎？孔氏取漢人易詁以釋注，非王意也。「裒」當爲「捊」，其義爲「聚」，詳上「原隰捊矣」條。釋文及集解作「取」者，皆字之譌。

〔一〕軍案：「裦」，清經解本改作「裒」。依臧氏行文，清經解本所改是也。今據改。阮元周易注疏校勘記云：「君子以裒多益寡，岳本、閩、監、毛本同，石經『裒』作『裦』。」

15

古文杜爲土

詩鴟鴞：「徹彼桑土。」傳：「桑土，桑根也。」釋文：「桑土，韓詩作『杜』，義同。」謂韓詩經作「杜」字，義與毛同，亦訓「桑杜」爲「桑根」也。

案：方言卷三：「荄，杜根也。東齊曰『杜』，或曰『芨』。」郭注：「詩曰『徹彼桑杜』是也。」詩考遺郭注未載。又緜「自土沮漆」，漢書地理志上「右扶風杜陽」，師古引詩「自土漆沮」，云：「齊詩作『自杜』。」然則齊、魯、韓「杜」字，毛詩多作「土」，當是古文假借爲之。

説文木部：「杜，甘棠也。从木，土聲。」是「杜」字从「土」得音，故毛詩省作「土」。説文「杜」字雖無「桑根」之訓，然據三家詩及方言，知「桑根」字作「杜」爲正也。

釋文又云：「字林作『𣎴』，『桑皮也』。」「𣎴」蓋从皮，者聲，説文既無，傳記亦未見，乃後人增益，未足據。

16

謚法

穀梁傳桓十八年：「桓公葬而後舉謚。謚，所以成德也，於卒事加之矣。」范解：「謚者，行之迹，所以表德。人之終卒，事畢於葬，故於葬定稱號也。昔武王崩，周公制謚法，大行受大名，小行受小名，所以勸善而懲惡。」

案：周書謚法曰：「維周公旦、太公望開嗣王業，攻于牧野之中，終葬，乃制謚敘法。謚者，行之迹也；號者，功之表也；車服者，位之章也。是以大行受大名，細行受小名。行出於己，名生於人。」范本此。集解「細行」作「小行」，非。

王伯厚云：（一）「周書謚法：『惟三月既生魄，周公旦、太師望相嗣王發，既賦憲受臚于牧之野，將葬，乃制作謚。』今所傳周書，與六家謚法所載不同。蓋今本缺誤。文心雕龍

云「賦憲之謚」，出於此。」〔二〕

考張守節史記正義、金履祥通鑑前編所列謚法，皆與今本同，無王氏所引者，知唐、宋以來本多缺矣。王氏見六家謚法中所載如此，故引之。

又説文言部：「諡，行之迹也。从言、兮，皿聲。」徐鍇曰：「『皿』非聲，『兮』聲也。」「謚，笑貌。从言，益聲。」是二字不同，今多亂之。〔三〕

〔一〕軍案：見王應麟困學紀聞卷二「周書謚法」條。

〔二〕軍案：「蓋今」至「於此」，乃王氏原注。「賦憲之謚」，文心雕龍哀弔篇文。「謚」，元刻本困學紀聞作「謚」，不誤。臧氏引困學紀聞皆作「謚」，非是。

〔三〕軍案：段注本改説文作「謚，行之迹也。从言，益聲」，注云：「按各本作『從言兮皿闕』，此後人妄改也。攷玄應書引説文：『謚，行之迹也。從言，益聲。』五經文字曰：『謚，説文也；諡，字林也。』字林以『謚』爲『笑聲』，音『呼益反』。廣韵曰：『謚，説文作「謚」。』六書故曰：『唐本説文無「諡」，但有「謚」，「行之迹也」。』據此四者，説文从『言』、『益』無疑矣。自吕忱改爲『諡』，唐、宋之閒又或改爲『謚』，遂有改説文而依字林，羼入『謚，笑皃』於部末者。然唐開成石經、宋一代書版皆作『謚』，不作『諡』，知徐鉉之書不能易天下是非之公也。近宗説文者，不能攷知説文之舊，如汲古閣刊經典依宋作『謚』矣，而覆改爲

『謚』，可嘆也。今正『謚』爲『謚』，而刪部末之『謚，笑皃』，學者可以撥雲霧而睹青天矣。」段說是也。

17

自土漆沮

詩緜：「緜緜瓜瓞，民之初生，自土沮漆。古公亶父，陶復陶穴，未有家室。」酈道元注水經漆水引詩「民之初生，自土漆沮」。黄省曾本依今詩改。顔師古注漢書地理志上曰：「詩云：『人之初生，自土漆沮。』齊詩作『自杜』。言公劉避狄，而來居杜與漆、沮之地。」

案：「民」字作「人」，或唐人避諱所改。其作「漆沮」而不作「沮漆」，則與水經注合，且并可見齊詩亦作「漆沮」。「漆沮」與「亶父」爲韻。常武「南仲大祖，大師皇父」同此。蓋因唐石經倒作「沮漆」，故今本傳、箋無不盡然。猶幸有酈、顔二家證引，得據以考正也。

大漬也

春秋莊二十年：「夏，齊大災。」公羊傳：「『大災』者，大瘠也。大瘠者何？痢也。」何注：「瘠，病也。痢者，民疾疫也。」釋文：「瘠，在亦反；本或作『癠』，才細反；一本作『漬』，才賜反。鄭注曲禮引此同。痢，力(二)[世]反。」〔一〕

案：說文「瘠」作「膌」，云「瘦也」，古文作「⿸疒朿」，義別。曲禮正義曰：「此云『漬』，彼云『瘠』，字異而意同。」案：「漬」與「瘠」不同。陸德明、孔仲遠皆疏於小學，故不能辨其是非。漢書食貨志「國亡捐瘠」，蘇林曰：「瘠音漬。」可見古音「漬」、「瘠」、「癠」並同，故「漬」或作「瘠」，又作「癠」。陸德明每字爲一音，顏師古云「『瘠』不當音『漬』」，皆不通古音之證也。〔二〕釋詁：「癠，病也。」鄭注禮記玉藻「親癠」同。說文疒部無此字，義亦不合。

據釋文，知古本作「大漬」。禮記曲禮下「四足死曰漬」，〔三〕注：「漬，謂相瀸汙而死也。春秋傳曰：『「大災」者何？大漬也。』」然則鄭康成所據公羊亦作「大漬」。正義曰：「牛馬之屬，若一箇死，則餘者更相染漬而死。」

又公羊莊十七年：「夏，齊人瀸于遂。」傳：「『瀸』者何？瀸漬也。衆殺戍者也。」何

注：「『瀸』者，死文。『瀸』之爲死，漬今作「積」。茲從陸德明所引。死非一之辭，故曰『瀸漬』。眾，多也。」又説文水部：「瀸，漬也。从水，韱聲。」「漬，漚也。从水，責聲。漚，久漬也。从水，區聲。」則「漬」爲瀸汙相染，連及眾盡之辭。詩傳及先儒義並同。「㾐」亦俗字，當爲「癘」。集韻「㾐，或作『癘』」，可證。説文疒部：「癘，疫疾也。今本作「惡疾也」，非是。茲從詩思齊正義所引。从疒，蠆省聲。」何義本此。呂氏春秋貴公云：「仲父之疾，病矣，漬甚！」高注：「漬，亦『病』也。公羊傳曰：『「大災」者何？大漬也。』」與鄭、陸所據本同。

〔一〕軍案：「二二」，宋本釋文作「世」，今據改。注疏本引釋文誤作「二二」。

〔二〕軍案：漢書食貨志上「而國亡捐瘠者」，師古曰：「瘠，瘦病也。言無相棄捐而瘦病者耳，不當音『漬』也。」

〔三〕軍案：禮記曲禮下作「四足曰漬」，「死」字乃臧氏以意增。

19

毛詩生民傳

毛傳云：「赫，顯也。不寧，寧也。不康，康也。誕，大。寘，置。腓，辟。字，愛也。」

此先釋「以赫厥靈，上帝不寧，不康禋祀。誕寘之隘巷，牛羊腓字之」五句中經字，下復申說以總解之。

云「天生后稷，異之於人」者，上文「先生如達，不坼不副，無菑無害」，皆是天生后稷，異之於常人也。故上帝安寧之，而康其祭祀。

云「以顯其靈也」者，解經之「以赫厥靈」也。

云「帝不順天，是不明也，故承天意而異之於天下」者，言上帝欲顯異后稷，而帝嚳不能承順天意，是帝嚳不明矣；下言「誕寘之隘巷」、「誕寘之平林」、「誕寘之寒冰」，皆是帝不順天，承天意而顯異於天下之事也。

云「牛羊而辟人者，理也，置之平林」者，此解經「誕寘之平林」之意也。

云「又爲人所收取」者，解經之「會伐平林」也。

云「大鳥來，一翼覆之，一翼藉之」者，明不特覆之而已。經舉「覆」包「藉」，省文以成句，傳以義增足之。

云「人而收取之，又其理也，故(寘)[置]之於寒冰」者，〔一〕此覆解「誕寘之寒冰」之意。以見不當更有「鳥覆翼之」之事，乃鳥又來覆藉之，「於是知有天異，往取之矣」。此二句即用毛傳。

經「鳥乃去矣」，傳不解者，毛意往取后稷，鳥見人來，乃飛去矣。故傳云「后稷呱呱然而泣」，明烏去而后稷泣也。

俗本割裂毛傳，以分隸經文，致失毛意者甚多。今舉此傳正之。

〔一〕軍案：「寘」，毛傳作「置」，今據改。此涉經文而誤。

經義雜記卷二十五

武進學生臧琳玉林

1

東漢兩大儒冢

水經巨馬水注云：「其水自澤枝分，東逕涿縣故城南，又東逕漢侍中盧植墓南。」水經濰水「北過高密縣西」注云：「水西有厲阜，阜上有漢司農卿鄭康成冢，石碑猶存。」

案：盧、鄭二公同受業馬季長之門，學行兼優，忠節並著。酈氏述漢、魏以來冢墓，往往數千百言，極奢盡侈，(祇)[秖]足爲戒，〔一〕而於二子不贅一語，可想見先賢守禮之嚴矣。故令後人見其姓氏，猶低徊不置云。

〔一〕軍案：「祇」當作「秖」。

2

千字文

隋志「小學類」:「千字文一卷,梁給事郎周興嗣撰。千字文一卷,梁國子祭酒蕭子雲注。千字文一卷,胡肅注。演千字文五卷。舊在「篆書」下。今案:當在此。篆書千字文一卷。草書千字文一卷。」則周氏所撰爲本書,蕭、胡二家皆注周書者。演千字文當别爲一書。乃唐志載「蕭子範千字文一卷。周興嗣次韻千字文一卷。演千字文五卷」。「雲」、「範」字異,未審孰是。然周爲本書,蕭乃附注,依唐志,竟似有二書,蕭并在周之前,演又似周所撰,何耶?〔一〕

今周書猶存,頗有典據。童子以此發蒙,村師鮮能通者。如「辰宿列張」,「宿」讀若「肅」。故釋名釋天云:「宿,宿也,星各止宿其處也。」而世多讀若「秀」。又如「俊乂密勿」,「密勿」當讀爲「黽勉」。毛詩谷風「黽勉同心」,文選注引韓詩作「密勿同心」,云:「密勿,僶俛也。」十月之交「黽勉從事」,漢書劉向傳作「密勿從事」,師古曰:「密勿,猶黽勉。」蔡中郎集「晝夜密勿」,文選傅季友爲宋公求加贈劉前軍表「密勿軍國」,凡此皆讀爲「黽勉」之證。乃多作如字讀,誤也。

或言千字文無重字，「女慕貞絜」乃「絜矩」字，與「紈扇圓潔」不同。案：古「潔」字多作「絜」。鄭注禮記「君子有絜矩之道」云：「絜，猶結也，挈也。矩，法也。君子有挈法之道。」是「絜矩」義必當連文，不得舍「矩」而配「貞」也。見近本有作「貞烈」者，當亦屬後人所改。

憶昔取周氏之書，離合分并，另編一篇，中有句云：

河澄寶出，鳳舉羽從。武功稱甲，吉運始丁。登皋遠眺，臨流玩性。道惟絜矩，經亦貴常。龍駒超逸，鯤魚獨遊。雞鳴高樹，鳥飛空巖。新荷早發，寒松後凋。谷蘭自馨，園桐積翠。

聊取新目，未嘗求工也。

〔一〕大昕案：南史蕭子範傳：「累遷大司馬南平王從事中郎。王愛文學士，子範偏被恩遇，常曰：『此宗室奇才也！』使製千字文，其辭甚美。王命記室蔡薳注釋之。」是千字文子範所製，非子雲矣；其注則蔡薳所撰。隋志甚誤。當時蕭、周各有一本，蕭本有蔡薳注，而周無之，未可併而爲一。○軍案：錢大昕引蕭子範事跡，見南史卷四十二齊高帝諸子列傳上。

遠兄弟父母

3

詩竹竿：「女子有行，遠父母兄弟。」家藏明人舊刻本作「遠兄弟父母」，始知俗本爲誤。「母」讀若「每」，與上「淇水在右」爲韻。後見唐石經亦然。或疑「父母」不當在「兄弟」下，不知詩人取韻，正不必拘，如蝃蝀首章「遠父母兄弟」，次章「遠兄弟父母」，可證也。

養生

4

余好古養生家言。素問上古天真論云：「上古之人，其知道者，法于陰陽，和于術數，食飲有節，居起有常，不妄作勞，故能形與神俱，而終其天年，度百歲乃去。今時之人不然也，以酒爲漿，以妄爲常，醉以入房，以欲竭其精，以耗散其真，不知持滿，不時御神，務快其心，逆其生樂，起居無節，故半百而衰也。夫上古聖人之教下也，皆謂之虚邪賊風，避之有時，恬淡虚無，真氣從之，精神内守，病安從來？」斯言切近，非見道者不能出。

5

三劉三絶

劉勰文心雕龍之論文章，劉劭人物志之論人，劉知幾史通之論史，可稱千古絶作，余所深嗜而快讀者。著書人皆劉姓，亦奇事也。

6

中庸

孔叢子居衛云：「宋圍，子思既免，曰：『文王困於牖里，作周易；祖君屈於陳、蔡，作春秋。吾困於宋，可無作乎？』於是撰中庸之書四十九篇。」唐李習之復性書上云：「子思，仲尼之孫，得其祖之道，述中庸四十七篇，以傳于孟軻。軻之門人達者，公孫丑、萬章之徒，蓋傳之矣。遭秦滅書，中庸之不焚者一篇存焉。」

案：李説本孔叢子，「九」，「七」字之誤也。孔叢子僞書，魏、晉間人所作。中庸一篇首末完備，焉得有四十餘篇？漢志「中庸説二篇」，乃禮記中庸之解説耳。本書引孔子稱「仲尼」，而此云「祖君」，陋矣。拘（羡）［羑］里演易，〔一〕戹陳、蔡作春秋，乃大史公遭李陵之禍而著史記，故爲此説，其實不盡然。即有其事，子思亦安得自擬於文王、孔子哉？禮記正義、釋文並引鄭目録云：「名曰中庸者，以其記中和之爲用也。庸，用也。孔子之孫子思伋作之，以昭明聖祖之德。」此於別録屬通論，則中庸爲子思所作，本漢人舊説，確然可信，餘言不足憑也。

〔一〕軍案：「羨」當作「羑」，形近而譌。

7

李巡奏定石經

漢定石經，説者不一。范書靈帝紀云：「熹平四年，春三月，詔諸儒正五經文字，刻石立于大學門外。」儒林傳云：「有私行金貨，定蘭臺桼書經字，㠯合其私文。熹平四年，靈帝迺詔諸儒正定五經，刊於石碑，爲古文、篆、隸三體書法，樹之學門，㠯相參檢，使天下咸取則焉。」此功歸君上，以爲靈帝意也。

蔡邕傳云：「邕㠯經籍去聖久遠，文學多謬，俗儒穿鑿，疑誤後學。熹平四年，乃與五官中郎將堂谿典，光禄大夫楊賜，諫議大夫馬日磾，議郎張馴、韓説，太史令單颺等，儒林傳：「張馴拜議郎，與蔡邕共奏定六經文字。」奏求正定六經文字。靈帝許之，邕乃自書丹於碑，使工鐫刻，立於太學門外，於是後儒晚學咸取正焉。及碑始立，其觀視及摹寫者，車乘日千餘兩，填塞街陌。」此言衆臣奏求正定，蔡中郎特總其事也。

宦者吕强傳云：〔一〕「時宦者濟陰丁肅、下邳徐衍、南陽郭耽、汝陽李巡、北海趙祐等五人稱爲清忠，皆在里巷，不爭威權。巡㠯爲諸博士試甲乙科，〔二〕爭第高下，更相告言，至有行賂定蘭臺漆書經字㠯合其私文者，迺白帝，與諸儒共刻五經文於石，於是詔蔡邕等正其文字。自後五經一定，爭者用息。」

據此，知熹平立石經，雖有靈帝之詔、蔡邕之奏，而發端白帝，實自李巡，特身爲宦官，不能與帝王及士大夫並稱乎後世，爲可惜耳。其持躬清忠，不爭威勢，益足尚也，余特爲表出之。隋書經籍志有李巡注爾雅三卷，可謂篤學有志之士矣。

〔一〕軍案：見范曄後漢書卷七十八宦者列傳。

〔二〕軍案：「㠯」，清經解本作「以」，非是。

8

盧植奏定石經

後漢書盧植傳云：「時始立太學石經，㠯正五經文字，植乃上書曰：『臣少從通儒故南郡太守馬融受古學，頗知今之禮記特多回穴。〔一〕臣前㠯周禮諸經發起粃謬，敢率愚淺，爲之解詁，而家乏，無力供繕寫上。願得將能書生二人，共詣東觀，就官財糧，專心研精，合尚書章句，考禮記失得，庶裁定聖典，刊正碑文。」

下云：「會南夷反叛，㠯植嘗在九江有恩信，拜爲廬江太守。」

下云：「復徵拜議郎，與諫議大夫馬日磾、議郎蔡邕、楊彪、韓説等，並在東觀，校中書五經記傳，補續漢記。帝㠯非急務，轉爲侍中，遷尚書。」

據本傳觀之，知子幹刊正碑文之奏，未經允行，會南夷反叛，出爲廬江太守，而斯事中止矣。蓋禮記後儒所定，故不無粃謬處。盧氏欲本師説裁正之，誠有功聖典之舉，乃爲事會所阻，千古恨事也。

然石經禮記雖未刊定，而盧所自著解詁猶存，隋、唐志載盧植注小戴禮記二十卷，是也。唐人表章鄭學，而未及盧氏，其書遂亡。安得有志者輯其遺説，以存其概乎？〔二〕

〔一〕軍案：李賢注云：「回穴，猶紆曲也。」

〔二〕軍案：孫啟治、陳建華古佚書輯本目録經部禮記類載：臧庸拜經堂叢書輯盧氏禮記解詁一卷、補遺一卷、附録一卷，王謨漢魏遺書鈔輯盧植小戴禮記注一卷，黄奭漢學堂叢書輯盧植禮記解詁一卷，馬國翰玉函山房輯佚書輯禮記盧氏注一卷，蔣慶元撰禮記盧注佚文疏證二卷。輯本目録注云：「臧庸據釋文、禮記正義、通典及史志、唐宋類書等輯成一卷，附補遺二節。後得見杭世駿所輯，復加訂補，增綴五節於卷末，中有二節與補遺重複。馬國翰所採大致與臧輯相當，閒有數節互爲有無。王謨輯本較略，黄奭則全襲臧本。蔣元慶疏證據其序爲二卷，實僅成曲禮上半篇，其餘未刊印。其疏證於訓詁、考證皆頗詳實，惜止存半篇。」

9

盧植禮記注

盧氏校定禮記，今日雖亡，漢、唐人偶有稱述，尚可得其略。

其一：檀弓下：「子顯以致命於穆公。」鄭注：「使者，公子縶也。」盧氏云：『古者名、字相配，「顯」當作「韅」。』」

今考詩白駒「縶之維之」，傳：「縶，絆也。」禮記月令：「則縶騰駒。」是「縶」爲「維絆」義。說文頁部：「顯，頭明飾也。从頁，㬎聲。」與「縶」義無涉。革部：「⿰顯革，著掖鞥也。从革，顯聲。」又釋名釋車云：「韅，經也，横經其腹下也。」案：杜注左傳僖廿八年云「在背曰韅」，非是。與「維絆」義合。故名縶字子韅。依說文，「韅」當作「⿰顯革」。盧云「當作『韅』」

者，漢人隸省。此校之盡善者也。

其一：曲禮：「猩猩能言，不離禽獸。」釋文：「禽獸，盧本作『走獸』。」〔一〕

正義曰：「『禽獸』之名，經記不同。爾雅云：『二足而羽謂之禽，四足而毛謂之獸。』鸚鵡是羽，而曰『禽』；猩猩四足而毛，正可曰舊譌「是」。『獸』。今並云『禽獸』者，凡語有通、別。別而言之，羽則曰『禽』，毛則曰『獸』。所以然者，『禽』者，擒也，言鳥力小，可擒捉而取之；『獸』者，守也，言其力多，不易可擒，先須圍守，然後乃獲，故曰『獸』也。通而爲説，鳥不可曰『獸』，獸亦可曰『禽』。故鸚鵡不曰『獸』，而猩猩通曰『禽』也。故易云：『王用三驅，失前禽。』則驅走者亦曰『禽』也。又周禮司馬職云：『大獸公之，小禽私之。』以此而言，則『禽』未必皆鳥也。又康成注周禮云：『凡鳥獸未孕曰禽。』周禮又云：『以禽作六摯，卿羔，大夫鴈。』白虎通云：『禽者，鳥獸之總名。』以此諸經證『禽』名通『獸』者，以其小獸可擒，故得通名『禽』也。」〔二〕

案：孔氏所據，可稱精博。舊本「禽獸」盧氏定爲「走獸」，與上「飛鳥」相對，不免失之拘泥。此校之未盡善者。鄭注本，後人其可輕動乎？〔三〕

〔一〕述案：淮南子氾論「猩猩知往而不知來」，高注云：「禮記曰：『猩猩能言，不離走獸。』」高氏受業於盧尚書，故用師校本。

〔二〕述案：孟子「獸之走壙也」，晉書段灼傳作「禽之走壙野」。○軍案：「獸之走壙也」，見孟子離婁下。

〔三〕鏞堂謹案：散言皆通，對文則異，盧校是也。○軍案：「盧校」當作「盧校」。

10
吾聽訟猶人也

禮記大學：「子曰：『聽訟，吾猶人也。』」釋文作「吾聽訟，猶人也」，云：「論語作『聽訟，吾猶人也』。」知禮記本不與論語同，後人相習亂之。

案：注云「聖人之聽訟，與人同耳」，此「吾」字在上之明證，當據釋文改正。

11
咏嘆淫液

樂記：「咏歎之，淫液之，何也？」注：「咏歎、淫液，歌遲之也。」釋文：「液，音亦。」正義曰：「『咏歎』者，謂長聲而歎。『淫液』，謂音連延而流液不絶之意。」

朱子大學章句云：「此兩節咏歎淫液，其味深長。」本之樂記。俗本多作「淫泆」。困學紀聞云：「『淫液』，刊本誤爲『淫泆』。」〔一〕則宋板已誤矣。又詩賓之初筵序云：「君臣上下沈湎淫液。」注：「『淫液』者，飲酒時情態也。」今俗本毛詩及注、疏多作「淫泆」。不學者又云：「飲酒無度當爲『淫泆』。」此經之所以展轉相謌也。

〔一〕軍案：見王應麟困學紀聞卷五「大學章句」條。

12

周書

漢書藝文志：「周書七十一篇。周史記。」〔一〕師古曰：「劉向云：『周時誥誓號令也。』蓋孔子所論百篇之餘也。今之存者，四十五篇矣。」

案：自「蓋孔子所論」以下，皆師古語。今本闕十一篇，猶存六十篇，較之唐本反多十五篇，可異也。

其中酆保、大開、小開、文儆、商誓、度邑、武儆、五權、周月、時訓、明堂、嘗麥、本典、官人、武紀、諡法、器服、書序十八篇無注，蓋亡闕之餘，後人綴拾他書補之，故止存其本文。若周月、時訓、明堂、官人、職方等篇，爲采摭他書，其跡顯然，又令人不致疑。其文理精醇，堪與典謨並列者，莫過祭公、史記、芮良夫、玉佩數篇，識者辨之。

〔一〕軍案：「周史記」三字，乃班氏原注。

13

汲冢周書

晉孔氏所注者，非汲冢書，宋王伯厚、明楊用修已辨之矣。但漢志止言「周書」。隋志「周書」下附注云：「汲冢書。」唐志竟標「汲冢周書」。其相沿致誤之由，尚未明也。

案：郭忠恕汗簡略叙引晉史公云：「咸寧中，汲郡人盜魏安釐王冢，得竹書十餘萬言，寫春秋經傳、易經、論語、夏書、周書。」于是始有「汲冢周書」之號矣。

晉書束皙傳云：「紀年十三篇，記夏以來。其中與經傳大異，則夏年多殷；益干啟位，啟殺之；太甲殺伊尹；文丁殺季歷。」未嘗言有「夏書」。又云：「雜書十九篇：周食田法，周書，論楚事，周穆王美人盛姬死事。」亦止言「雜書」中有周書、論楚事及周穆王盛姬事，未嘗言别有「周書」也。晉史公誤述汲冢之書，以爲有周書。隋志又誤會晉史公所述汲冢周書，而以班志所載之「周書」當之，誤遂不可解矣。

且束晳傳云「太康二年」，杜氏左傳後序云「太康元年三月，吴寇始平，予解甲休兵，修成春秋釋例及經傳集解，始訖，會汲郡有發冢者」，則發汲冢事雖不言「二年」，爲太康二年可知。而晉史公云「咸寧中」，與束傳、杜序皆不合。

又束傳云：「言楚、晉事。名三篇，似禮記，又似爾雅、論語。」未嘗言有論語也。而晉史公又言有論語，何不懂文理若此？稱爲「晉史公」，似即當時史官，不應誤會至此。郭氏之言，未知何本，大抵出於傳聞之誤，當更考之，庶釋然也。

14

竹書紀年

束晳傳：「紀年十三篇。」隋志「紀年十二卷。并竹書同異一卷」，〔一〕共十三卷。古多以篇爲卷，與束傳正合。唐志「十四卷」，蓋又分竹書同異爲二卷。乃今本止上、下兩卷，何邪？

又束傳云「記夏以來」，左傳後序言「起自夏、商、周，皆三代王事」，而今本起自黄帝、顓頊、帝嚳、堯、舜，則非汲冢本書矣。卷首署「梁沈約附注」。今考紀年所載祥瑞事，自黄帝至周武王，皆見宋書符瑞志，其文正同。宋書，亦沈所作也。豈紀年首載五帝事，亦沈所附益，如小司馬之補三皇本紀歟？〔二〕後人以其所載多三代時事，往往與經傳有合者，故通人博士咸喜引據，然不可不分別觀之也。

〔一〕軍案：「并竹書同異一卷」七字，乃隋書經籍志二原注。

〔二〕大昕案：梁書、南史沈約傳俱不云「注汲郡古文」。隋、唐志載紀年，亦不言約有附注。殆後人取宋書符瑞志附益，卷首妄爲題署耳。史記夏、殷本紀，裴氏引紀年兩條，今皆在附注中。裴在休文之前，知附注必非沈作。

15

水經

隋志地理部：「山海經二十三卷。郭璞注。〔一〕水經三卷。郭璞注。水經四十卷。酈善長注。」二書不著撰者姓氏，而皆自郭景純注之，則相傳已久。舊唐書經籍志：「水經(三)[二]卷。郭璞撰。〔二〕又四十卷。酈道元撰。」與隋志同，但以「注」爲「撰」微誤耳。通典謂「晉郭璞注，後魏酈道元注，皆不詳撰者名氏，不知何代之書」，〔三〕與隋志合。惟宋人新唐書志云：「桑欽水經三卷。一作郭璞撰。〔四〕酈道元注水經四十卷。」

案：以水經爲桑欽所撰，與唐六典注同。〔五〕然水經注漯水引「桑欽曰：『漯水出高唐』」，濁漳水引「桑欽云：『絳水出屯留西南，東入漳』」，易水引「桑欽曰：『易水出北新城西北，東入滱』」，濡水引「桑欽説：盧子之書言『晉既滅肥，遷其族於盧水』」，今水經皆無是語，則不得以爲桑所撰矣。

舊唐志以注爲撰，故於郭、酈二注亦稱「撰」。今以酈書爲注，而於水經下又云「郭璞撰」，則與隋志、舊唐志俱乖舛矣。

或以水經經、注混淆，所稱地名多出後代，反以稱「郭撰」者爲是，此失之不審也。

〔一〕軍案：「郭璞注」三字，乃隋書經籍志二原注。下「郭璞注」、「酈善長注」同。

〔二〕軍案：「三」，舊唐書經籍志上作「二」，今據改。「郭璞撰」三字，乃舊唐志原注。下「酈道元撰」同。

〔三〕軍案：見通典卷一百七十四州郡四古雍州下安西府「風俗」條。

〔四〕軍案：「一作郭璞撰」五字，乃新唐書藝文志原注。

〔五〕軍案：李林甫唐六典卷七「水部郎中」條注云：「桑欽水經所引天下之水百三十七，江、河在焉。」

16

䋠羅也介别也

爾雅釋言：「縭，介也。」釋文云：「李、孫、顧、舍人本並云：『䋠，羅也。介，别也。』」案：「李、孫、顧、舍人」，謂李巡、孫炎、顧野王、舍人也。據釋文所述，則三家正文與郭氏不同。今考字書無「䋠」，集韻以爲「補，或作『䋠』」，義不合。「䋠」蓋「縛」之譌。說文：「縛，束也。」「束縛」有「羅維」意。

又說文八部：「八，别也。象分别相背之形。凡八之屬，皆从八。」「介，畫也。从八，从人。人各有介。」「介畫」即「分别」之意，與雅言義同。郭注云：「『縭』者，繫也。介，猶『閡』。」案：說文：「縭，以絲介履也。从糸，离聲。」則郭義亦通，蓋所傳本異也。

17

逢遇遻也

漢書敘傳下：「幼㾪聖君。」鄧展曰：「爾雅：『㾪、逢，遇也。』」師古曰：「此說非也。

言萬石幼而恭敬，感寤高祖，以見識拔也。爾雅『遻，遇（之）也』，非謂寤也。」〔一〕

案：釋詁：「遘、逢、遇也。遘、逢、遇，遻也。」釋文：「遻，字又作『迕』。」釋言：「逜，寤也。」釋文：「孫本作『午』。」莊子釋文又作「遻忤」。是「遻」、「寤」、「逜」、「迕」、「午」五字音義皆同。

鄧氏所據爾雅，與釋文所載本合，依雅詁爲「幼遇聖君」，義自明直。師古見今本作「遻」，便以爲非，輒改爲「感寤」之義，斯不根之談也。釋名釋姿容云：「寤，忤也，能與物相接忤也」，亦作「遇」義。

〔一〕軍案：師古注「遇」下「之」字當衍。王先謙漢書補注云：「官本注『遇』下無『之』字。」又，宋翔鳳過庭録卷十二「幼寤聖君」條云：「按：今爾雅釋詁：『遘、逢、遇，遻也。遘、逢、遇、遻，見也。』蓋鄧氏所据爾雅『遻』字作『寤』。詩東門之池『可與晤歌』，毛傳云：『晤，遇也。』古『晤』、『寤』字通。詩『寤辟有摽』，說文日部引作『晤辟有摽』；『可與晤言』，列女傳二卷引作『可與寤言』。則毛公時爾雅『遻』亦作『寤』也。『寤』亦與『遻』通。『遻』，說文作『啎』，『逆也』。史記鄭世家『武姜生太子，寤生，生之難，夫人弗愛』，即左傳所云『莊公寤生，驚姜氏』。蓋謂『逆生』，故云『生之難』也。此正謂萬石幼遇高祖耳，不必言『感寤』也。」

18

唐書儒學傳序

經學莫盛於兩漢，其次李唐爲最，皆在爲上者振興而鼓舞之，故縉紳之士、韋布之儒咸思發其聰明、竭其思慮以稱上意。新唐書儒學傳序足以表見有唐三百年厲學官、崇經術之盛典，學者不可不讀也，今録於此云。

高祖始受命，鉏類夷荒，天下略定，即詔有司立周公、孔子廟于國學，四時祠。求其後，議加爵土。國學始置生七十二員，取三品以上子、弟若孫爲之；太學百四十員，取五品以上；四門學百三十員，取七品以上。郡、縣三等，上郡學置生六十員，中、下以十爲差；上縣學置生四十員，中、下亦以十爲差。又詔宗室、功臣子孫就祕書外省，別爲小學。

太宗身櫜鞬，風纚露沐，然鋭情經術，即王府開文學館，召名儒十八人爲學士，與議天下事。既即位，殿左置弘文館，悉引内學士番宿更休，聽朝之間，則與討古今，道前王所以成敗，或日昃夜艾，未嘗少怠。貞觀六年，詔罷周公祠，更以孔子爲先聖，顔氏爲先師，盡召天下惇師老德以爲學官。數臨幸觀釋菜，命祭酒博士講論經義，賜以束帛。生能通一經者，得署吏。廣學舍千二百區，三學益生員，并置書、算二學，皆有博士。大抵諸生員至三千二百。自玄武屯營飛騎，皆給博士受經，能通一經者，聽入貢限。四方秀艾，挾策負素，坌集京師，文治煟然勃興。於是新羅、高昌、百濟、吐蕃、高麗等羣酋長並遣子弟入學，鼓笥踵堂者凡八千餘人。紆侈袂，曳方履，誾誾秩秩，雖三代之盛，所未聞也。帝又讎正五經繆缺，頒天下示學者，與諸儒粹章句爲義疏，俾久其傳。因詔前代通儒梁皇侃、褚仲都，周熊安生、沈重，陳沈文阿、周弘正、張譏，隋何妥、劉炫等子孫，並加引擢。二十一年，詔：「左丘明、卜子夏、公羊高、穀梁赤、伏勝、高堂生、戴聖、毛萇、孔安國、劉向、鄭衆、杜子春、馬融、盧植、鄭玄、服虔、何休、王肅、王弼、杜預、范甯二十一人，用其書，行其道，宜有以褒大之，自今並配享孔子廟廷。」於是唐三百年之盛，稱貞觀，寧不其然。

高宗尚吏事，武后矜權變，至諸王駙馬皆得領祭酒。初，孔穎達等始署官，發五經題與諸生酬問，及是，惟判祥瑞案三牒即罷。

玄宗詔羣臣及府郡舉通經士，而褚無量、馬懷素等勸講禁中，〔一〕天子尊禮，不敢盡臣之。置集賢院部分典籍，乾元殿博彙羣書至六萬卷，經籍大備，又稱開元焉。禄山之禍，兩京所藏，一爲炎埃，官幐私楮，喪脱幾盡，章甫之徒，劫爲縵胡。於是嗣帝區區救亂未之得，安暇語貞觀、開元事哉？自楊綰、鄭餘慶、鄭覃等以大儒輔政，議優學科，先經誼，黜進士，後文辭，亦弗能克也。文宗定五經，（纔）〔鑱〕之石，〔二〕張參等是正譌文，案：文宗於大和閒立石壁九經，命唐玄度覆審譌謬，作九經字樣一卷。開成二年上，故世稱文宗所立爲開成石經。若張參五經文字，乃撰於代宗大曆十一年，在文宗石經之先。此混爲一事。寥寥一二可紀。由是觀之，始未嘗不成于艱難，而後敗于易也。〔三〕

嘗論之，武爲救世砭劑，文其膏粱歟！亂已定，必以文治之。否者，是病損而進砭劑，其傷多矣！然則武得之，武治之，不免霸且盜，聖人反是而王。故曰武創業，文守成，百世不易之道也。若乃舉天下一之于仁義，〔四〕莫若儒。儒待其人，乃能光明厥功，宰相大臣是已。至專誦習傳授、無它大事業者，則次爲儒學篇。

〔一〕軍案：「無」，新唐書儒學傳上作「无」。

〔二〕軍案：「纔」，新唐書儒學傳上作「鑱」，今據改。玉篇金部云：「鑱，仕衫、仕懺二切，刺也，鏨也。」

〔三〕軍案：「于」，新唐書儒學傳上作「於」。

〔四〕軍案：「于」，新唐書儒學傳上作「於」。

19

黄帝六禁

吕氏春秋去私引「黄帝言曰：『聲禁重，色禁重，衣禁重，香禁重，味禁重，室禁重』」，此語古朴切實，當有所本，非戰國先秦人所能道。高注「聲禁重」云：「不欲虛名過其實也。」即孟子「聲聞過情，君子恥之」之義，〔一〕於「學者爲己」之道最切。〔二〕宋黄震云：「此禁聲色太過耳，注非。」所見淺矣。〔三〕

〔一〕軍案：「聲聞」至「恥之」，孟子離婁下文。

〔二〕軍案：論語憲問篇云：「子曰：『古之學者爲己，今之學者爲人也。』」

〔三〕軍案：黄氏日鈔卷五十六讀諸子二吕氏春秋孟春紀云：「『聲禁重，色禁重』，禁聲色太過耳。注誤以『聲』爲『聲譽』之『聲』。『不欲虛名過實』，此說亦非。」陳奇猷吕氏春秋新校釋云：「黄說是也。高蓋誤『聲』爲『名聲』之『聲』。『重』，猶『甚』也，下同。」

20

固封璽

禮記月令：「固封疆。」注：「今月令『疆』或爲『璽』。」

案：吕覽、淮南子皆作「固封璽」。〔一〕高注：「璽，讀曰『移徙』之『（徒）〔徙〕』。〔二〕璽，印封也。」説文土部：「璽，王者之印也，所以主土。从土，爾聲。璽，籀文从玉。」北堂書鈔儀飾部引玉璽譜云：「璽，印信也。在君，則封册畿服，表信神祇；在臣，則授職君上，顯用民下。」又引漢舊儀云：「秦以前，民皆以金、銀、銅、犀、象爲方寸璽，各服所好。自秦以來，天子璽始以玉爲之。」據此，知秦以前，君臣、庶民皆得用璽。又蔡邕獨斷曰：〔三〕「天子璽以玉，螭虎紐。古者尊卑共之。〔四〕月令曰：『固封璽。』春秋左氏傳曰：『魯襄公在楚，季武子使公冶問，璽書追而與之。』〔五〕此諸侯大夫印稱『璽』〔者〕也。」〔六〕然則説文此事，亦據秦以來言之，非古義也。

〔一〕鏞堂謹案：太平御覽六百八十二載應劭漢官儀引「月令曰：『固封璽』」。又蔡邕獨斷亦作「固封璽」。皆據今月令也。

〔二〕軍案：「徒」字誤，當作「徙」。今據清經解本改。

〔三〕軍案：見獨斷卷上。

〔四〕軍案：「者」，四部叢刊三編影印明弘治刊本獨斷作「之」，誤。襄廿九年左傳孔疏引獨斷亦作「者」。

〔五〕軍案：見襄廿九年左傳。杜注云：「問公起居。公冶，季氏屬大夫。璽，印也。」

〔六〕軍案：「也」上脱「者」字，今據獨斷補。

21

説文注脱字

許氏説文，學者所取正以校他書之譌謬者，然不無脱誤。如玉篇艸部「藥」字注引説文云：「治疾病之艸總名。」乃今説文云「治病艸，似藥」，爲一艸之專名矣。又「艿」字注引説文云：「舊艸不芟、新艸又生曰艿。」案：論語「仍舊貫」鄭康成注：「仍，因也。」義正如此。乃今本云「艿，艸也」，竟似「艿」爲艸名矣。凡斯類甚多。如據玉篇、廣韻、集韻、韻會等書所引説文參校，一一補正之，有功於許書非淺也。

經義雜記卷二十六

武進學生臧琳玉林

1
人偶

鄭康成注經，每有「人偶」之語，葢尊異親愛之意，驟讀之或不能通其義。

詩匪風「誰能亨魚」，箋云：「『誰能』者，言人偶能割亨者。」「誰將西歸」，箋云：「『誰將』者，亦言人偶能輔周道治民者。」正義曰：「『人偶』者，謂以人思尊偶之也。」論語注『人偶，同位人偶之辭』，禮注云『人偶相與爲禮儀』，皆同也。亨魚小伎，誰或不能？而云『誰能』者，人偶此能割亨者，尊貴之，若言人皆不能，故云『誰能』也。」

又儀禮聘禮「公揖入，每門、每曲揖」，注：「每門輒揖者，以相人偶爲敬也。」釋曰：「『以相人偶』者，以人意相存偶也。」

公食大夫禮「賓入，三揖」，注：「每曲揖，及當碑揖，相人偶。」

又禮記中庸「仁者，人也」，注：「人也，讀如『相人偶』之『人』。以人意相存問之言。」正義曰：「『仁』，謂仁恩相親偶也。言行仁之法，在於親偶。欲親偶疏人，先親己親。」表記「仁者，人也」，注：「人也，謂施以人恩也。春秋傳曰：『「執」未有言「舍之」者，此其言「舍之」何？人也。』」正義曰：「『仁者，人也』，言仁恩之道，以人情相愛偶也。注引成十六年公羊傳文，證『人』是『人偶相存愛』之義。」廣雅四釋詁「人」與「惠」、「愛」同訓爲「仁」。

2

天子以球

禮記玉藻：「笏，天子以球玉，諸侯以象。」注：「球，美玉也。」案注，知經本作「天子以球」，無「玉」字。釋文大書「以球」，而不作「球玉」，可證。士喪禮注引玉藻有「玉」字，釋文：「以璆，音虯。」

3

六鳴蟲

考工記：「梓人爲筍虡。以脰鳴者，以注鳴者，以旁鳴者，以翼鳴者，以股鳴者，以胷鳴者，謂之小蟲之屬，以爲雕琢。」注：「脰鳴，鼃黽屬。注鳴，精列屬。旁鳴，蜩蜺屬。翼鳴，發皇屬。股鳴，蚣蝑動股屬。胷鳴，榮原屬。」

説文虫部：「蟬，以旁鳴者。从虫，單聲。」「蛢，蟠蟥，即發皇。以翼鳴者。从虫，并聲。」「蜙，蜙蝑，以股鳴者。从虫，松聲。」又「蚣，蜙或省。蝑，蜙蝑也」。此三蟲與鄭同。

又：「⿰虫匊，⿰虫匊鼀、詹諸，以脰鳴者。从虫，匊聲。」案：「詹諸」，蝦蟆也。爾雅釋魚：「鼁鼀，蟾諸；在水者，『黽』。」而周禮蟈氏注、禮記月令注皆以「鼃」爲「蟈」，此一蟲與鄭微異。

又：「虺，虺以注鳴。詩曰：『胡爲虺蜥？』从虫，兀聲。」「蚖，榮蚖、蛇醫，以注鳴者。从虫，元聲。」釋魚「蠑螈」、「蜥蜴」、「蝘蜓」、「守宫」一物四名，與此同。「蠵，大龜也，以胃鳴者。从虫，雟聲。」又「⿰虫夐，司馬相如説『蠵』从夐」。此二蟲與鄭不同。

釋文：「胷鳴，干本作『骨』，云：『敝屁屬也。』賈、馬作『胃』，賈云：『靈蠵也。』沈云：『作「胷」爲得。』」釋曰：「馬融以爲『胃鳴』，干寶以爲『骨鳴』。胃在六府之内，其鳴又未可以骨爲狀，亦難信，不如作『胷鳴』也。」案：爾雅釋文引字林云「蠵，大龜，以胃鳴」，今本誤，兹從賈昌朝所校。（一）本説文。許叔重學於賈景伯，故從賈説；馬季長亦同。沈重云「作『胷』爲得」，賈疏云「不如作『胷』」，皆據鄭本也。鄭以「胷鳴」爲「榮原屬」，故以「注鳴」者當「胃鳴」，而别以「精列」爲「注鳴」。

然説文六鳴蟲不數「蜻蛚」；李巡、孫炎等注爾雅皆以「蟋蟀，蛬」爲「蜻蛚」，亦不言「以注鳴」，未詳鄭所本也。賈景伯既以「胃鳴」爲「靈蠵」，則必以「注鳴」爲「蚖榮」矣。干寶改作「骨鳴」，以爲「敝屁屬」，與先儒更乖。

〔一〕軍案：見羣經音辨卷七辨字訓得失「蠵」字條。

4

西狩獲死麟

論衡指瑞云：「春秋曰：『西狩獲死麟，人以示孔子。孔子曰：「孰爲來哉？孰爲來哉？」反袂拭面，泣涕沾襟。』儒者説之，以爲天以麟命孔子，孔子不王之聖也。夫麟爲聖王來，孔子自以不王，而時王魯君無感麟之德，怪其來而不知所爲，故曰：『孰爲來哉？孰爲來哉？』知其不爲治平而至，爲己道窮而來，望絶心感，故涕泣沾襟。以孔子言『孰爲來哉』，知麟爲聖王來也。曰：前孔子之時，世儒已傳此説。孔子聞此説，而希見其物也，見麟之至，怪所爲來。實者，麟至無所爲來，常有之物也，行邁魯澤之中，而魯國見其物，遭獲之也。孔子見麟之獲，獲而又死，則自比於麟，自謂道絶不復行，將爲小人所徯獲也。故孔子見麟而自泣者，據其見得而死也，非據其本所爲來也。然則麟之至也，自與獸會聚也；其死，人殺之也。使驎有知，爲聖王來，時無聖王，何爲來乎？思慮深，避害遠，何故爲魯所獲殺乎？夫以時無聖王而驎至，知不爲聖王來也；爲魯所獲殺，知其避害不能遠也。聖獸不能自免於難，聖人亦不能自免於禍。禍難之事，聖者所不能避，而云鳳驎思慮深，避害遠，妄也。」

案：此引春秋公羊家説也。傳曰：「麟者，仁獸也，有王者則至，無王者則不至。有以告者曰：『有麕而角者。』孔子曰：『孰爲來哉？孰爲來哉？』反袂拭面，涕沾袍。」〔一〕見麟而泣，當從論衡所引儒者説，「爲己道窮而來，望絶心感，故涕泣沾襟」。服注左傳亦云：「麟爲仲尼至。」見春秋正義。何氏以麟出爲知將有六國爭彊、縱横相滅之敗，秦項驅除、積骨流血之虞，然後劉氏乃帝，故豫泣民之離害、妖妄之至。王仲任遠在何邵公之前，所引蓋西漢公羊説也。

又據論衡，則春秋經作「西狩獲死麟」。今三傳本無「死」字。而公羊傳云：「顏淵死，子曰：『噫！天喪予！』子路死，子曰：『噫！天祝予！』西狩獲麟，孔子曰：『吾道窮矣！』」注云：「天生顏淵、子路，爲夫子輔佐；皆死者，天將亡夫子之證。麟者，太平之符，聖人之類。時得麟而死，此亦天告夫子將没之證。」則此傳本作「西狩獲死麟」，與上「顏淵死」、「子路死」一例。「吾道窮矣」與上「天喪予」、「天祝予」一例。

孔仲達引家語云：「獲麟，折其前左足，載而歸。叔孫以爲不祥，棄之於郭外。」徐疏引孔叢云：「以爲不祥，棄之五父之衢。孔子視之，曰：『茲日麟出而死，吾道窮矣！』」二書雖魏晉人託作，然以爲麟死而棄之，則與公羊合。疑公羊經本有「死」字也。

王充謂麟爲常有之物，無所爲來，則非。說文：「麟，大牝鹿也。」「麐，牝麒也。」五經文字云：「麐，經典皆作『麟』，唯爾雅作此『麐』字。」釋獸釋文云：「麐，本又作『麟』。」知今本爾雅作「麟」者，後人所改也。論衡作「驎」，說文所無。釋畜：「青驪驎，驒。」釋文「驎」作「粼」，在說文巜部。穀梁傳序「麟感化而來應」，釋文：「麟，本又作『驎』。」知「驎」又爲俗「麟」字。

〔一〕軍案：見哀十四年公羊傳。

5

蚤揃

士喪禮：「蚤揃如他日。」注：「『蚤』讀爲『爪』。斷爪揃須也。」說文：「須，面毛也。从頁，从彡。」無「鬚」字。今注多作「鬚」。釋文云：「本又作『須』。」茲從之。釋曰：「此『蚤』乃是詩云『其蚤獻羔祭韭』，古『早』字。鄭讀從『手爪』之『爪』。」

士虞禮：「沐浴、櫛、搔翦。」注：「『搔』當爲毛本譌「音」。『爪』。今文曰『沐浴』。『搔翦』或爲『蚤揃』。『揃』或爲『鬋』。」

又考工記：「輪人爲輪，眡其綆，欲其蚤之正也。」注：「『蚤』當爲『爪』，謂輻入牙中者也。」

案：説文：「爪，丮也。覆手曰爪。象形。」蓋用爪爪丮，几據切。故以「爪」爲「丮」。「蚤」爲「𧑏」重文，「齧人跳蟲也。从叉」。「叉」，古「爪」字，故經史多假「蚤」爲「爪」。魯周公世家：「初，成王少時，病，周公乃自揃其蚤，沈之河，以祝於神。」蒙恬傳作「自揃其爪，以沈於河」。士虞禮作「搔」，亦非正字。説文：「搔，括也。」今文或爲「蚤」，與士喪禮同。豳風以「蚤」爲「早」，是古文以聲同借用。士相見禮「問日之早晏」，注：「古文『早』作『蚤』。」賈疏據此便以「蚤」爲古「早」字，非也。

説文手部：「揃，滅也。从手，前聲。」士虞禮當從「揃」，與士喪禮及史記皆合。「翦，羽生也。从羽，前聲。」「鬋，女鬢垂皃。从髟，前聲。」蓋並以聲同相亂也。

6

穀梁傳呫血

士相見禮：「若君賜之食，則君祭先飯，徧嘗膳。」注：「今云『呫嘗膳』。」釋文：「呫嘗，音貼，他篋反。穀梁：『未嘗有呫血之盟。』『呫』，嘗也。」

案：「呫」既訓「嘗」，則「呫」即「嘗」之駁文，「呫」下不當更著「嘗」字。蓋古文「徧嘗膳」，今文「徧呫膳」。注「今云『呫嘗膳』」，當作「今文云『呫膳』」，「文」脱、「嘗」衍也。

今穀梁傳莊廿七年：「衣裳之會十有一，未嘗有歃血之盟也。」釋文：「有歃，所洽反。」不作「呫」。然玉篇口部：「呫，他叶、昌涉二切。穀梁傳曰：『未嘗有呫血之盟。』『呫』，嘗也。」廣韻卅怗亦云：「呫，嘗也。」與陸德明所引正同，知古本穀梁作「呫血」矣。今作「歃」者，説文「歃，歠也」，引左傳「歃而忘」，與「嘗」義合。「呫」、「歃」聲亦相近。孟子告子下又有「歃血」之文，故異也。

説文口部無「呫」，食部有「鉆」，云：「相謁食麥也。从食，占聲。」穀梁傳當本作「鉆」，訓爲「食」，與「嘗」義合。詩鴇羽二章「父母何食」，三章「父母何嘗」。廣雅二釋詁「鉆」、

「嘗」同訓爲「食」。則「鮎」爲「呫」之本字無疑。

7

形於四海

孝經天子章：「愛敬盡於事親，而德教加於百姓，刑於四海。」〔一〕釋文：「形于，法也，字又作『刑』。」又：「刑見，賢遍反，下同。」

案：古「形」、「刑」互通。左傳昭十二年「形民之力」，杜作「形模」解。家語正論作「刑民之力」。王肅注作「刑傷」解。據釋文標鄭注「形見」二字，知經本作「形于四海」。陸氏大書「形于」，云「字又作『刑』」，是也。「法也」一訓，本唐明皇注，當是後人竄入。蓋天子既有德教加於百姓，則此德教自然形見於外，不言四海取法，爲四海取法可知。

〔一〕軍案：「刑」，清經解本改作「形」，非是。阮元孝經注疏校勘記云：「鄭注本『刑』作『形』。此正義本則作『刑』。」

8

鳱即雁字

詩匏有苦葉「雝雝鳴鴈」，鹽鐵論結和引作「雍雍鳴鳱」。

案：大射儀「見鵠於參」，注：「淮南子曰：『鳱鵠知來。』」釋文：「鳱，音干，劉音岸，又音鴈。」說文隹部「雁，鳥也」，鳥部「鴈，鵝也」，二字皆从「厂」聲，「厂」即說文「屵」字。籀文从「干」。故劉昌宗鳱音岸，又音鴈，皆一聲之轉也。葢毛詩古文作「鴈」，三家詩今文作「鳱」，因聲近，故文異。

9

漢注用蒼頡篇

考工記：「攻皮之工，函、鮑、韗、韋、裘。」鄭司農云：「書或爲『鞄』，蒼頡篇有『鞄𠑹』。」又「鮑人之事」，鄭司農云：「蒼頡篇有『鞄𠑹』。」「車人之事，柯欘有半謂之柯」，鄭司農云：「蒼頡篇有『柯欘』。」王伯厚急就章補注序云：「漢藝文志小學十家，蒼頡篇見考工記注者，唯『鞄𠑹』、『柯欘』四字。」〔一〕

案：孝經：「孝無終始，而患不及者，未之有也。」〔二〕正義曰：「蒼頡篇謂『患』爲『禍』，孔、鄭、韋、王之學引之以證此經。」然則漢、魏儒者注孝經，亦引蒼頡篇矣。公羊傳定四年「朋友相衞」，注：「同門曰朋，同志曰友。」解云：「出蒼頡篇。」於王氏所舉四字外又得十字。

孝經正義云「鄭」，謂康成；「孔」，謂安國；「韋」，謂韋昭；「王」，謂王肅。玉海藝文云：「孝經取元行沖疏，約而修之。」邢序自言「剪裁元疏」。今注疏本卷首有「邢昺奉勑校定」字様。然則孝經正義雖經邢氏删改，猶本唐人舊書，非邵武士人孟子疏可比，學者珍之。唐時古今文具存，故元氏得博引爲據。至北宋初，則亡已久矣。

〔一〕軍案：見急就篇補注卷四。

〔二〕軍案：見孝經庶人章。

10

疑然從於趙盾

公羊傳宣六年：「晉靈公欲殺趙盾，召趙盾而食之。趙盾之車右祈彌明者，國之力士也，仡然從乎趙盾而入。」注：「仡然，壯勇貌。」

案：說文：「仡，勇壯也。从人，气聲。周書曰：『仡仡勇夫。』」此何義也。鄉飲酒禮「賓西階上，疑立」，注：「『疑』讀爲『疑然從於趙盾』之『疑』。疑，正立自定之貌。」舊作「疑然立自定之貌」，賈疏引作「正」，鄉射禮疏引同，今據改。據單注舊本，與朱子經傳通解同。士昏禮「婦疑立于席西」，注亦云：「疑，正立自定之貌。」則鄭所據公羊「仡然」作「疑然」，乃「立定之貌」，不取「勇壯」義。蓋嚴顏之異注疏本，改同何本，誤也。鄉射禮「疑立」疏引此注作「疑」。此疏反作「仡」者，蓋因賈引公羊傳，後人因據以私改耳。釋文「疑立，魚乞反，又魚力反」，不爲「仡」字作音，知陸本作「疑然」。

11

捖摩華而睆

檀弓上：「曾子寢疾，病。童子曰：『華而睆，大夫之簀與？』」注：「說者以『睆』爲『刮節目』，字或爲『刮』。」正義曰：「說此『睆』爲刮削木之節目，使其睆睆然好。故詩云『睍睆黄鳥』，〔一〕傳云『睆睆，好貌』，是也。」

又考工記「刮摩之工五」，注：「故書『刮』作『捖』。鄭司農云：『捖摩之工，謂玉工也。「捖」讀爲「刮」，其事亦是也。』」

考說文手部無「捖」字，目部：「睅，大目也。」「睆」即「睅」之重文，義皆不合。惟刀部有「刓」字，云：「剸（說文無「剸」字。玉篇云「削也」，廣韻廿六恒云「圓削」。）也。从刀，元聲。一曰齊也。」二禮當用此字。「摩刮節目」正「齊之」之意。古「元」、「完」同聲，因誤作「睆」，或作「捖」也。鄭司農讀「捖」爲「刮」，意則相近，然未免失其本文。康成引「說者」，蓋即馬融、盧植等義。據云「以『睆』爲『刮節目』」，則經本不作「刮」字；或爲「刮」，蓋因說者改也。鄭司農亦讀「捖」爲「刮」。

釋文引孫炎云：「睆，漆也。」〔二〕案：說文土部：「垸，以桼和灰而髤也。从土，完聲。」則孫叔然讀「睆」爲「垸」，得備一義。

鄭注云：「華，畫也。」若謂畫而又桼，意似複。陸德明云：「睆，明貌。」案：說文以「睆」爲「大目」，與「明」義相近。故大東「睆彼牽牛」，傳云：「睆，明星貌。」孔仲達仍用凱風傳爲說，非是。劉昌宗周禮「捖」音「刮」，〔三〕徐仙民禮記「睆」音「刮」，〔四〕皆依先、後鄭讀也。

〔一〕軍案：見毛詩邶風凱風。

〔二〕軍案：見禮記檀弓上「華而睆」釋文。

〔三〕軍案：周禮冬官考工記「刮摩之工五」，注：「故書『刮』作『捖』。」釋文云：「作捖，劉音刮。」

〔四〕軍案：見禮記檀弓上「華而睆」釋文。

12

在彼穹谷

詩白駒：「皎皎白駒，在彼空谷。」傳：「空，大也。」文選西都賦「幽林穹谷」，李注引「韓詩曰：『皎皎白駒，在彼穹谷。』薛君曰：『穹谷，深谷也』」。陸士衡樂府十七首「俯入穹谷底」，注：「韓詩曰：『在彼穹谷。』」

案：説文：「空，从穴，工聲。」「穹，从穴，弓聲。」考工記「韗人爲臯陶，穹者三之一」，鄭司農云：「『穹』讀爲『志無空邪』之『空』。」是「穹」與「空」聲相近。

毛傳：「宣王之末，不能用賢，賢者有乘白駒而去者。」則「在彼穹谷」正入山惟恐不深意，故下云「毋金玉爾音，而有遐心」，恐其遠遁而去也。

薛夫子章句以「穹谷」爲「深谷」，當矣。説文云「穹，窮也」，亦爲「極深」之義。「空」當讀爲「穹」，毛訓爲「大」，作如字讀，不如韓詩義長。

覸本覵字

士昏禮：「媵御良席在東。」注：「婦人稱夫曰『良』。孟子曰：『將覸良人之所之。』」釋文：「將覸，劉古偏反。今本亦作『見』。」

案：賈疏云：「孟子離婁篇『吾將覸良人之所之』，注：『覸，視也。』彼『覸』爲『視』，亦得爲『見』，故鄭此注爲『見』也。」是賈本作「將見」，故後人校釋文云「今本亦作『見』」。乃注疏本反作「覸」，此又近人依釋文改也。

祭義記「燔燎羶薌，見以蕭光」，又「薦黍稷，羞肝、肺、首、心，見閒以俠甒」，注「見」及「見閒」皆當爲「覸」字之誤也。「燔燎馨香，覸以蕭光」，取牲祭脂也。「覸以俠甒」，謂雜之兩甒醴酒也。正義曰：「覸，謂雜也。」據意皆是「覸雜」之理。觀此可知「覸」字或脱落其半作「見」，或離爲二作「見閒」。儀禮注當從釋文作「覸」。賈疏作「見」，非也。

然説文見部無「覸」字，覞部云：「覵，很視也。从覞，肩聲。齊景公之勇臣有成覵者。」今孟子滕文公上「成覸謂齊景公曰」，與離婁下「覸良人」同字，然則「覸」即「覵」之俗。説文：「覞，並視也。从二見。」「覵」从「覞」，故鄭訓爲「雜」，與説文義合。孟子「將覵良人之所之」者，謂齊人妻將雜並衆人之中，而視其夫所至也。趙氏（衹）〔祇〕訓爲「視」，〔一〕語意未周。

據禮記、孟子皆作「覵」，知漢以來多俗寫。蓋「肩」、「閒」聲同，又省「覸」爲「見」，故作「覸」也。惟鄭注禮記與本訓合。廣韻二十八山：「覵，視皃，古閑切。」「䁥，人名，出孟子齊景公勇臣成䁥，苦閑切。」是分「覵」、「䁥」爲二字矣。陸法言所引孟子，蓋亦本説文。

〔一〕軍案：「衹」當作「祇」。

14

自敗敗他

顔氏家訓音辭云：「江南學士讀左傳，口相傳述，自爲凡例，軍自敗曰『敗』，打破人軍曰『敗』。補敗反。諸記傳未見『補敗反』，徐仙民讀左傳，唯一處有此音，又不言『自敗』、『敗人』之别，此爲穿鑿耳。」

案：經典釋文條例云：「夫質有精麤，謂之『好惡』；竝如字。心有愛憎，稱爲『好惡』。上呼報反，下烏路反。當體即云『名譽』，音預。論情則曰『毀譽』。音餘。及夫『自敗』、蒲邁反。『敗他』蒲敗反。之殊，『自壞』、呼怪反。『壞撤』音怪。之異，此等或近代始分，或古已爲別，相仍積習，有自來矣。余承師説，案：唐書本傳云「受學於周弘正」。皆辯析之。」又郭忠恕佩觿上云：「『國風』如字。之爲『曰風』，去聲。『男女』如字。之爲『女』，尼據翻。于『名譽』去聲。之爲『毁譽』，平聲。大象賦云：「有少微之養寂，無進賢之見譽。參器府之樂肆，犯貫索之刑書。」『自敗』如字。之爲『敗補邁翻。案：已上皆原注。他』，其求意有如此者。」

則「自敗」、「敗他」之有別，與「好惡」、「毁譽」、「名譽」等例同耳。「好惡」、「毁譽」等既有兩讀，則「敗」字亦不當混一。公羊傳宣八年「伐」字亦有長言、短言之別。左傳哀元年「夫先自敗也已」，「敗」當蒲邁反；「安能敗我」，「敗」當蒲敗反。河北學士讀尚書[云]「好生惡殺」，〔一〕皆如字，顔氏嘗以爲不通人情、物體，何於此「敗」字又泥之甚耶？

〔一〕軍案：「讀尚書」下顔氏家訓音辭篇有「云」字，今據補。尚書無「惡殺」語。尚書大禹謨「好生之德，洽于民心」，釋文云：「好，呼報反。」

15

不獻魚鼈

曲禮記：「水潦降，不獻魚鼈。」注：「不饒多也。」正義曰：「天降下水潦，魚鼈難得，故注云『不饒多』也。盧植、庾蔚之等並以爲然。或解鄭云『不饒多』者，以爲水潦降下，魚鼈豐足，不饒益其多。」

案：水潦驟降，魚鼈宜多，注既言不饒益其多，則鄭意當從或解。孔氏以爲「難得」，非鄭旨也。

論衡無形云：「禮曰：『水潦降，不獻魚鼈。』何則？雨水暴下，蟲虵變化，化爲魚鼈。離本真暫變之蟲，臣子謹慎，故不敢獻。」與注意雖異，然以「水潦降」爲「魚鼈益多」則同，且於養生之道、事上之理皆精，漢人之言終勝俗儒也。

16

俗儒好今非古

六朝以前，崇尚舊學，故有「父康成，兄子慎」及「寧道周、孔誤，不言鄭、服非」之謡。

隋、唐易用王弼，書用孔安國，春秋用杜預，論語用何晏，已漸改師法，然猶知推本前儒，不敢自出臆説。

學者謂自劉原父七經小傳出，始好攻毁先師，自名其學。余讀唐書啖助傳，〔一〕知唐之中葉已開其端矣。今録此，俾可考云。

啖助字叔佐，趙州人，後徙關中。淹該經術。天寶末，調臨海尉、丹楊主簿。秩滿，屏居，甘足疏糗。善爲春秋，考三家短長，縫綻漏闕，號集傳，凡十年乃成。復攝其綱條，爲例統。

其言孔子修春秋意，以爲：「夏政忠，忠之敝野；商人承之以敬，敬之敝鬼；周人承之以文，文之敝僿。救僿莫若忠。夫文者，忠之末也。設教於本，其敝且末；設教於末，敝將奈何？武王、周公承商之敝，不得已用之。周公没，莫知所以改，故其敝甚於二代。孔子傷之，曰：『虞、夏之道，寡怨於民；商、周之道，不勝其敝！』故曰：『後代雖有作者，虞帝不可及已。』蓋言唐、虞之化，難行於季世；而夏之忠，當變而致焉。故春秋以權輔用，以誠斷禮，而以忠道原情云。不拘空名，不尚狷介，從宜捄亂，因時黜陟。古語曰：『商變夏，周變商，春秋變周。』而公羊子亦言：『樂道堯、舜之道，以擬後聖。』是知春秋用二帝、三王法，以夏爲本，不壹守周典，明矣。」

又言：「幽、厲雖衰，雅未爲風。逮平王之東，人習餘化，苟有善惡，當以周法正之。故斷自平王之季，以隱公爲始，所以拯薄勉善，救周之敝，革禮之失也。」助愛公、穀二家，以左氏解義多謬，其書乃出於孔氏門人。且論語孔子所引，率前世人老彭、伯夷等，類非同時；而言「左丘明恥之，丘亦恥之」。丘明者，蓋如史佚、遲任者。又左氏傳、國語屬綴不倫，序事乖剌，非一人所爲。蓋左氏集諸國史以釋春秋，後人謂左氏，便傳著丘明，疑當作「便謂左氏傳丘明著」。非也。助之鑿意多此類。

助門人趙匡、陸質，其高弟也。助卒，年四十七。質與其子異哀録助所爲春秋集注總例，請匡損益，質纂會之，號纂例。匡者，字伯循，河東人，歷洋州刺史，質所稱爲「趙夫子」者。

大曆時，助、匡、質以春秋，施士匄以詩，仲子陵、袁彝、韋彤、韋茝以禮，蔡廣成以易，强蒙以論語，皆自名其學，而士匄、子陵最卓異。

士匄，吴人，兼善左氏春秋，以二經教授。繇四門助教爲博士，秩滿當去，諸生封疏乞留，凡十九年，卒于官。弟子共葬之。士匄撰春秋傳，未甚傳。後文宗喜經術，宰相李石因言士匄春秋可讀。帝曰：「朕見之矣，穿鑿之學，徒爲異同。但學者如浚井，得美水而已，何必勞苦旁求，然後爲得邪？」

子陵，蜀人，好古學，舍峨眉山。舉賢良方正，擢太常博士，通后蒼、大小戴禮。有司請正大祖東嚮位，而遷獻、懿二主。子陵議藏主德明、興聖廟，其言典正。後異論紛涸，復爲通難示諸儒，諸儒不能詘。久之，典黔中選補，乘傳過家，西人以爲榮。終司門員外郎。子陵以文義自怡，及亡，其家所存，惟圖書及酒數斛而已。

贊曰：

春秋、詩、易、書，由孔子時師弟子相傳，歷暴秦，不斷如系。至漢興，剗挾書令，則儒者肆然講授，經典寖興。左氏與孔子同時，以魯史附春秋作傳，而公羊高、穀梁赤皆出子夏門人。三家言經，各有回舛，然猶悉本之聖人，其得與失蓋十五，義或繆誤，先儒畏聖人，不敢輒改也。

啖助在唐，名治春秋，摭詘三家，不本所承，自用名學，憑私臆決，尊之曰「孔子意也」，趙、陸從而唱之，遂顯于時。

嗚呼！孔子没乃數千年，助所推著果其意乎？其未可必也。以未可必而必之，則固；持一己之固而倡茲世，則誣。誣與固，君子所不取。助果謂可乎？徒令後生穿鑿詭辨，詬前人，捨成説，而自謂紛紛，助所階已。

據此，知易、詩、禮、春秋、論語，唐人皆自名其學。今啖助書已闕逸，或時見於他説，餘則槩未之聞。而施士匄之春秋，唐帝已斥爲穿鑿之學矣。此可見新説無益，不知而作者之爲妄也。後之人惟當發明舊義，或先儒偶有闕誤者補正之；然已非天授之才，不能而往往喜逞私説，則愚而可憫者也。

琳謂：六經傳注當與六經正文共垂千古，即僞孔、杜預、王弼、何晏皆不能廢。識者審之。新唐書論贊允核之至。〔二〕又孔仲達謂大戴書久逸不傳，此言子陵通「后蒼、大小戴禮」，葢絶學之僅存者也。

〔一〕軍案：見新唐書卷二百儒學傳下。

〔二〕大昕案：宋子京尊信古學，於啖助論推言「穿鑿詭辨」之弊，至爲精確，歐陽公不能及也。或謂宋不如歐，直矮人觀場耳。

17

没階趨進

鄉黨：「没階趨進，翼如也。」釋文作「没階趨」，云：「一本作『没階趍進』，誤也。」〔一〕集注引陸氏曰：「『趨』下本無『進』字。俗本有之，誤。」

案：史記孔子世家作「没階趨進」。儀禮聘禮注引論語同。曲禮「帷薄之外不趨」正義引論語，儀禮士相見禮疏引論語，並有「進」字。〔二〕然則自兩漢以至唐初，皆作「沒階趨進」。「趨進」者，趨前之謂也。「進」字不作「入」字解。舊有此字，非誤；乃陸本無之，俗刻論語竟删去，非是。

〔一〕軍案：黄焯經典釋文彙校云：「趍，宋本同，蜀本作『趨』。」清經解本改「趍」作「趨」，非是。

〔二〕鏞堂謹案：皇疏本亦作「沒階趨進」。

18 海晦也

釋地：「四極、九夷、八狄、七戎、六蠻，謂之『四海』。」曲禮下正義引李巡注云：「四海，遠於四荒，晦冥無形，不可教誨，故云『四海』也。『海』者，晦也，言其晦暗無知。」蓼蕭正義引孫炎注云：「『海』之言『晦』，晦闇於禮儀也。」又釋名釋水云：「海，晦也，主承穢濁，其色黑如晦也。」老子道經釋文：「澹兮其若海，古本、河上(本)作『忽兮若海』，〔一〕嚴遵作『忽兮若晦』。」蓋「海」、「晦」聲相近，故每訓「海」爲「晦」也。

〔一〕軍案：「河上」下老子釋文無「本」字，此當衍，今據删。

19

予一人有兩義

白虎通號篇：「王者自謂『一人』者，謙也，欲言己材能當一人耳。故論語曰：『百姓有過，在予一人。』〔一〕臣下(亦)謂之『一人』何？〔二〕以天下之大，四海之内，所共尊者一人耳。故尚書曰：『不施予一人。』」盤庚上：「不惕予一人。」「施」、「惕」聲相近，此古、今文之異。鄭康成注以上篇是盤庚爲臣時事，則「予一人」爲盤庚目其君之辭，猶云「我天子」耳。「施」讀爲「弛」。

案：孝經：「甫刑[云]：〔三〕『一人有慶。』」唐明皇注：「一人，天子也。」正義曰：「依孔傳也。舊説天子自稱則言『予一人』。『予』，我也。言我雖身處上位，猶是人中之一耳，與人不異，是謙也。若人臣稱之，則(言)惟[言]『一人』。〔四〕言四海之内惟一人，乃爲尊稱也。」與白虎通所言略同，蓋皆漢經師説。

〔一〕軍案：見論語堯曰篇。

〔二〕軍案：「亦」字白虎通無，此當衍，今據删。

〔三〕軍案：「甫刑」下孝經天子章有「云」字，今據補。

〔四〕軍案：「惟言」二字原倒，今據孝經正義乙。

經義雜記卷二十七

武進學生臧琳玉林

1

僕展軨

禮記曲禮：「僕展軨。」注：「展軨具視。」釋文：「軨，歷丁反，一音領。盧云：『車轄頭靼也。』舊云：『車闌也。』」正義曰：「舊解云：『軨，車欄也。』駕竟，僕則從車軨疑衍。左右四面看視之，上至於欄也。盧氏云：『軨，轄頭轊也。』續漢志注引作「車轄頭也」。皇氏謂『軨』是轄頭。盧言是也。一則車行由轄，(一)[二]則欄之。〔一〕『苓』字不作『車』邊爲之。」

案：說文車部：「軨，車轄間橫木。从車，令聲。轜，軨或从靁，司馬相如說。」則「軨」字義當從盧解爲正。據說文，舊解亦得備一義，蓋馬季長說。

〔一〕軍案：「轄」下「一」字，禮記正義作「二」，今據改。

2

唐月令

鄭樵六經奥論云：「今禮記之月令，私本皆用鄭注；監本月令乃唐明皇删定，李林甫所注。端拱中，李至判國子監，嘗請復古文本。以朝廷祭祀儀制等多本唐注，故至今不能改。」

案：唐書藝文志：「御刊定禮記月令一卷。集賢院學士李林甫、陳希烈、徐安貞，直學士劉光謙、齊光乂、陸善經，脩撰官史元晏，待制官梁令瓚等注解。自第五易爲第一。」〔一〕開成石經禮記月令用明皇刊定本爲第一，以曲禮爲第二。朱子儀禮經傳通解載禮記月令，亦以唐月令附注。據鄭漁仲語，知宋時國子監禮記尚用唐改本；惟私家用鄭注本耳，未審何時改復。

〔一〕軍案：「集賢」至「第一」，乃新唐書藝文志一原注。

3

服杜解左之誤

左傳昭廿七年：「吴子欲因楚喪而伐之，使公子掩餘、公子燭庸帥師圍潛。」賈逵注云：「二公子皆吳王僚之弟。」見正義及史記集解。「使延州來季子聘于上國。左尹郤宛、工尹壽帥師至于潛，吳師不能退。公子光曰：『此時也，弗可失也！』告鱄設諸曰：『上國有言曰：「不索何獲？」我，王嗣也。吾欲求之。』」杜注：「光，吳王諸樊子也，故曰『我王嗣』。」案：史記吳大伯世家云：「四年，王餘昧卒，欲授弟季札。季札讓，逃去。於是吳人曰：『先王有命，兄卒弟代立，必致季子。季子今逃位，則王餘昧後立。今卒，其子當代。』乃立王餘昧之子僚爲王。公子光者，王諸樊之子也，常以爲：『吾父兄弟四人，當傳至季子。季子即不受國，光父先立；即不傳季子，光當立。』」據此，則光爲諸樊子，僚爲夷昧子。杜本史記，是也。正義引「服虔云：『夷昧生光而廢之。僚者，夷昧之庶兄。夷昧卒，僚代立。故光曰：「我，王嗣也。」（此）〔是〕用公羊〔爲〕說也』」。〔一〕案：公羊傳襄廿九年云：「夷昧死，則國宜之季子者也。季子使而亡焉。僚者，長庶也。」則以僚爲夷昧之庶兄者，本公羊傳，但不及史記之可據耳。又：「闔廬曰：『先君之所以不與子國而與弟者，凡爲季子故也。從先君命，則國宜季子；如不從，則我宜立。』」何注：「闔廬，謁之長子光。」是公羊亦以光爲諸樊子，與史記及杜氏合。服云「夷昧生光」，非是。「『事若克，季子雖至，不吾廢也。』鱄設諸曰：『王可弒也。母老、子弱，是無若我何。』」杜注：「猶言『我無若是何』，欲以老、弱託光。」正義曰：「恐己死後不能存立，欲以老、弱託光也。彭仲博云：『當言「是無我若何」。我母無我，當如何？「我」字當在「若」上。』」史記吳大伯世家集解引「服虔曰：『母老、子弱，專諸託其母、子於光也。』王肅曰：『專諸言王母老、子弱也』」。

案：刺客列傳：〔二〕「公子光謂專諸曰：『此時不可失，不求何獲？』專諸曰：『王僚可殺也。母老、子弱，而兩弟吳世家作「兩公子」。將兵伐楚，楚絶其後。方今吳外困於楚，而內空無骨鯁之臣，是無如我何。』吳世家作「是無柰我何」。公子光頓首曰：『光之身，子之身也！』」

索隱曰：「『母老、子弱』，是專諸度僚可殺，言其少援助，故云『無柰我何』。太史公採其意，且據上文，因復加以『兩弟將兵［外］困』之辭。〔三〕而服虔、杜預見左氏下文云『我，爾身也』，『以其子爲卿』，遂彊解『是無如我何』，『猶言「我無若是何」』，謂專諸欲以老、弱託光』，義非允愜。」

案：光曰「我，爾身也」，乃是聞專諸之辭而深喜求助之言，謂光身即子身，光惟子是賴矣。服、杜用彭仲博説，以爲專諸之母老、子弱，誤也。惟王肅義與史記合。此條從王肅。

〔一〕軍案：左傳孔疏「此」作「是」，「説」上有「爲」字，今據改補。

〔二〕軍案：見史記刺客列傳。

〔三〕軍案：「兵」下史記索隱有「外」字，今據補。

4

俗本詩集傳

漢廣：「南有喬木，不可休息。」集傳云：「吴氏曰：『韓詩作「思」。』」見韓詩外傳卷一。今本誤改爲「息」。詩考載外傳不誤。俗本删此七字。

案：王伯厚詩考序云：「朱文公集傳『不可休思』，從韓詩。」本此。常棣「外禦其務」，集傳云：「春秋傳作『侮』，罔甫反。」既引其文，即從其義，故下云「有外侮，則同心禦之」。乃今本改云「音侮」，删「春秋傳」等八字。四月「爰其適歸」，集傳於「爰」下注云「家語作『奚』」，故下云「奚，何」也。乃今删「家語作『奚』」四字，而改「爰」爲「奚」。

案：毛詩「爰其適歸」，箋云：「爰，曰也。」文選潘安仁關中詩注引韓詩「亂離斯莫，爰其適歸」。説苑政理亦作「爰」。惟家語辯政作「奚」，必王肅私改以異鄭。朱子不覺其非，故誤從之。然雖用其義，尚未改其文。若如今本竟作「奚」，使未見集傳原本者，能不致疑於朱子乎？

假樂「假樂君子」，集傳云：「中庸、春秋傳皆作『嘉』。今當作『嘉』。」俗本但作「音嘉」二字。以及「何彼襛矣」之作「穠」，「終然允臧」之作「焉」，「遠兄弟父母」之作「遠父母兄弟」，「羊牛下括」之作「牛羊不能」，「辰夜」之作「晨」，「碩大且篤」之作「實」，「不可畏也」之作「亦」，「胡然厲矣」之作「爲」，「朔月辛卯」之作「日」，「家伯維宰」之作「冢」，「如彼泉流」之作「流泉」，小旻、抑同。「降予卿士」之作「于」：凡此，余初以爲朱子之誤，後考之有年，獲見宋元板集傳，知並俗本刪改之失也。

5

九達謂之逵

釋宮：「九達謂之『逵』。」郭注：「四道交出，復有旁通。」釋文：「逵，本或作『馗』，字林云：『與「逵」同。』」

詩「施于中逵」，傳：「逵，九達之道。」正義曰：「莊二十八年左傳：『楚伐鄭，入自純門，及逵市。』杜預云：『逵，並九軌。』案：周禮『經(塗)[涂]九軌』，〔一〕不名曰『逵』。杜意鄭城内不應有九出之道，故以爲『並九軌』，於爾雅則不合也。」

又春秋正義曰：隱(廿)[十]一年。〔二〕「説爾雅者，皆以爲『四道交出，復有旁通』。」是可驗舍人、樊光、孫炎之徒皆同斯説，故郭氏本之。

説文九部：「馗，九達道也。似龜背，故謂之『馗』。从九，从首。逵，馗或从辵，从逵。」釋名釋道：「九達曰逵。齊、魯謂道多爲『逵』，師此形然也。」又文選注見十一，又二十，又二十七。引「韓詩：『施于中馗。』薛君章句曰：『中馗，馗中九交之道也。』」。諸儒義皆用爾雅。

左傳隱十一年、桓十四年「及大逵」，莊廿八年「及逵市」，宣十二年「至于逵路」，杜注皆以爲「道方九軌」，[三]用周禮以易爾雅，與先儒相乖。劉光伯規杜，以「逵」爲「九道交出」，謂「國國皆有逵道」，其説當矣。孔仲達言「李巡注爾雅，亦取『並軌』之義」，與上劉説皆見春秋正義隱十一年。單文未足證也。

依説文，則正作「馗」，重文作「逵」。韓詩作「馗」，爲正字。據釋宮釋文，知爾雅亦作「馗」。初學記載爾雅注「逵，一曰馗」，與許書合。

〔一〕軍案：「塗」，毛詩正義作「涂」，今據改。周禮冬官匠人職云：「匠人營國，國中九經九緯，經涂九軌。」鄭注云：「經緯之涂，皆容方九軌。」釋文云：「涂，音塗。」

〔二〕軍案：「廿」，清經解本改作「十」，是也，今據改。

〔三〕軍案：隱十一年左傳孔疏云：「涂方九軌，天子之制，諸侯之國不得皆有。唯鄭城之内獨有其涂，故傳於鄭國每言『逵』也。故桓十四年『焚渠門，入及大逵』，莊二十八年『衆車入自純門，及逵市』，宣十二年『入自皇門，至于逵路』。劉君以爲『國國皆有逵道』，以規杜氏，其義非也。」

6

鳥夷皮服

禹貢冀州：「島夷皮服。」孔傳：「海曲謂之『島』。」正義曰：「孔讀『鳥』爲『島』。鄭玄云：『鳥夷，東方之民，搏食鳥獸者也。』王肅云：『鳥夷，東北夷國名也。』與孔不同。」據此，知鄭、王本皆作「鳥夷」。孔傳雖讀「鳥」爲「島」，然未改經字，故正義本亦作「鳥」也。

又史記夏本紀冀州作「鳥夷」，集解引鄭注云：「東北之民，賦食鳥獸者。」揚州作「島夷」，張守節正義同。〔一〕蓋因集解采孔傳，後人遂私改。漢書地理志冀州、揚州皆作「鳥夷」。師古於冀州注云：「此東北之夷，搏取鳥獸，食其肉而衣其皮也。一説居在海曲，被服容止皆象鳥也。」於揚州注云：「東南之夷，善捕鳥者也。」是可知今書作「島」爲誤矣。

釋文引馬融作「島」，必非原本，馬氏當與鄭、王同。羣經音辨鳥部云：「鳥，海曲也，當老切。書『鳥夷』。」是北宋孔傳尚作「鳥」字。〔二〕

〔一〕軍案：「同」，清經解本誤作「曰」。

〔二〕大昕案：後漢書度尚傳「椎髻鳥語之人」，章懷注引「書曰：『鳥夷卉服』」，今本改「鳥」爲「島」。

7

說文獮字

說文犬部云：「⿰犭璽，秋田也。从犬，璽聲。⿰豕示，⿰犭璽或从豕。宗廟之田也，故从豕、示。」示部新附云：「禰，親廟也。从示，爾聲。一本云『古文⿰礻璽』也。」徐鍇本以「禰」爲說文本字，注云：「秋畋也。从示，爾聲。獵者所以爲宗廟之事[也]。〔一〕左傳曰：『鳥獸之肉，不登(于)[於]俎，則君不射。』〔二〕故从示。又祖禰也。」

案：爾雅釋天釋文云：「獮，息淺反。說文從『⿱爾⿰糸虫』；或作『禰』，从『示』。」又玉篇犬部：「⿰犭蠒，思當作「息」。淺切。秋曰⿰犭璽，殺也。亦作『禰』。獮，同上。」則知「秋獵」字以从「犬」、从「⿱爾⿰糸虫」爲正。玉篇从「蠒」，即「⿱爾⿰糸虫」之駮文。說文糸部有「⿱爾⿰糸虫」，注云：「蠶衣也。从糸，从虫，芇省。古典切。」虫部無「蠒」，是當以爾雅釋文爲正。今徐鼎臣本从「犬」、从「璽」，不可從。玉篇云：「⿰犭蠒，亦作『禰』。」陸德明引說文云「或作『禰』，从『示』」，知許書本有重文从

「示」字。但大徐本既以「𤢺」爲「獮」，因改「禰」爲「禰」。小徐本於犬部移入示部，尚未易其訓。大徐又改爲示部新附字，則益失之矣。

犬部「⿰礻豕，𤢺或从豕。宗廟之田也，故从豕、示」，當爲「禰，獮或从示。宗廟之田也，故从示」，方合。或説文本有「⿰礻豕」字，而注有誤，亦未可知。

〔一〕軍案：「事」下，徐鍇説文繫傳有「也」字，今據補。

〔二〕軍案：「于」，隱五年左傳、説文繫傳皆作「於」，今據改。

8

用寶珪沈于河

左傳昭廿四年：「冬，十月癸酉，王子朝用成周之寶珪于河。」釋文：「本或作『沈于河』。沈，直蔭反，又如字。」

案：漢書五行志中上云：「王子鼂吕成周之寶圭湛于河，幾吕獲神助。」師古注：「(『湛』讀曰『沈』。)爾雅[曰]：『祭川曰浮沈。』[『湛』讀曰『沈』。]」〔一〕與陸氏所見本正合。依漢志，古文「沈」作「湛」。顔讀爲「沈」，是也。杜注云「禱河求福」，與師古引爾雅義同。然則「沈」字當有。

志又云：「甲戌，津人得之傳作「諸」。河上，陰不佞取將賣之，則爲石。是時，王子鼂篡天子位，萬民不鄉，號令不從，故有玉變。近白祥也。癸酉入而甲戌出，神不享之驗云。玉化爲石，貴將爲賤也。後二年，子鼂犇楚而死。」

〔一〕軍案：漢書師古注「『湛』讀曰『沈』」四字在「浮沈」下，「爾雅」下有「曰」字，今據改補。

9

香合香其

曲禮記下：「黍曰薌合，粱曰薌萁。」釋文：「薌，音香。」正義曰：「氣息香。」大祝疏云：「言此粱香可祭云。」

案：説文無「薌」字。玉篇艸部：「薌，許良切，穀氣；亦作『香』。」又荀子非相「芬薌以送之」，史記滑稽傳「微聞薌澤」，義並作「香」，則「薌」即「香」之俗也。

説文：「香，芳也。从黍，从甘。春秋傳曰：『黍稷馨香。』」「薌合」、「薌萁」正宜用此「香」字。徐鉉新附「薌」字於艸部，訓爲「穀氣」，誤也。〔一〕

「萁」字説文以爲「豆莖」，義不合。釋文云：「字又作『箕』。」説文：「箕，簸也。𠀠，籀文箕。」經傳皆通用「其」爲語辭。今注云「萁，辭也」，知本作「香萁」也。

釋文：「萁，音基，王音期。期，時也。」正義曰：「穀秫曰黍。秫軟而相合，氣息又香，故曰『薌合』。」則「合」既有義，「萁」不宜獨爲語辭。且稱「薌」，黍、粱並同，若「萁」爲語辭，「粱」無定名矣。古聲「其」、「期」同，王肅訓「時」，足備一義。存此以見不偏袒於鄭氏。正義采王説，而不録此條者，因與鄭異耳。周禮大祝釋文：「香萁，音基。」儀禮士虞禮釋文：「香合，本又作『薌』，音同。」

〔一〕鏞堂謹案：士虞禮「香合」，賈疏曰：「下曲禮云：『黍曰香合，粱曰香箕。』」禮記内則「膳膏薌」，周禮庖人作「膳膏香」。

10

孫王改讀

檀弓：「喪三年，以爲極亡。」注：「去已久遠而除其喪，則勿之忘矣。」注「則」之言「曾」。釋文：「以爲極亡，王以『極』字絶句，『亡』作『忘』，向下讀；孫依鄭作『亡』，而如王分句。」

案注義，「亡」字當上屬，「極」字略讀。孫叔然受學鄭之門人，而如王分句，誤矣。若王肅改爲「忘」，則「弗之忘」更不成文理。可知鄭之離經爲最當，後學所當遵守而不輕改焉者。

11

麕牝曰麌

詩吉日：「麀鹿麌麌。」箋云：「麕牡曰麌。」

案：正義曰：「釋獸云：『麕：牡麜，牝麌。』舊本「麜」、「麌」字互倒，是近人依今本爾雅改。今據下文乙正。是『麕牝曰麌』也。郭璞引詩曰：『麀鹿麌麌。』鄭康成解即謂此也，但重言耳。音義曰：『麕，或作「麏」，或作「麇」。』是爲『麇牡曰麌』也。」則鄭箋所用爾雅，與郭本不同。詩釋文云「麕牡，下音茂」，誤同郭本矣。今注疏本作「牡」，是依釋文改也。

玉篇鹿部：「麌，牝鹿也。」「麜」又云「牝麕」，誤。廣韻十一模：「麌，牝麕也。」五質又同郭本。皆與詩箋合。羣經音辨卷七云：「鄭以『麀』，鹿牝也；『麌』，麕牝也，謂『祁』當作『麎』。『麎』，麋牝也。」所見鄭箋猶未誤。

12

潛糝也

詩潛：「潛有多魚。」傳：「潛，糝也。」正義曰：「釋器云：『槮謂之涔。』李巡曰：『今以木投水中養魚曰涔。』孫炎曰：『積柴養魚曰槮。』郭璞曰：『今之作「槮」者，聚積柴木於水中，魚得寒入其裏藏隱，因以簿圍捕取之。』『槮』字諸家本作『米』邊；爾雅作『木』邊，『積柴』之義也。」

然則「槮」用「木」，不用「米」，當從「木」爲正也。釋文：「糝，舊詩傳及爾雅本並作『米』傍『參』。小爾雅云：『魚之所息謂之橬。橬，槮舊譌「糝」。今據爾雅釋文改正。也。』謂積柴水中，令魚依之止息，因而取之也。郭景純因改爾雅，從小爾雅作『木』旁『參』。」案：釋器釋文亦云：「爾雅舊文并詩傳並『米』旁作。」〔一〕然則正義謂「爾雅作『木』邊」者，特據郭改本耳。然毛詩傳爲先秦古書，與爾雅舊經正合。古文多假借，豈可以偏旁拘之？

小爾雅見孔叢子，乃漢魏人所作。郭氏據以追改爾雅，誤矣。且小爾雅「橬」字，爾雅作「涔」，毛詩作「潛」，亦可據小爾雅改乎？

太平御覽八百卅四引「犍爲舍人曰：『以米投水中養魚爲涔』」。此「糝」字从「米」之證。詩正義引李巡作「以木投水」，字之誤也。如本作「木」，當如孫、郭注言「積聚柴木」，不得云「以投水中」也。說文米部：「糂，以米和羹也。一曰粒也。从米，甚聲。䊉，籀文糂，从朁。糝，古文糂，从參。」與毛詩傳合。

〔一〕軍案：「作」，清經解本作「參」，疑涉毛詩釋文而誤。

13

爲其拜而蓌拜

曲禮記：「介者不拜，爲其拜而蓌拜。」注：「蓌則失容節。蓌，猶『詐』也。」釋文：「蓌拜，子卧反，又側嫁反，詐也，挫也。沈租嫁反，又子猥反。盧本作『蹲』。」正義曰：「蓌，挫也。戎容暨暨，著甲而屈拜，則挫損其戎威之容也。一云：『蓌，詐也。言著鎧而拜，形儀不足，似詐也。』」

案：「蓌」字不知所从。玉篇夊部作「夎」，云「亦作『蓌』」，引禮記「無蓌拜」。此誤引。廣韻卅九過云：「夎，經典作『蓌』。」考「夎」、「蓌」皆說文所無。徐鉉新附「夎」字于夊部，以爲「从夊，坐聲」，與篇、韻合。

又盧侍中本作「蹲」。説文足部云：「蹲，踞也。从足，尊聲。」「拜而蹲」，拜者以甲鎧在身，不能折腰，故欲拜，如夷踞然，與鄭注「詐也」一説合。「夎」蓋「蹲」之俗。説文：「夊，行遲曳夊，夊象人兩脛有所躧也。楚危切。」此字从「坐」、从「夊」，當爲會意字。欲拜而不能下，但兩足履地，其狀如坐然，〔一〕故云「猶『詐』」矣。

〔一〕鏞堂謹案：廣韻廿三魂：「蹲，坐也。」

14 易爲智力

禮記中庸：「明乎郊社之禮、禘嘗之義，治國其如示諸掌乎！」注：「『示』讀如『寘諸河干』之『寘』。寘，置也。物而在掌中，易爲知力者也。」釋文：「知力，音智，本亦無『力』字。」

案：「易爲知力」，言易用智力治之也。若無「力」字，則「知」當如字，言「易爲知識」，其義淺矣。正義曰：「治理其國，其事爲易，猶如置物於掌中。」似孔本亦有「力」字。

15

狾狗

左傳襄十七年：「宋人逐瘈狗，瘈狗入於華臣氏。」釋文：「瘈狗，徐居世反，一音制；字林作『狾』，九世反，云『狂犬也』。」

案：說文疒部無「瘈」字，犬部：「狾，狂犬也。从犬，折聲。春秋傳曰：『狾犬入華臣氏之門。』」論衡感類云「瘈狗入華臣之門」，與說文同有「之門」字。狂，狾犬也。从犬，㞷聲。」然則左氏古文本作「狾瘈」，與「狾」聲相近，俗字也。字林即本說文。漢書五行志載左傳亦作「狾狗」，葢據西漢儒傳授之本，故與許合。淮南子十三「則因猘狗之驚，以殺子陽」，高注云：「國人逐猘狗以亂擾。」〔一〕

〔一〕軍案：見淮南子卷十三氾論訓。

16

先生如羍

詩生民：「先生如達。」傳：「達，生也。姜嫄之子，先生者也。」箋云：「達，羊子也。生如達之生，言易也。」

案：說文羊部：「羍，小羊也。从羊，大聲。讀若『達』。𦍒，羍或省。」據鄭箋，知「達」本作「羍」。詩釋文、正義引說文皆同。「達」爲說文「㒓達」字，因「羍」讀若「達」，故毛詩以同聲字借用。

初學記獸部引說文曰：「羍，七月生羔也。他達切。」說文以「羜」爲「五月生羔」，「䍮」爲「六月生羔」，「羍」字列二字之下，是當從初學記所引爲「七月生羔」。「先生如羍」，謂后稷如羍之七月生也。上文「誕彌厥月」，言無待滿其月也。以未滿十月而生，懼其難育，故下言「不坼不副，無菑無害」，以美異之。如箋言「終人道十月而生」，是未足爲異矣。正義釋傳，謂「生易如達羊之生，但傳文略，非訓『達』爲『生』」，則沈重讀「毛如字」非也。〔一〕

〔一〕軍案：段注說文「羍，小羊也」云：「『羊』當作『羔』，字之誤也。『羜』、『䍮』皆曰『羔』；『羍』又小於羔，是初生羔也。薛綜荅韋昭云：『羊子初生名「達」，小名「羔」，未成羊曰「羜」，大曰「羊」，長幼之異名。』初學記引『羍，七月生羔也』，藝文類聚引『七月生羊也』，與陸德明、孔穎達所據不同，似未可信。按：生民『誕彌厥月，先生如達』，毛曰：『達生也。姜嫄之子，先生者也。』此不可通，當是經文作『羍』，傳云『羍，達也。先生，姜嫄之子先生者也』。達，他達切，即『滑達』字。凡生子，始生較難。后稷爲姜嫄始生子，乃如達出之易，故曰『先生如羍』。先釋『羍』、後釋『先生』者，欲文義顯箸，文法與白華傳先釋『煁』、後釋『桑薪』正同。鄭箋如字訓爲『羊子』，云『如羊子之生』，媟矣；尊祖之詩，似不應若是。且畕類之生，無不易者，何獨取乎羊？尋箋不云『「達」讀爲「羍」』，則知毛詩本作『羍』。毛以『達』訓『羍』，謂『羍』爲『達』之假借也。凡故訓傳之通例如此。用毛説改經、改傳、改箋，使文義皆不可通，則淺人之過而已。」

17 告之詁言

抑「慎爾出話」，傳：「話，善言也。」又「告之話言」，傳：「話言，古之善言也。」釋文：「告之話言，説文作『詁』，云：『詁，故言也。』」

案：説文：「䛡，合會善言也。从言，昏聲。譮，籀文䛡，从會。」又：「詁，訓故言也。从言，古聲。」然則「出話」之「話」當从「昏」聲；从昏、从會，故訓爲「會合」，會合所以善也。「話言」之「話」當(從)[从]「古」聲；(一)从古，故云「故言」，又云「古之善言」。毛傳、説文義甚分明。

釋詁：「話，言也。」舍人曰：「話，政之善言也。」孫炎曰：「話，善之言也。」皆見立政正義。郭璞注：「詩曰：『愼爾出話。』」盤庚中「乃話民之弗率」，孔傳：「話，善言。」立政「自一話一言」，傳以「話」爲「善」。左傳文六年「著之話言」，杜注：「話，善言也。」此並（從）［从］「𦧇」訓「善」之證。〔二〕

若爾雅釋詁、毛詩詁訓傳及抑「告之詁言」，並从「古」聲。釋文作「話」，音「户快反」，則唐以前此經已亂矣。猶幸有「説文作『詁』」四字，使後人知許叔重引詩本作「告之詁言」。乃今説文「詁」下不引詩，而有「詩曰詁訓」四字，「語」下引「傳曰：『告之話言』」，此明是唐人據其時詩本竄改。〔三〕

何以明之？烝民「古訓是式」，傳：「古，故。訓，道。」箋云：「先王之遺典。」説文每與毛傳合；如今本所引，則以「今古」之「古」爲「詁訓」之「詁」矣。小徐本説文無「曰」字，直作「詩詁訓」三字，亦不成文。左傳「著之話言」，注：「爲作善言遺戒。」杜以傳文是「著」，故云「遺戒」。下文別有「告之訓典」，方作「告」字，則「話」下不當引「告之話言」也。此蓋後人見詩不作「詁」字，而左傳有「著之話言」，疑此或其駁文，遂改「詩」作「傳」，改「詁」作「話」，移入「話」字下，而「詁」下別撰「詩詁訓」以實之，故與釋文引説文及烝民傳、文六年傳皆牴牾。

〔一〕軍案：「從」當作「从」。

〔二〕軍案：「從」當作「从」。

〔三〕軍案：「傳曰告之話言」，段注說文「話」字云：「此當作『春秋傳曰「箸之話言」』，見文六年左氏傳。淺人但知抑詩，故改之，删『春秋』字，妄擬詩可稱『傳』也。抑詩作『告之話言』，於『詁』下稱之，又妄改爲『詩曰詁訓』。」

18

柏黃腸松黃腸

方相氏注：「天子之椁，柏黃腸爲裏，而表以石焉。」釋曰：「引漢法爲證。檀弓：『天子柏椁以端，長六尺。』言『柏椁』，則亦取柏之心黃腸爲椁之裏，故漢依而用之。」又喪大記：「君松椁，大夫柏椁。」正義曰：「『君松椁』者，『君』，諸侯也。盧云：『以松黃腸爲椁。』庾云：『黃腸，松心也。』『大夫柏椁』者，以柏爲椁，不用黃腸，下天子也。」案：盧、鄭禮注有「柏黃腸」、「松黃腸」之文，賈氏以爲本之漢法，而未詳所本。

今考漢書霍光傳：「光薨，賜便房、黃腸題湊各一具。」注：「蘇林曰：『以柏木黃心致累棺外，故曰黃腸。木頭皆内向，故曰題湊。』如淳曰：『漢儀注：天子梓宮，次楩椁，柏黃腸題湊。』」又續漢書禮儀志下：「治黃腸題湊、便房如禮。」劉昭注補引漢舊儀曰：「梓棺，柏黃腸題湊。」此皆盧、鄭所本也。檀弓下「柏椁以端」，注：「以端題湊也。」

19

隕霜不殺草

漢志中下云：〔一〕「僖公三十三年『十二月，隕霜不殺草』。劉歆以爲：〔二〕『草妖也。』劉向以爲：『今十月，周十二月。於易，五爲天位、爲君位。〔三〕九月陰氣至，五通於天位，其卦爲剥，剥落萬物，始大殺矣；明陰從陽命，臣受君令而後殺也。今十月隕霜而不能殺草，此君誅不行，舒緩之應也。是時，公子遂顓權，〔四〕三桓始世官。〔五〕天戒若曰：「自此之後，將皆爲亂矣！」文公不寤。其後，遂殺子赤，三家逐昭公。』〔六〕董仲舒指略同。京房易傳曰：『臣有緩，茲謂不順，厥異霜不殺也。』」

何注公羊云：〔七〕「周之十二月，夏之十月也。易中孚記曰：『陰假陽威之應也。早賈霜而不殺萬物，至當賈霜之時，根生之物復榮不死；斯陽假與陰威，陰威列索，故陽自賈霜而反不能殺也。』此禄去公室，政在公子遂之應也。」范解穀梁，引京房易傳曰：「君假與臣權，隕霜不殺草。」

何、范義與董、劉合。劉、何皆云「周十二月，今十月」。杜注左氏，以長歷校經「十二月」爲誤，云「十一月，今九月」，與先儒異。

〔一〕軍案：見漢書五行志中之下。

〔二〕軍案：「㠯」，清經解本作「以」，非是。

〔三〕軍案：王先謙漢書補注云：「錢大昭曰：『閩本無下「爲」字。』朱一新曰：『汪本無下「爲」字。』」

〔四〕軍案：師古曰：「公子遂，莊公之子，即東門襄仲也，時爲卿，專執國政也。」

〔五〕軍案：師古曰：「謂父子相繼爲卿也。」

〔六〕軍案：「遂殺子赤」，事見文十八年公羊傳。「三家逐昭公」，事見昭二十五年左傳。

〔七〕軍案：見僖三十三年公羊傳何注。

20

不明爾德四句

蕩：「不明爾德，時無背無側。爾德不明，以無陪無卿。」漢志引作「爾德不明，㠯亡陪亡卿。不明爾德，㠯亡背亡仄」。〔一〕

案：上文「女炰烋于中國，斂怨以爲德」，「國」、「德」與「德」、「側」韻。漢志以「不明爾德」二句在下，中間「明」、「卿」二韻，收合仍與起韻相應，較今本似得之。晉書五行志中正同，當本班書也。今本「時」字疑誤。王伯厚詩考載韓詩外傳亦作「以無陪無側」，近本多改同毛詩。

又「時無背無側」，〔二〕傳：「背無臣，側無人也。」箋云：「無臣、無人，謂賢者不用。」漢志引此詩，而釋之曰：「言上不明，暗昧蔽惑，則不能知善惡；親近習，長同類，亡功者受賞，有罪者不殺，百官廢亂，失在舒緩。」師古曰：「言不別善惡，有逆背傾仄者，有堪爲卿大夫者，皆不知之也。」此説較毛、鄭爲勝。

如傳、箋，則二句皆言無賢人。如漢志，則以「無背無側」爲不知反側小人，以「無陪無卿」爲不知卿大夫君子。「女炰烋于中國」者，德之不明也。「斂怨以爲德」，斂聚羣不逞作怨之人，謂之有德而任用之。二語用鄭箋。此所謂「不別善惡」也。

〔一〕軍案：見漢書五行志中之下。

〔二〕軍案：「時」，清經解本誤作「詩」。

21

好是家嗇

桑柔：「好是稼穡。」釋文：「家，王申毛音駕，謂耕稼也。鄭作『家』，謂居家也。下句『家穡惟寶』同。穡，本亦作『嗇』，音色。王申毛謂收穡也。鄭云：『吝嗇也。』尋鄭『家嗇』

二字本皆無『禾』者，下『稼穡卒痒』始從『禾』。」

案：鄭箋「民有肅心，荓云不逮。好是稼穡，力民代食」云：「王爲政，民有進於善道之心，當任用之；反卻退之，使不及門。但好任用是居家吝嗇於聚斂作力之人，令代賢者處位食禄。」箋「稼穡維寶，代食維好」云：「此言王不尚賢，但貴吝嗇之人與愛代食者而已。」又箋「稼穡卒痒」云：「耕種曰稼，收斂曰穡。」然則「好是稼穡」、「稼穡維寶」鄭作「家嗇」，不與下「稼穡卒痒」同。陸氏之言是也。釋文「稼」作「家」，「穡」从「禾」，然云「本亦作『嗇』」，可見舊本皆作「嗇」矣。

正義云：「箋不言『「稼」當爲「家」』，則所授之本先作『家』字也。」則孔本已作「稼」矣，故引「王肅云：『當好知稼穡之艱難』」，又引「云：『能知稼穡之事，唯國寶也』」。孔以爲傳意當然，故釋傳用王肅説。然正義所用毛詩，則鄭箋本，非王肅本也。今反從肅説，以改鄭義，并易其經字，不審甚矣。

且釋文云「家，王申毛音駕」，疑肅雖以「家嗇」爲「稼穡」，尚未敢遽改經字，殆後人又因肅義而改耳。琳向謂孔氏學識往往出陸氏下，此條尤可證云。

賈昌朝羣經音辨卷三：「家，種也，音嫁。詩『好是家穡』，今文作『稼』。」此據釋文也。

22

僮童字今反用

説文辛部：「童，男有辠曰奴，奴曰童，女曰妾。从辛，重省聲。」〔一〕人部：「僮，未冠也。从人，童聲。」據此，知「童子」字當作「僮」，「僮僕」字當作「童」，今多反用之。

案：曲禮下：「夫人自稱於其君曰小童。」注：「小童，若云未成人也。」釋文：「童，本或作『僮』。」則經典不誤，特寫者相承亂之耳。

〔一〕軍案：段注云：「今人『童僕』字作『僮』，以此爲『僮子』字，葢經典皆漢以後所改。」

經義雜記卷二十八

武進學生臧琳玉林

1

盧子幹行略

范氏後漢書盧植傳載子幹言行疎略。後漢書靈帝紀：「中平元年，詔盧植破黄巾，圍張角於廣宗。宦官誣奏植，抵罪。遣中郎將董卓攻張角，不剋。」晉袁宏後漢紀孝靈紀下所載較詳，足補范史之闕。今録，爲景仰者有考云。

靈帝中和六年，九月甲戌，董卓大會羣臣于崇德殿。卓曰：「大者天地，其次君臣，所以爲治也。今皇帝闇弱，不可奉宗廟，爲天下主。今欲依伊尹、霍光故事，立陳留王，何如？」公卿已下，皆惶恐不敢對。盧植對曰：「按尚書，大甲既立不明，伊尹放之桐宫。又昌邑王立二十七日，罪過千條，是以霍光廢之。今上富於春秋，行未有失，此非前事之比也。」卓大怒，欲誅植，議郎彭伯諫曰：「盧尚書海内大儒，天下之望也。今先害之，恐天下震怖。」卓乃止。是日，卓脅太后與羣臣廢帝爲弘農王。盧植稱病而退，從近關出。卓遣人殺之，不及。隱於上谷，數年後疾卒。水經濕餘水注引續漢書曰：「尚書盧植隱上谷軍都山。」

植字子幹，涿人也。師事扶風馬融，與北海鄭玄友善。所學不守章句，皆研精其旨。身長八尺二寸，剛毅多大節，常喟然有濟世之志，不苟合取容，言論切直，不好文辭，飲酒至一石而不亂。融妃后家絲竹歌舞者不絕於前，植侍坐數年，目未嘗一眄，融以是尤敬異之。學終辭歸，闔門教授，不應州郡之命。建寧中，徵爲博士，補九江、廬江太守，爲政務在清淨，弘大體而已。病去官，徵拜議郎，與蔡邕、楊彪等並在東觀，補續漢紀。植將終，勑其子斂具單衣，葬以土穴。其子從之。

2

聲如腐脃之脃

周禮小宗伯：「卜葬兆，甫竁，亦如之。」注：「兆，墓塋域。甫，始也。鄭大夫讀『竁』皆爲『穿』，杜子春讀『竁』爲『毳』，皆謂葬穿壙也。今南陽名『穿地』爲『竁』，聲如『腐脃』之『脺』。」〔一〕

釋文：「腐脃之脃，七歲反。舊作『脺』，誤。劉清劣反，或倉没反。字書無此字，但有『臎』字，音千劣反。今注本或有作『臎』字者，則與劉音爲協。沈云：『字林有「脺」，音卒。「脺」者，牛羊脂；「臎」者，耎易破，恐字誤。』案：如沈解，義則可通，聲恐未協。『脺』已下，皆非鄭義。」

琳以説文肉部：「脃，小耎易斷也。从肉，从絶省。此芮切。臎，耎易破也。从肉，毳聲。」七絶切。據注云「皆謂葬穿壙也。南陽（人）名『穿地』爲『竁』」，〔二〕其義當用「易破」字，但釋文定從「脃」字，「易斷」、「易破」義得相通。

陸云「今注本或有作『臎』字者」，知故作「脃」字。作「臎」者，葢後人依字書所改，未足據也。陸云「舊作『脺』」，沈重云「『脺』者，牛羊脂，恐字誤」，然注疏本作「『腐脆』之『脺』」，正從舊作「脺」，其上一字作「脆」，乃依釋文竄改耳。古人或以聲借通用，不得以字書未收而疑爲誤也。

「義則可通，聲恐未協」，疑當作「聲則可通，義恐未協」。又疑此十九字非陸氏本文，〔三〕或後人語竄入。

〔一〕軍案：惠士奇禮説卷六春官一小宗伯云：「案：小爾雅：『壙謂之竁，填竁謂之封。』與鄭義合。於文，從穴、毳聲，讀依杜可也。然鄭大夫讀爲『穿』，亦非無據。漢書：『王莽掘平共王母丁姬故冢，時有羣燕數千銜土投穿中。』師古曰：『穿，謂壙。』即小爾雅所謂『壙謂之窀』。水經注引漢書『穿中』作『窀中』。則『窀』讀爲『穿』，信矣。許叔重曰『穿，通也』，『窀，穿地也』，文異義同，仍讀依先鄭爲允。」惠氏引王莽掘冢事，見漢書外戚列傳下，亦見水經注卷七濟水「又東過定陶縣南」條。○段注説文穴部「窀」字云：「此注『讀「窀」爲「穿」』者，易其字也；『讀「窀」如「毳」』者，擬其音也。下文鄭仲子春之説，以南陽語證子春説之不誤。」

〔二〕軍案：鄭注無「人」字，此當衍，今據删。

〔三〕軍案：「此十九字」，謂釋文「案如」至「鄭義」也。

3

珣璧

爾雅釋器：「璧大六寸謂之宣。」釋文：「宣，如字；本或作『瑄』，音同。」郭注：「漢書所云『瑄玉』是也。」

案：漢書郊祀志「有司奉瑄玉」，孟康注用爾雅，字作「瑄」。又藝文類聚八十四引爾雅亦作「瑄」。

考説文玉部無「瑄」字，有「珣」字，云：「醫無閭之珣玗琪，周書所謂『夷玉』也。从玉，旬聲。一曰玉器，讀若『宣』。」知爾雅「璧大六寸謂之宣」字當作「珣」。許云「一曰玉器」者，以與「珣玗琪」字同義異，故讀若「宣」。後人用其同聲者，已非正字；又於「宣」旁加「玉」，則誤甚矣。徐鉉新附有「瑄」字，云「璧六寸也。从玉，宣聲」，不知説文本作「珣」也。

4

宛丘中央下

詩宛丘：「宛丘之上兮。」傳：「四方高、中央下曰宛丘。」正義曰：「釋丘云：『宛中，「宛丘」。』言其中央宛宛然，是爲四方高、中央下也。郭璞曰：『宛丘，謂中央隆峻，狀如一丘矣。』今本郭注但云：「宛，謂中央隆高。」謂丘之宛中，中央高峻，與此傳正反。爾雅上文備説丘形有『左高』、『右高』、『前高』、『後高』，若此宛丘中央隆峻，言中央高矣，何以變言『宛中』？明毛傳是也。故李巡、孫炎皆云『中央下』，取此傳爲説。」

又爾雅釋文：「宛，施於阮反，孫云『謂中央汙也』；郭於粉反，謂蘊聚隆高也。下同。」又元和郡縣志載爾雅注云：「四方高、中央下曰宛。」〔一〕與毛傳同。施博士「於阮反」，讀爲「宛」，義與李、孫合。郭氏「於粉反」，讀爲「菀」，音蘊，與毛傳、李、孫皆乖異矣。邢疏云：「郭以爲中央高者，以其『四方高、中央下』即是上文『水潦所止，「泥丘」』也。又下云『丘上有丘爲「宛丘」』。作者嫌人不曉，故重辯之。既言『丘上有丘』，非『中央隆高』而何？此郭氏所以不從先儒也。」

案：水潦所止之丘，但頂上污下耳，非四方高、中央下也。下云「丘上有丘爲『宛丘』」，謂有上下兩丘，上一丘中央宛下耳，亦非言中央高也。釋名云：「中央下曰宛丘，有丘宛宛如偃器也。涇上有一泉水亦是也。」〔二〕亦用舊說。廣雅釋言：「偃，仰也。」

〔一〕軍案：見元和郡縣圖志卷八河南道四陳州「宛丘縣」條。

〔二〕軍案：任繼昉釋名匯校卷一釋丘第五云：「『泉』，吴志忠校作『淵』，曰：『各本「淵」誤「泉」，今改。』」

5

一成曰坏

書禹貢：「至于大伾。」傳：「山再重曰伾。」

正義曰：「釋山云：『再成，「英」。一成，「伾」。』李巡曰：『山再重曰英，一重曰岯。』」

傳云『再成曰岯』，與爾雅不同，蓋所見異也。鄭玄云：『大岯在脩武、武德之界。』張揖云：『成皋縣山也。』漢書音義有臣瓚者，以爲：『脩武、武德無此山也。成皋縣山又不一成。今黎陽縣山臨河，豈不是大岯乎？』瓚言當然。」〔一〕

案：臣瓚云「成皋縣山又不一成」，是瓚以「一成」爲「坯」，不同僞孔説。又水經注五河水云：「爾雅曰：『山一成謂之「伾」。』許慎、呂忱等並以爲『丘一成』也。孔安國以爲『再成曰伾』，亦或以爲地名，非也。」案：説文土部云：「坏，丘再成者也。从土，不聲。」據酈善長引許、呂並以爲「一成」，孔安國以爲「再成」者非是，可知今本説文作「再成」者，乃俗人依孔傳所改，當據酈注校正。

郭注爾雅引書曰「至于大坏」，是郭氏亦不依孔傳也。又漢書溝洫志注：「鄭氏曰：『山一成爲「伾」。在修武、武德界。』張晏曰：『成皋縣山是也。』」義與爾雅同。唯顔師古注地理志用孔傳「再成」之説，足證唐人無識。「坏」當從説文「从土，不聲」。爾雅亦同書作「伾」，正義作「岯」。釋文：〔二〕「伾，本（或）〔又〕作『岯』，〔三〕韋音⿰音丕；爾雅釋文作「韋昭音⿰音丕」。字或作『⿰𨸏丕』。」水經注四十斤江水、史記夏本紀正義作「邳」，皆非正字。

〔一〕軍案：「豈不是大岯乎」，漢書溝洫志音義作「豈是乎」。此蓋孔穎達以意引。

〔二〕軍案：見尚書禹貢釋文。

〔三〕軍案：「或」，禹貢釋文作「又」，今據改。此疑涉爾雅釋山釋文而誤。

6　鳥島聲同

說文山部：「島，海中往往有山可依止曰島。从山，鳥聲。讀若詩曰『蔦與女蘿』。」又釋名釋水云：「海中可居者曰島。島，到也，人所奔到也；亦言『鳥』也，物所赴如鳥之下也。」

案：說文云「島，鳥聲」，釋名云「島，亦言『鳥』」，可知二字同聲矣。故禹貢冀州「鳥夷皮服」，（楊）〔揚〕州「鳥夷卉服」，〔一〕孔傳皆讀「鳥」爲「島」也。

〔一〕軍案：「楊」當作「揚」，字之誤也。

7　葖蘆菔

爾雅釋草：「葖，蘆萉。」郭注：「『萉』宜爲『菔』。蘆菔，蕪菁屬，紫華大根，俗呼『雹葖』。」釋文：「萉，郭音菔，蒲北反。」

案：說文艸部：「菔，蘆菔，似蕪菁，實如小尗者。从艸，服聲。蒲北切。」「萉，枲實也。从艸，肥聲。房未切。」可證「萉」宜爲「菔」矣。後漢書十一李注引「爾雅曰：『葖，蘆菔。』菔，音步北反，字或作『蔔』」。〔一〕據説文及後漢書注，知爾雅本作「菔」，郭本以形近致誤耳。「蔔」俗字，説文所無。

〔一〕軍案：見後漢書卷十一劉盆子列傳李賢注。

8

有蒲與茄

詩澤陂：「有蒲與荷。」傳：「荷，芙蕖也。」箋云：「芙蕖之莖曰荷，生而佼大。興者，蒲以喻所説男之性，荷以喻所説女之容體也。」

案：釋草：「荷，芙蕖。其莖，『茄』。」説文：「茄，芙蕖莖。从艸，加聲。荷，芙蕖葉。从艸，何聲。」毛、鄭皆以爾雅爲據，與説文並合，但毛讀「荷」音「何」，鄭意則以「荷」爲「茄」。

正義曰：「如爾雅，則芙蕖之莖曰『茄』。此言『荷』者，意欲取莖爲喻，亦以『荷』爲大名，故言『荷』耳。樊光注爾雅，引詩『有蒲與茄』。」然則詩本有作「茄」字者也。

考毛、鄭異義，據經作「荷」，傳云「芙蕖」，是毛詩作「荷」矣。樊光引詩作「茄」，是三家詩有作「茄」者，與釋草「其莖，『茄』」正合，故鄭據之以改毛義。

「荷」、「茄」二字聲本相近，詩君子偕老「珈」與「河」、「何」韻。春秋成十七年「同盟于柯陵」，國語周語「柯陵之會」，風俗通義引國語「周單子會晉厲公於加陵」，〔一〕淮南人閒云「晉厲公之合諸侯於嘉陵」，是「荷」、「茄」聲近之證。但作「芙蕖葉」說，雖覺顔色之美，未見容體之妍；作「芙蕖莖」說，則自存綽約之韻、亭亭之態，兼之華與葉，皆本於莖也。作「茄」允協。

〔一〕軍案：見風俗通義卷十「陵」條。漢書五行志中之上「昭公十一年夏，周單子會于戚」，顔師古注云：「單子，周大夫單成公也。」

9

𦽏夫蘺

釋草：「莞，苻蘺。其上，『蒚』。」釋文：「莞，本或作『𦽏』，謝音官，郭音桓，字林音緩，俗音關。苻蘺，力知反，本或作『離』。」〔一〕

案：説文艸部：「莞，艸也。从艸，完聲。」「䓤，夫蘺也。从艸，睆聲。蒚，夫蘺上也。从艸，鬲聲。」則爾雅當作「䓤」。今作「莞」，乃别是一字。釋文云「本或作『𦰡』」，「𦰡」即「䓤」之譌。今本作「蘺」，與説文正合。

〔一〕軍案：黄焯經典釋文彙校云：「𦰡，宋本同。集韻桓、混二韻引作『䓤』，是也。蓋『莞』字古書中往往譌作『莧』，東京賦『莧爾』即『莞爾』，亦其類也。」

10

人莧

易夬九五：「莧陸夬夬。」釋文：「莧，閑辯反，三家音胡練反。宋衷云：『莧，莧菜也。』虞云：『莧，蕢也。』」李氏集解載虞翻説與此異，疑此非仲翔語。正義引董遇云：「莧，人莧也。」李氏集解引荀爽曰：「『莧』者，葉柔而根堅且赤。」

案：齊民要術卷十「(人)〔赤〕莧」下引「爾雅〔曰〕：〔一〕『蕢，赤莧。』郭注云：『今人莧赤莖者』」。注疏本作「赤莧，一名『蕢』，今莧菜之赤莖者」，乃誤以邢疏當郭注也。單注本作「今人莧赤莖者」，「之」即「人」字之譌。董義與此同。説文艸部：「莧，莧菜也。从艸，見聲。侯澗切。」〔二〕宋衷本此，「侯澗切」與「胡練反」亦近。虞云「莧，蕢也」，荀云「根赤」，俱本爾雅。

〔一〕軍案：齊民要術「人莧」作「赤莧」，「爾雅」下有「曰」字，今據改補。

〔二〕軍案：「侯澗切」三字原作大字經文，今依臧氏引説文例改作小字注文。

11

吾代二子愍矣

左傳昭元年：「楚公子圍設服離衛，魯、鄭、蔡三國譏之。楚伯州犂曰：『此行也，辭而假之寡君。』鄭行人揮曰：『假不反矣！』伯州犂曰：『子姑憂子晳之欲背誕也。』子羽曰：『當璧猶在，假而不反，子其無憂乎？』齊國子曰：『吾代二子愍矣！』」杜注：「二子，謂王子圍及伯州犂。圍此冬便篡位，不能自終；州犂亦尋爲圍所殺，故言可愍。」正義曰：「服虔云：『愍，憂也。代伯州犂憂公子圍，代子羽憂子晳。』劉炫從服言，而規杜失。今知不然者，以圍不能自終，伯州犂尋爲圍所殺，是皆遇凶害，故云『吾代二子愍矣』。若以『二子』爲伯州犂、子羽，子羽則卒無禍害，又何可愍而代之乎？劉以服意而規杜過，非也。」

漢書五行志中上「愍」作「閔」，注引應劭曰：「閔，憂也。二子，伯州犂、行人子羽也。」

顔師古注用杜義，以應説爲非。

案：伯州犂以「子皙之欲背誕」爲子羽之憂，子羽以「假而不反」爲伯州犂之憂，而二子者各不自知，故齊國子代二子憂之。服、應以「二子」爲伯州犂、子羽，與上文甚合。蓋國子特言「代二子憂之」，亦不論二子之被禍害與否。乃杜氏必欲言王子圍，以見國子之言一一有驗，此後人所以疑左傳爲誣矣。取意既迂遠，又與上伯州犂、子羽之言文氣閒隔，而輕改先儒舊義，此杜氏之失也。劉光伯據服言而規杜，當矣。孔仲達、顔師古反從杜而違先儒，唐人之識固如是耳。

12

冢宰有二説

白虎通爵篇：「王制曰：『冢宰制國用。』所以名之爲『冢宰』何？『冢』者，大也；『宰』者，制也。大制事也。故王度記曰：『天子冢宰一人，爵如天子之大夫。』或曰：『冢宰視卿，周官所云也。』」

又封公侯引「別名記曰：〔一〕『司徒典民，司空主地，司馬順天。』天者施生，所以主兵何？兵者，爲謀除害也，所以全其生、衞其養也，故兵稱天」。

案：別名記説與王度記差合，以司馬爲天官，故冢宰非六卿之長，其爵但如天子之大夫耳。此蓋是夏、商之制，與周禮不合。〔二〕

〔一〕軍案：陳立白虎通疏證卷四封公侯云：「別名記，逸禮篇名也。禮疏作『辨名記』，『辨』、『別』同也。」

〔二〕環案：「司馬順天」，「爲天官」，此漢初以司徒、司馬、司空爲三公，因有此説。王度記、別名記皆漢人所撰，不足信也。

13

朋友

白虎通三綱六紀云：「朋友之交，近則謗其言，案：論語：「子（路）〔貢〕謗人。」〔一〕遠則不相訕。一人有善，其心好之；一人有惡，其心痛之。貨財通而不計，憂患共而相救。生不屬，死不託。友飢，則白之於父兄，父兄許之，乃稱父兄與之，不聽即止。故曰：『友飢，爲之減飡；友寒，爲之不重裘。』故論語曰『有父兄在，如之何其聞斯行之』也。」〔二〕

案：此言朋友之交，極切摯。篤於友誼者，讀之能無興感乎？

〔一〕軍案：「子路」當作「子貢」，字之誤也。論語憲問篇云：「子貢方人。」釋文：「方人，如字，孔云『比方人也』。鄭本作『謗』，謂言人之過惡。」臧氏從鄭玄本作「謗人」。清馮登府論語異文考證卷七云：「案：古文『方』作『旁』。虞書『共工方鳩僝功』，説文作『旁救』。士喪禮注：『「旁」爲「方」。』荀子『方皇』注：『方，音旁。』則『旁』即『方』，亦爲『謗』之省文。孔注『比方人』，與鄭異；鄭蓋从魯。錢氏大昕曰：『古讀「方」如「旁」，又如「謗」。古人讀「方」重唇，與「邊」、「表」、「併」聲相近。今讀「方」輕唇，失古音矣。』」〇儀禮士喪禮「牢中旁寸」，鄭玄注云：「今文『旁』爲『方』。」馮氏云「古文『方』作『旁』」者，用士喪禮鄭注也。荀子禮論篇「方皇周挾」，楊倞注云：「『方皇』讀爲『仿偟』，猶『徘徊』也。」馮氏云「士喪禮」至「音旁」十五字，見明張自烈正字通卷四卯集下方部「方」字條。馮氏引錢大昕説，見十駕齋養新録卷五「古無輕唇音」條。

〔二〕軍案：「有父」至「行之」，論語先進篇文。

14

病不能禮

左傳昭七年：「九月，公至自楚。孟僖子病不能相禮。」釋文云：「孟僖子病不能禮，本或作『病不能相禮』。相，音息亮反。」

據此，知傳文本無「相」字，故注云「不能相儀荅郊勞，以此爲己病」。傳如本有「相」

字，文義已明，杜可無「不能相儀」之注矣。且下云「乃講學之，苟能禮者從之」，「不能禮」正與「能禮」相對。唐時本已衍，陸氏不從，是也。今注疏本又乙改釋文。

15 將其來施

顏氏家訓書證云：「詩云：『將其來施施。』毛傳云：『施施，難進之意。』鄭箋云：『施施，舒行皃也。』韓詩亦重爲『施施』。河北毛詩皆云『施施』。江南舊本悉單爲『施』，俗遂是之，恐有少誤。」

考詩丘中有麻三章，章四句，句四字，獨「將其來施施」五字。據顏氏説，知江南舊本皆作「將其來施」；顏以傳、箋重文，而疑其有誤。然顏氏述江南、江北書本，江北者往往爲人所改，江南者多善本。江南本「有杕之杜」，河北本「杕」作「狄」。江南本「駉駉牡馬」，河北本「牡」作「牧」。則此之悉單爲「施」，不得據河北本以疑之矣。

若以毛、鄭皆云「施施」，而以作「施施」爲是，則更誤。經、傳每正文一字，釋者重文，所謂「長言之」也。〔一〕

禮記樂記曰：「詩云：『肅雝和鳴，先祖是聽。』夫肅肅，敬也；雝雝，和也。」又詩邶谷風「有洸有潰」，傳：「洸洸，武也。潰潰，怒也。」箋云：「君子洸洸然，潰潰然，無溫潤之色。」釋文引韓詩亦云「潰潰，不然之貌」。檜匪風「匪風發兮，匪車偈兮」，漢書王吉傳引此詩，并引「説曰：『是非古之風也，發發者；是非古之車也，揭揭者』」。[二]是可知毛、鄭皆云「施施」，與正文悉單作「施」，爲各成其是矣。詩十月之交「噂沓背僧」，傳：「噂，猶『噂噂』。沓，猶『沓沓』。」箋云：「噂噂、沓沓，相對談語。」[三]

[一] 軍案：禮記樂記云：「歌之爲言也，長言之也。説之，故言之；言之不足，故長言之。」

[二] 軍案：師古曰：「今之發發然者，非古有道之風也；今之揭揭然者，非古有道之車也。」

[三] 禮堂謹案：宛丘「坎其擊鼓」，傳：「坎坎，擊鼓聲。」

16

不問有所費

禮記曲禮：「弔喪弗能賻，不問其所費。問疾弗能遺，不問其所欲。見人弗能館，不問其所舍。賜人者不曰來取，與人者不問其所欲。」注：「皆爲傷恩也。」釋文：「不問其所費，一本作『有所費』。下句放此。」

案：鄭注「與人者不問其所欲」云：「己物或時非其所欲，將不與也。」「或」之言「有」

也,是可知上句不作「不問其所欲」矣。然則三句皆當如釋文説,作「不問有所費」、「不問有所欲」、「不問有所舍」。蓋「有所」正與「弗能」相對,已既「弗能」,不當問其有否也。唐本皆作「其」字,蓋因「與人者不問其所欲」句而誤。今據注及釋文正之。

17

左傳衍文卌二

左傳僖十五年:「秦獲晉侯以歸。穆姬聞晉侯將至,以大子罃、弘與女簡、璧登臺而履薪焉,使以免服衰經逆,且告。」

正義曰:「傳文於此或有『曰:「上天降災,使我兩君相見不以玉帛,而以興戎。若晉君朝以入,則婢子夕以死;夕以入,則朝以死。唯君裁之」』。左傳本無此言,後人妄增之耳。何以知其然?二十二年傳曰:『寡君之使婢子侍執巾櫛。』杜云:『婢子,婦人之卑稱。』若此有『婢子』,不當舍此而注彼也。又此注云『且告夫人將以恥辱自殺』,若有此辭,不煩彼注。服虔解誼,其文甚煩。傳本若有此文,服虔必應多解,何由四十餘字不解一言?亦至二十二年始解『婢子』,明是本無之也。今定本亦無。」

釋文云:「『曰上天降災』此凡四十七字,撿古本皆無,尋杜注亦不得有,有是後人加也。」

案：正義説後人妄增者，至「唯君裁之」止凡四十二字。釋文云「四十七字」，則連下「乃舍諸靈臺」五字方合數。然此句杜氏有注，釋文亦云「鄠縣，音户」，則陸亦不數下五字，與正義同。「七」爲「二」字之譌耳。

正義引「使我兩君相見不以玉帛」，今本同唐石經作「匪以玉帛相見」。又引注「且告夫人將以恥辱自殺」，今本無「夫人」二字。

案：有之是。毛本注疏誤以釋文「曰上天降災」云云作注，「尋杜注」又譌作「晁杜注」。或疑新增之傳爲當有，此未考之釋文、正義也。

釋文所稱「古本」，俱屬晉、宋以來舊書。唐定本及正義皆從之，可謂有識。

18 席閒函丈

曲禮記：「若非飲食之客，則布席，席閒函丈。」注：「謂講問之客也。函，猶『容』也。講問宜相對。容丈，足以指畫也。『丈』或爲『杖』。」釋文：「丈，如字，『丈尺』之『丈』。王肅作『杖』。」正義曰：「『丈或爲杖』者，王肅以爲『杖』，言古人講説，用杖指畫，故使容杖也。然二家可會。」

案：文王世子：「凡侍坐於大司成者，遠近閒三席，可以問。」注：「閒，猶『容』也。容三席，則得指畫，相分别也。席之制，廣三尺三寸三分，則是所謂『函丈』也。」據此，則曲禮云「席閒函丈」者，猶文王世子云「遠近閒三席」也，鄭注甚確。正義亦引文王世子文。上言所饗之方，此言所容之地。「『丈』或爲『杖』」者，古書字多聲借，鄭氏以「杖」爲非，故定從「丈」字。王肅見鄭之所棄，便取以相異，不知一丈爲三席之地，其閒遠近有度，若以爲容杖之所，語甚滑突，爲以兩席之閒容一杖之地乎？抑容賓主兩杖之地乎？肅本文理不順，而正義云「二家可會」，失之不審也。

19

稷曰明粢

曲禮記下：「凡祭宗廟之禮，稷曰明粢。」釋文：「粢，音咨。一本作『明粱』。古本無此句。」

正義曰：「稷，粟也。明，白也。言此祭祀明白粢也。鄭注甸師云：『粢，稷也。』爾雅云：『粢，稷也。』注：『今江東人呼粟爲「粢」。』隋秘書監王劭勘晉、宋古本，皆無『稷曰明粢』一句，立八疑、十二證，以爲無此一句爲是。今尚書云：『黍稷非馨。』〔一〕詩云：『我黍與與，我稷翼翼。爲酒爲食，以享以祀。』〔二〕然則黍、稷爲五穀之主，是粢盛之貴。黍既別有異號，稷何因獨無美名？爾雅又以『粢』爲『稷』；此又云『稷曰明粢』，正與爾雅相合。又士虞禮云『明齊溲酒』，鄭注云：『或曰：「『明齊』當爲『明視』，謂兔腊也。」今文曰「明粢」。粢，稷也。皆非其次也。』如鄭言，云『皆非其次』，由曲禮有『明粢』之文，故注儀禮云『非其次』。王劭既背爾雅之説，又不見鄭玄之言，苟信錯書，妄生同異，改亂經籍，深可哀哉！」

案：此當從王秘監，以爲無此一句是。釋文謂「古本無此句」，「古本」即指晉、宋舊書。陸氏所言，與王劭合。此一證也。周禮大祝「辨六號，五曰齍號」，鄭司農云：「齍號，（爲）〔謂〕黍稷皆有名號也。〔三〕曲禮曰：『黍曰薌合，粱曰薌萁，稻曰嘉疏。』少牢饋食禮曰：『敢用柔毛、剛鬣。』士虞禮曰：『敢用潔牲剛鬣、香合。』」曲禮之次，稷在粱下、稻上。如有此句，則司農具引曲禮以證黍稷之名，無緣獨捨此句。此二證也。

蔡邕獨斷上：「齊號黍曰薌合，粱曰香萁之屬也。」又云：「黍曰薌合，粱曰香萁，稻曰嘉疏。」獨無「稷曰明粢」句。此三證也。

士虞禮曰「嘉薦、普淖、明齊溲酒」，今文作「明粢」。鄭以「普淖」爲「黍稷」，故從古文，注云：「明齊，新水也。言以新水溲釀此酒也。郊特牲曰：『明水涚齊，貴新也。』」是禮經「明齊」爲「新水」。作「明粢」者，乃聲近之誤，鄭所不從。此四證也。

鄭司農注大祝，引士虞禮「剛鬛、香合」，而不引「明齊溲酒」，是先鄭亦不以「明齊」爲「明粢」。此五證也。

儀禮注引「或曰：『當爲「明視」，謂兔腊也』」，〔四〕是或意亦不以「明齊」爲「明粢」。使曲禮現有「明粢」之文，或説必以「明齊」爲「明粢」矣。此六證也。

又鄭氏於「敢用絜牲剛鬛」下注云「豕曰剛鬛」，於「香合」下注云「黍也」，於下文「用尹祭」下注云「尹祭，脯也」，皆用曲禮爲説；於「明齊溲酒」下注云「今文曰『明粢』。粢，稷也」，不以「明粢」爲「稷」，而單舉「粢」訓「稷」，引郊特牲「明水涚齊」爲「明齊」之證，而不引曲禮「稷曰明粢」爲「明粢」之證：是康成意中不知稷有「明粢」之號。此七證也。

小宗伯「辨六齍之名物」，注：「『齍』讀爲『粢』。六粢，謂六穀：黍、稷、稻、粱、麥、苽。」則「粢」者，六穀之總名，稷固不得專有是稱。甸師「以共齍盛」，注：「齍盛，祭祀所用穀也。粢，稷也。穀者稷爲長，是以名云。」鄭以「粢」是總名，故用爾雅以「稷」訓「粢」之義，而自爲之解如此。賈公彦曰：「鄭以意解之，無正文，故言『云』以疑之。」見士虞禮「普淳」注下。使曲禮本有「稷曰明粢」之文，鄭正可引以爲證，不必先引爾雅，次自爲之説以通之矣。此八證也。

凡經文有煩簡不同者，正義或引他本與盧、王禮注以證明之。如此本有「稷曰明粢」一句，正義亦必博引他本及盧、王之禮以證其當有。「豕曰剛鬣，羊曰柔毛，雉曰疏趾，兔曰明視」四句，正義皆引王肅説。〔五〕乃正義無文，特泛引詩、書、周禮、儀禮、爾雅經、注以證當有，而又鮮切，當是可驗鄭注舊本及盧、王注本皆無此句矣。此九證也。

「兔曰明視」者，正義引王肅云：「目精明。」郊特牲水曰「明水」者，士虞禮曰「明齊」，此亦曰「清滌」，「清」、「明」義同，故酒亦曰「清酌」。粢稷而稱之以「明」，何所取義？漢、魏不見有此名號。此十證也。

唐以前書籍尚多，王氏當更有所據。後人所見淺狹，止能旁引曲證，以明其不當有耳。

又漢注用經、傳與時本不同者，唐疏多表明之。如書高宗肜日傳「殷曰肜，周曰繹」，正義曰：「釋天又云『夏曰復胙』，或無此一句。孔傳不言，於義非所須，或本無此事也。」公羊宣八年注「殷曰肜，周曰繹」，解云：「郭氏爾雅下文有『夏曰復胙』，何氏不言者，以諸家爾雅悉無。」今大祝疏不云「曲禮更有『稷曰明粢』」，是賈氏亦不信有此句。一疑也。

徇師疏云：「此釋經及爾雅特以『粢』爲號。」如曲禮有文，賈不應單據爾雅及此注。此二疑也。士虞禮疏又引之，當是因今文有「明齊」，故識復不能定。左傳桓二年「粢食不鑿」，注：「黍稷曰粢。」正義引舍人注爾雅「粢，一名稷」及士虞禮注「粢，稷也」爲證，而不引曲禮。然則孔仲達疏他經亦不信此句。此三疑也。賈、孔並在王劭之後，故附末。孔氏於此痛駁王氏曲通僞文，誤矣。釋文謂「一本作『明粢』」，亦非。

〔一〕軍案：見古文尚書君陳篇。

〔二〕軍案：毛詩小雅楚茨文。孔疏引「爲酒爲食」，當從楚茨作「以爲酒食」。鄭箋云：「以黍稷爲酒食。」

〔三〕軍案：「爲」當作「謂」。阮元校勘記云：「閩、監、毛本『粢』改『齍』，『謂』誤『爲』。」今據改。

〔四〕軍案：見儀禮士虞禮「明齊溲酒」鄭玄注。

〔五〕軍案：見禮記正義卷五曲禮下。

經義雜記卷二十九

武進學生臧琳玉林

1

馬敗績

檀弓：「魯莊公及宋人戰于乘丘，馬驚敗績。」〔一〕釋文：「馬驚敗，一本無『驚』字。」案：注云：「驚奔失列。」然則經文本作「馬敗績」，故注以「驚奔失列」解之。或援注以加經字，誤也。下「公曰：『末之，卜也』」，正義曰：「以其微弱無勇，致使我馬敗績。」又「縣賁父曰：『他日不敗績，而今敗績』」，注云：「公他日戰，其御馬未嘗驚奔。」皆可證本無「驚」字。

〔一〕軍案：見禮記正義卷六檀弓上第三。

2

贈增也

詩崧高：「其風肆好，以贈申伯。」傳：「贈，增也。」釋文作「贈，送也」，云：「詩之本皆爾，鄭、王申毛並同。崔集注本作『贈，增也』。崔云：『增益申伯之美。』」〔一〕

案：箋云：「風切申伯，又使之長行善道。以此贈申伯者，送之令以爲樂。」則鄭申毛本作「增」，崔集注本是也。箋云「送之令以爲樂」者，解所以作誦增益之意，非訓「贈」爲「送」。正義云「鄭惟『贈，送』字别」，則以鄭訓「贈」爲「送」，與陸本同誤。釋文謂「王申毛並同」，蓋王肅改毛爲「贈，送」，以異鄭耳。

正義釋經云：「言使申伯歌誦此詩，見人言己之美，更復自彊不息，以增德行。」又釋傳云：「凡贈遺者，所以增長前人。贈之財，使富增於本；贈之言，使行增於義，故云『贈，增』也。」此言爲深得毛、鄭旨矣。

今徐鉉本説文云：「贈，玩好相送也。从貝，曾聲。」此當是後人私改。家藏寫本徐鍇説文作「贈，增也」。毛、許往往相合，益可證詩傳之本作「增」矣。

〔一〕軍案：黄焯經典釋文彙校云：「段云：『「增」當是「曾」字。説文「會」字下云：「曾，益也。」』案：釋文不必用本字，段說未足依也。」

3

尚書隱顯考

論衡正說云：

蓋尚書本百篇，孔子以授也。遭秦用李斯之議，燔燒五經，濟南伏生抱百篇藏於山中。孝景皇帝時，始存尚書。伏生已出山中，景帝遣鼂錯往從受尚書二十餘篇。伏生老死，書殘不竟。下云：「伏生年老，鼂錯從之學時，適得二十餘篇。伏生死矣，故二十九篇獨見，七十一篇遺脫。」鼂錯傳於倪寬。

至孝宣皇帝之時，河内女子發老屋，得逸易、禮、尚書各一篇，奏之。宣帝下示博士，然后易、禮、尚書各益一篇，而尚書二十九篇始定矣。

至孝景帝時，魯共王壞孔子教授堂以爲殿，得百篇尚書於墻壁中。武帝使使者取視，莫能讀者，遂祕於中，外不得見。

至孝成皇帝時，徵爲古文尚書學。東海張霸案百篇之序，空造百兩之篇，獻之成帝。帝出祕百篇以校之，皆不相應，於是下霸於吏。吏白霸罪當至死。成帝高其才而不誅，亦惜其文而不滅。故百兩之篇傳在世間者，傳見之人則謂尚書有百兩篇矣。

4

有蛇自泉宫出

左傳文十六年：「有蛇自泉宫出，入于國，如先君之數。秋，八月辛未，聲姜薨，毁泉臺。」杜注：「魯公以爲蛇妖所出而聲姜薨，故壞之。」正義引「釋例曰：『衆妖自泉臺出，如先君之數，入於國。聲姜之薨適與妖會，而國以爲災，遂毁泉臺。書「毁」而不變文以示義者，君人之心、一國之俗須此爲安，故不譏也』」。

案：公羊傳：「『毁泉臺』何以書？譏。何譏爾？築之譏，毁之譏。先祖爲之，已毁之，不如勿居而已矣。」何注：「但當勿居，令自毁壞。不當故毁，暴揚先祖之惡也。」穀梁傳：「喪不貳事；貳事，緩喪也，以文爲多失道矣。自古爲之，今毁之，不如勿處而已矣。」范注：「喪事主哀，而復毁泉臺，是以喪爲緩。若以夫人居之而薨者，但當莫處。」

又五行志云：〔一〕「劉向㠯爲：『近蛇孽也。泉宫在囿中，公母姜氏嘗居之。蛇從之出，象宫將不居也。詩曰：「維虺維蛇，女子之祥。」〔二〕又蛇入國，國將有女憂也。「如先君之數」者，公母將薨象也。秋，公母薨。公惡之，乃毁泉臺。夫妖孽應行而自見，非見而爲害也。文不改行循正，共御厥罰，〔三〕而作非禮，㠯重其過。後二年薨，公子遂殺文之二子惡、視，〔四〕而立宣公。文公夫人大歸于齊。』」〔五〕

是公羊、穀梁皆以書「毁」爲譏，劉子政、何邵公、范武子義同。獨釋例改古義，以爲不譏，恐非是。劉氏言「妖孽應行而自見，非見而爲害」，二語尤破的。惑於災異者，可爽然自失矣。

〔一〕軍案：見漢書五行志下之下。

〔二〕軍案：師古曰：「小雅斯干之詩。」

〔三〕軍案：師古曰：「共，讀曰『恭』。御，讀曰『禦』，又讀如本字。」

〔四〕軍案：師古曰：「惡，即子赤也。視，其母弟。」

〔五〕軍案：師古曰：「本齊女，故出而歸齊，所謂哀姜者也。」

5

君子好仇

詩關雎：「君子好逑。」傳：「逑，匹也。宜爲君子之好匹。」箋云：「怨耦曰仇。能爲君子和好衆妾之怨者，言皆化后妃不嫉妬。」釋文：「好逑，音求；本亦作『仇』，音同。」正義曰：「『逑，匹』，釋詁文。孫炎云：『相求之匹，詩本作「逑」，爾雅多作「仇」，字異音義同也。』」

案：孫炎云「相求之匹」，是以「求」訓「逑」。然則孫注爾雅作「逑，匹」，與孔本毛傳合。

又民勞：「惠此中國，以爲民逑。」傳：「逑，合也。」箋云：「合，聚也。」此申毛，與說文合。正義曰：「『逑，合』，釋詁文。」今爾雅作「仇，合」也。「仇，合」之「仇」作「逑」，與「仇，匹」之「仇」作「逑」正同。

說文辵部：「逑，斂聚也。从辵，求聲。虞書曰：『旁逑孱功。』又曰：『怨匹曰逑。』」左傳桓二年：「師服曰：『嘉耦曰妃，怨耦曰仇。』」依孫叔然，知爾雅「仇」當作「逑」；依許叔重，知左傳「仇」當作「逑」。

說文人部：「仇，讎也。从人，九聲。」此「讎怨」之「仇」，與「匹耦」之「逑」異字。而爾雅、毛詩、左傳皆作「仇」者，爲「逑」之同聲假借也。葢「匹耦」之「逑」，不論「嘉耦」、「怨耦」，俱用「从辵，求聲」字。因「嘉耦」既以善相求，「怨耦」又以怨相求，嘉、怨不同，而相求則一。

即以關雎詩論之，毛意是「嘉耦」，鄭意是「怨耦」，而所用「逑」字則一。俗本注疏經、傳作「逑」，鄭箋作「仇」，是以臆見區別之也。箋既不云「『逑』當爲『仇』」，則說異而字同，明矣。左傳師服之言，因「妃」、「仇」對文而立異耳。

又此詩經字當假借作「仇」，釋文、正義皆作「逑」，疑非漢以來之舊。陸云「本亦作『仇』」，可從也。無論禮記緇衣、漢書匡衡傳作「君子好仇」，爾雅「仇，匹也」，郭注引詩「君子好仇」，或非盡爲毛詩。

而後漢書邊讓傳「攜窈窕，從好仇」，李注：「仇，匹也。毛詩曰：『君子好仇。』」文選景福殿賦「處之斯何？窈窕淑女」，注：「毛詩曰：『窈窕淑女，君子好仇。』」琴賦「要列子兮爲好仇」，注：「毛詩曰：『君子好仇。』」（稽）〔嵇〕叔夜贈秀才入軍詩「攜我好仇」，〔一〕注：「毛詩曰：『君子好仇。』」是可證毛詩之不作「逑」矣。

又嘗徧考毛詩，「逑匹」之「逑」皆作「仇」。兔罝「赳赳武夫，公侯好仇」，箋云：「怨耦曰仇。」無衣「脩我戈矛，與子同仇」，傳：「仇，匹也。」箋云：「怨耦曰仇。」正義曰：「『仇，匹』，釋詁文。『怨耦曰仇』，桓二年左傳文。」賓之初筵「賓載手仇」，傳：「手，取也。主人請射於賓，賓許諾，自取其匹而射。」釋文：「手仇，毛音求，匹也。」皇矣「帝謂文王，詢爾仇方」，傳：「仇，匹也。」箋云：「怨耦曰仇。」正義曰：「『仇，匹』，釋詁文。『怨耦曰仇』，左傳文。」是可證「逑匹」之「逑」，毛詩皆作「仇」，與今爾雅、左傳同，而作「逑」之爲出後人私改矣。

〔一〕軍案：「稽」，清經解本改作「嵇」，是也，今據改。

6

湜湜其止

詩谷風「涇以渭濁，湜湜其沚」，本作「湜湜其止」，今各本及注疏本皆作「沚」。此因經誤作「沚」，淺人又於箋首增「小渚曰沚」四字，於釋文加「其沚，音止」四字，誤遂不可解矣。今特正之。

毛公此句無傳。箋云：「涇水以有渭，故見謂舊誤同釋文作「渭」，今據正義改。濁。湜湜，持正貌。喻君子得新昏，故謂己惡也。己之持正守初，如止然不動搖。」

正義釋經云：「言己顏色雖衰，未至醜惡，由新舊并而善惡别。新昏既駮己爲惡，君子益憎惡於己。己雖爲君子所惡，尚湜湜然持正守初，其狀如止然不動摇，可用爲室家矣。」其標起至亦「涇水以有渭」起，絶不言毛、鄭「止」字有異。

説文水部：「湜，水清底見也。从水，是聲。詩曰：『湜湜其止。』」〔一〕「水清底見」，即「止然不動摇」之義，與鄭君正合。白氏六帖卷七兩載此詩，皆作「湜湜其止」，〔二〕則唐時未誤也。

朱子詩集傳「湜湜其沚」下有「音止」二字，又云：「沚，水渚也。」疑此誤始於朱子。後見潁濱詩集傳蘇轍著。云：「沚，小渚也。」〔三〕吕祖謙曰：「於洲渚淺處視之，渭之清猶可見也。」〔四〕則朱子亦承前人之誤；以「止」爲「沚」，起於北宋矣。〔五〕

〔一〕鏞堂謹案：玉篇水部：「湜，水清也。詩曰：『湜湜其止。』」

〔二〕玉裁案：予購得宋本白帖，轉不如此。先生所見，最爲善本。○軍案：傅增湘舊藏南宋紹興刻三十卷本白氏六帖事類集卷二渭第四十八、涇第四十九兩載此詩，亦作「湜湜其止」。臧氏云「白氏六帖卷七兩載此詩」，是其所見白帖爲百卷本。

〔三〕軍案：見蘇轍詩集傳卷二。唐釋慧琳一切經音義卷第八十七十門辯惑論卷下云：「沚清，上音止。蒼頡篇云：『沚，小渚也。』案：鑒於澄止則見其形，流動則亂其影，止則定也。今作『止』從『水』者，失其義也。」

〔四〕軍案：見吕祖謙吕氏家塾讀詩記卷四。

〔五〕鏞堂謹案：唐石經已誤作「沚」。

7

維此王季

詩皇矣：「維此王季，帝度其心。」正義曰：「此傳、箋及下傳九言『曰』者，皆昭二十八年左傳文。此云『維此王季』，彼言『維此文王』者，經涉亂離，師有異讀，後人因即存之，不敢追改。今王肅注及韓詩亦作『文王』，是異讀之驗。」

又左傳成鱄引「詩曰：『唯此文王，帝度其心』」，正義曰：「此傳言『唯此文王』，毛詩作『維此王季』，經涉亂離，師有異讀，後人因而兩存，不敢追改。今王肅注毛詩及韓詩亦作『唯此文王』。鄭注毛詩作『維此王季』，故解『比于文王』，言王季之德可以比于文王也。劉炫云：『此作「唯此文王」，不可以文王之德還自比文王。故知「比于文王」，可以比于上代文德之王也。』」

案此，知詩經作「維此王季」，自「帝省其山」以下，言王季；自「帝謂文王」以下，言文王。詩四家，惟毛氏源流子夏，獨得其真；餘三家皆今文，不免有誤。詩、春秋正義皆言「韓詩作『文王』」者，據其目見也。又云「王肅注毛詩亦作『文王』」者，此因鄭箋毛詩是「王季」，王肅好與鄭氏相難，故反據三家誤本，以改毛氏正經；使無識者見之，必謂肅本毛詩與三家及左傳合，鄭箋作「王季」爲誤矣。肅之伎倆心術，自唐以來無能知之者，我不得不痛切昌言之。

左傳古文也，當與毛詩合，而亦作「文王」者，因漢時三家盛行，毛詩不立於學官，傳左氏者多習韓、魯詩，遂誤作「文王」也。

且左傳釋「比于文王」之「文」爲「經緯天地曰文」，毛公作詁訓傳正本之，皆言以王季之德比於古昔經緯天地之王。如上亦作「文王」，謂以周文王比古文王，終不免涉嫌，故知左傳當本作「王季」也。

杜預注云：「詩大雅。美文王能王大國，受天福，施及子孫。」已不知「文王」當爲「王季」，如隋、唐之儒劉炫、春秋義疏。陸德明、左氏音義。孔穎達詩、禮記、春秋三正義。等，又無論矣。

8

放勳日勞之

孟子滕文公上：「放勳日勞之來之，匡之直之，輔之翼之，使自得之，又從而振德之。」孫宣公音義引丁音「日，音馹」，「或作『曰』，誤」也。〔一〕

案：趙注此節云：「放勳，堯號也。遭水逆行，其小民放僻邪侈，〔二〕故勞來之，匡正直其曲心，使自得其善性，然後又從而振其羸窮。德，『恩惠』之『德』也。」〔三〕據趙意，不以爲堯之言，則今讀「日」爲「越」者，誤。自上文「當堯之時，天下猶未平」至此，皆敘事之辭也。蓋「曰」、「日」二字形近易譌。唐石經「日」字皆作「曰」。釋文於「曰」、「日」字每加音別之，亦有不能別而具「越」、「實」兩音者。此疏云「又言『放勳有曰』」，朱子集注云「堯言：勞者勞之」，又云「蓋命契之辭也」，皆誤讀「日」爲「曰」矣。更有無識者，横取此「勞之來之」以下竄入尚書「敬敷五教在寬」之後，妄甚。

〔一〕軍案：宋陳振孫直齋書録解題卷三云：「孟子音義二卷，龍圖閣學士、侍讀博平孫奭宗古撰。舊有張鎰、丁公著爲之音，俱未精當。奭方奉詔校定，撰集正義，遂討論音釋，疏其疑滯，備其闕遺，既成上之。」阮元孟子注疏校勘記云：「音義出『日』，云：『丁音馹。或作「曰」，誤。』」

〔二〕軍案：「遭水逆行，其小民放辟邪侈」，阮元刻孟子注疏本作「遭水災，恐其小民放辟邪侈」。阮氏校勘記云：「廖本、孔本、韓本、考文古本同。岳本亦作『恐』。宋本『恐』作『愆』。閩、監、毛三本『災恐』作『逆行』。」

〔三〕軍案：「德，『恩惠』之『德』也」，阮元校勘記云：「閩、監、毛三本同。廖本、孔本、韓本、考文古本作『加德惠也』。」

9

屯如驙如

易屯六二：「屯如邅如。」釋文：「邅如，張連反，馬云：『難行不進之貌。』」

案：說文辵部無「邅」字，走部：「趁，䞴也。从走，㐱聲。䞴，趁也。〔一〕从走，亶聲。」馬部：「駗，〔二〕馬載重難行也。从馬，㐱聲。驙，駗驙也。从馬，亶聲。易曰：『乘馬驙如。』」是易「邅如」字當作「驙」。馬季長云「難行不進」，與許叔重「載重難行」之義正同，是馬亦當作「驙」也。

今本作「邅」，蓋易或借用「䞴」字，篆文「走」與「辵」偏旁相似，遂誤作「邅」。說文引

易「屯如驙如」作「乘馬驙如」者，此涉下文「乘馬班如」而誤，猶引詩「或舂或舀」爲「或舂或揄」之異，而誤作「或簸或舀」也。〔三〕

〔一〕軍案：説文段注云：「按：『趁趲』即屯六二『屯如亶如』。馬融云：『難行不進之皃。』『亶』，俗本作『邅』，葉林宗抄宋版釋文、吕祖謙音訓皆作『亶』。馬部作『駗驙』，『駗驙，馬載重難也』。皆雙聲疊韻，疑兩篆下本皆作『趁』。」

〔二〕軍案：説文「駗」下段氏補「駗驙」，注云：「二字雙聲，各本皆删，今依玉篇補。」

〔三〕軍案：詩大雅生民云：「或舂或揄，或簸或蹂。」釋文云：「揄，音由，又以朱反，抒臼也；説文作『舀』，弋紹反。」陸氏所見説文引詩作「或舂或舀」者，「舀」、「揄」異文，「揄」爲「舀」之假借字。宋本説文臼部云：「舀，抒臼也。从爪、臼。詩曰：『或簸或舀。』」此「簸」字涉詩下文「或簸或蹂」而誤。臧氏所言是也。

10 周咨諏謀度詢

毛詩皇皇者華一篇，皆用春秋内、外傳爲説。

「駪駪征夫，每懷靡及」，傳曰：「征夫，行人也。每，(懷)[雖]；〔一〕懷，和也。」魯語

下：「皇皇者華，君教使臣曰：『每懷靡及。』臣聞之曰：『懷和爲每懷。』」〔二〕

「周爰咨諏」，傳：「忠信爲『周』，訪問於善爲『咨』，咨事爲『諏』。」左傳襄四年云：「訪問於善爲『咨』，咨事爲『諏』。」魯語云：「咨才爲『諏』，忠信爲『周』。」

「周爰咨謀」，傳：「咨事之難易爲『謀』。」左傳云：「咨難爲『謀』。」國語云：「咨事爲『謀』。」

「周爰咨度」，傳：「咨禮義所宜爲『度』。」左傳云：「咨禮爲『度』。」國語云：「咨義爲『度』。」

「周爰咨詢」，傳：「親戚之謀爲『詢』。」左傳、國語皆云：「咨親爲『詢』。」

案：左傳當云「訪於善爲『咨』」。毛傳以義增足，故云「訪問於善爲『咨』」。今左傳亦曰「訪問此後人」，依毛傳增也。觀杜氏注此五句，每句訓「咨」爲「問」，可證首句本無「問」字。

左傳、毛傳同云「咨事爲『諏』」，而國語云「咨才爲『諏』」者，謂咨賢才之謀也。「咨詢」爲親戚之謀，「咨諏」爲賢才之謀，合親、賢之謀而謀無不周矣。説文云：「諏，聚謀也。」賢才須合聚謀之，又擇其善者從之。爾雅釋詁：「詢，信也。」「親戚」者，吾之諸父、昆弟，其謀爲吾所親信，不必聚合而擇之也。國語作「才」，較二傳作「事」義更精密。而韋注云「『才』當爲『事』」，非也。

左傳「咨難爲『謀』」，國語「咨事爲『謀』」，毛公合二傳爲訓，故云「咨事之難易爲『謀』」，猶左傳「咨禮爲『度』」，國語「咨義爲『度』」，而毛傳云「咨禮義所宜爲『度』」也。乃韋氏據左傳，云「『事』當爲『難』」，誤矣。説文云「慮難曰『謀』」，亦讀「難」爲「難易」之「難」，與毛公合。而杜注左傳云「問患難」，非也。

左傳無「忠信爲『周』」，而云「君教使臣曰：『必諮於周』」，是「周」爲「忠信」矣，故杜注云「忠信爲『周』」。國語無「訪於善爲『咨』」，而云「諏、謀、度、詢，必咨於周」，是「咨」爲「訪善」矣，故韋注云「訪問於善爲『咨』」。

又毛傳曰：「兼此五者，雖有中和，當自謂『無所及』，成於六德也。」箋云：「中和，謂忠信也。五者，咨也、諏也、謀也、度也、詢也。雖得此於忠信之賢人，猶當云『己將無所及於事』，則成六德。言慎其事。」正義曰：「韋昭云：『六德，謂諏也、謀也、度也、詢也、咨也、周也。』『周』者，彼賢之質，不當以『周』備數。箋、傳之意，以自謂『無所及於事』是謙虚謹慎，以之爲一，通彼五者爲『六德』，不與韋昭同也。」

琳案：左傳上言「咨、詢、度、諏、謀」，而下云「臣獲五善，敢不重拜」，故毛、鄭、杜氏皆以「五善」謂「咨、諏、謀、度、詢」；國語上云「諏、謀、度、詢，必咨於周」，下云「君況使臣以大禮，重之以六德」，故韋氏并「周」爲「六德」：皆與内、外傳本文合。

毛公既用外傳，則所言「六德」當與韋氏同。蓋既得五者於忠信之人，己又慎其事，自謂「無所及於事」，則己之必忠必信可知矣。以己之忠信，合所得於忠信人之五者，則成「六德」。毛、鄭之説甚明。而孔仲達過爲區別，亦誤也。

春秋正義引孔晁國語注云「既有五善，又自謂『無及』，成爲六德」，本毛傳爲説。而正義申之云「言自謂『知所無及』，懷靡謙以問知者，〔三〕此亦即是一德，故爲六德也」，亦不知「一德」即言「忠信」也。

〔一〕軍案：「懷」字誤，今依毛詩傳、清經解本改作「雖」。

〔二〕軍案：參本書卷三十「每懷靡及」條。

〔三〕軍案：阮元校勘記云：「『所無』當作『無所』，乃與詩傳、箋合。宋本無『靡』字。」

11

縜寸焉

考工記：「梓人爲侯，上綱與下綱出舌尋，縜寸焉。」注：「綱，所以繫侯於植者也。上下皆出舌一尋者，亦人張手之節也。鄭司農云：『綱，連侯繩也。縜，籠綱者。「縜」讀爲竹中皮之「縜」。〔一〕舌，維持矦者。』」釋文：「縜，于貧反，或尤粉反，劉矦犬反，一音古犬反。」

案：「于貧」、「尤粉」兩反，皆「員」聲，字作「縜」；「矦犬」、「古犬」兩反，皆「肙」聲，字作「絹」。儀禮鄉射禮「乃張矦，下綱不及地武」，釋曰：「周禮梓人云：『上綱與下綱出舌尋，絹寸焉。』」此「縜」字作「絹」之證。

然說文糸部云：「縜，持綱紐也。从糸，員聲。周禮曰『縜寸』。」則「綱紐」字，「員」聲爲正。許叔重所據古文本作「縜」。作「絹」爲「繒如麥稩」，〔二〕義別。劉昌宗音「矦犬反」，儀禮疏作「絹」，非也。

〔一〕大昕案：禮器「如竹箭之有筠」，說文無「筠」字，當從周禮注作「縜」。

〔二〕軍案：說文糸部云：「絹，繒如麥稩。」段玉裁於「稩」下補「色」字，注云：「『色』譌『也』，而俗刪之耳。『稩』者，麥莖也。繒色如麥莖青色也。」

12

大城陳蔡不羹

左傳昭十二年：「楚靈王曰：『今我大城陳、蔡、不羹，賦皆千乘，諸侯其畏我乎？』」對曰：『畏君王哉。是四國者，專足畏也。』」杜注：「四國，陳、蔡、二不羹。」

正義曰：「劉炫以爲：『楚語云：「靈王城陳、蔡、不羹，使僕夫子晳問於范無宇曰：『今吾城三國，賦皆千乘，亦當晉矣，諸侯其來乎？』對曰：『是三城者，豈不使諸侯之愓焉？』」今國語作「愓愓焉」，因韋注而衍。彼再言「三城」，無「四國」也。縱使不羹有二，或當前後遷焉，非是並有二也。炫謂古「四」字積畫，「四」當爲「三」，以規杜過。』今知不然者，以『三』之與『四』，古雖積畫，錯否難知，但今諸儒所注春秋傳本並云『四國』，無作『三』者。國語是（外）［不］傳之書，〔一〕何可執以爲真而攻左氏？劉雖有所規，未可從也。」

案：昭十一年傳「楚子城陳、蔡、不羹」，杜注：「襄城縣東南有不羹城，定陵西北有不羹亭。」即此所謂「二不羹」也。

國語楚語上韋注云：「三國，楚別都也。魯昭八年，楚滅陳，使穿封戌爲陳公；十一年，滅蔡，使公子棄疾爲蔡公。今潁川定陵有東不羹城，襄城有西不羹亭。」〔二〕

又漢書地理志「潁川郡」：「定陵有東不羹，襄城有西不羹。」陸德明謂漢書地理志作「更」字。今本葢依左傳所改。又續漢書郡國志二「潁川郡」「襄城有西不羹」，劉注引「杜預曰：『有不羹城』」；「定陵有東不羹」，劉注引「杜預曰：『縣西北有不羹亭。』地道記曰：『高陵山，汝水所出』」。

又水經注二十一：「汝水又東南逕襄城縣故城南，又東南流逕西不羹城南。春秋左傳：『楚靈王曰：「今我大城陳、蔡、不羹。」』東觀漢記曰：『車騎馬防以前參藥勤勞省闥，增封侯國襄城〔羹〕亭千二百五十户。』即此亭也。」〔三〕然則杜氏以不羹爲有二，本之春秋外傳、兩漢書、東觀記，又與王隱晉書、酈道元水經注皆合。此條尚不得竟以杜氏爲誤。

劉光伯謂「縱使不羹有二，或當前後遷焉，非是並時有二」，此説亦爲近理；至據外傳言「古『四』字積畫，『四』當爲『三』」，則非也。

孔氏言「諸儒所注本並云『四國』，無作『三』者」，則鄭司農、賈景伯、服子慎等書皆作「四國」矣，豈盡誤乎？

案：賈誼新書大都云：「昔楚靈王問范無宇曰：『我欲大城陳、蔡、葉與不羹，諸侯其來朝乎？』范無宇曰：『今大城陳、蔡、葉與不羹，或不充，不足以威晉。若充之以資財，實之以重禄之臣，是輕本而重末也。終爲楚國大患者，必此四城也。』靈王弗聽，果城陳、蔡、葉與不羹。居數年，陳、蔡、葉與不羹或奉公子棄疾，内作難，楚國雲亂。」考賈生之言，即本外傳爲説。則賈所見外傳，本作「靈王城陳、蔡、葉、不羹」，與内傳「四國」之説合。

水經注又云：「汝水又東得醴口水。下皆云「醴水」。醴水又屈而東南流逕葉縣故城北，春秋昭公十五年『許遷于葉』者也。楚盛周衰，控霸(西)[南]土，〔四〕欲爭强中國，多築列城於北方，以逼華夏，故號此城爲『萬城』，或作『万』舊譌「方」。字。唐勒奏土論曰：『我是楚也，世霸南土，自越以至葉，垂宏境萬里，故號曰「萬城」也。』春秋屈完對齊侯曰：『楚國方城以爲城。』〔五〕杜預曰：『方城，山名也，在葉南。』〔六〕未詳孰是。楚惠王以封諸梁子，號曰葉公城，即子高之故邑也。」

據此，可知賈氏以陳、蔡、葉、不羹爲「四城」之確。正以「葉」與「陳、蔡、不羹」連合，故謂「多築列城於北，以逼華夏，號此城爲『萬城』」。又云「宏境萬里，號曰『萬城』」，與內傳「大城」之説合。若特沈諸梁一邑之葉，安得云「萬城」？安得云「萬里」？

蓋靈王大城四國，至惠王分一葉以封諸梁。曰「萬城」者，本合四國而言之，一葉不得專有其名。既分之後，猶號葉(成)[城]爲「萬城」，〔七〕則相沿乎昔日之總名也。

韋本國語云「靈王城陳、蔡、不羹」，云「今吾城三國」，云「是三城也」，云「三年，陳、蔡及不羹人納棄疾，而殺靈王」，蓋後來脱落「葉」字，故內傳亦誤同之。

劉光伯謂楚語再言「三城」，豈如賈書之四言「陳、蔡、葉、不羹」，一言「四城」爲可據乎？〔八〕

〔一〕軍案：「外」，左傳孔疏作「不」，今據改。

〔二〕軍案：「今潁川」至「不羹亭」，式訓堂刻董增齡國語正義本同。國家圖書館藏宋刻宋元遞修本國語韋昭注作「今潁川定陵西北有不羹城，襄城西北有不羹亭」，「定陵」下有「西北」二字，無「東」字；「襄城」下有「西北」二字，無「西」字，是也。徐元誥國語集解引吳曾祺云：「不羹有二，故内傳言『四國』。此言『三國』者，合言之也。今河南襄城縣東南有西不羹，舞陽縣北有東不羹。」

〔三〕軍案：見水經注卷二十一汝水。「襄城」下水經注有「羹」字，今據補。

〔四〕軍案：「西」，水經注作「南」，今據改。

〔五〕軍案：見僖四年左傳。

〔六〕軍案：今本左傳杜注作「方城山在南陽葉縣南」。

〔七〕軍案：「成」當作「城」。

〔八〕大昕案：昭十三年「陳、蔡、不羹、許葉」連文，即子革所云「四國」也。葉本許都，故有「許葉」之稱。杜氏不知十二年傳有脱文，乃分「不羹」爲二，以足其數，失其義矣。新書最爲確證，賈君正傳左氏春秋者。○軍案：錢大昕云「新書最爲確證」，謂賈誼新書大都篇。王引之經義述聞卷十九「是四國者」條云：「陳、蔡、不羹相距或二三百里，或三四百里。而今之襄城，南距葉縣六十里。古葉邑即在葉縣南三十里，與襄城東南之不羹城相距不及百里。襄城之不羹已大城矣，未百里而又城葉，無是理也。學者當據內、外傳以正賈子之誤，何反據賈子以疑左氏乎？」

13

勿士銜枚

詩東山：「制彼裳衣，勿士行枚。」傳：「士，事。枚，微也。」箋云：「勿，猶『無』也。女制彼裳衣而來，謂兵服也；亦初無行陳銜枚之事，言前定也。春秋傳曰：『善用兵者不陳。』」

正義曰：「汝雖制彼兵服裳衣而來，得無事而歸。久勞在軍，無事於行陳「行陳」二字後人妄加。銜枚。言敵皆前定，未嘗銜枚與戰也。定本云『勿士行枚』，無『銜』監本「銜」字空闕，今補。字。箋云『初無行陳銜枚之事』，定本是也。」釋傳云：「『枚，微』者，其物微細也。大司馬陳大閱之禮，教戰法云：『遂鼓，銜枚而進。』注云：『枚如箸，銜之，有繣結項中。軍法止語，爲相疑惑。』是『枚』爲細物也。」釋箋云：「『初無』猶『本無』，言雖是征伐，本無行陳此二字亦後人所加。銜枚之事。言豫前自定，不假戰鬬而服之也。」

案正義，知孔本經作「勿士銜枚」，箋作「無銜枚之事」。定本經「勿士行枚」，箋作「初無行陳衘枚之事」。陸德明與定本同，故於經大書「勿士行枚」而音之，於箋大書「無行陳」而音之。唐石經及今本皆從定本。

閒嘗爲之反覆參訂，知孔本爲是，釋文、定本皆非。而正義云「定本是」者，孔氏奉勅删定，不斥定本爲非也。

「衘」、「行」字異，鄭箋即欲改「行」爲「衘」，應有「『行』當爲『衘』」四字，而正義釋經、傳亦當别爲毛説。今皆不然，故知經本作「衘」。

太平御覽卷三百五十七。引詩「勿士衘枚」，與孔合。定本作「行」者，釋文云：「毛音衡，鄭音衘，王户剛反。」然則王肅改「衘」爲「行」，以與鄭異。

王肅自云「述毛」，定本爲肅所惑，以爲毛作「行」而鄭改爲「衘」，遂誤從之。定本以箋「行陳」爲釋經之「行」，以箋「衘枚」爲釋經之「枚」。釋文既同定本，音箋「行」爲「户剛反」，則經亦當同。乃以經「行」字「户剛反」爲王肅音，而别爲「鄭音衘」，則經、注乖違，上下難通矣。

蓋陸氏原知鄭作「勿士衘枚」，特爲王肅所惑，欲合鄭、王爲一，故於經具有三音，於箋又不覺誤同定本，反不若定本於經亦音「户剛反」之爲可通矣。此條孔勝於陸。

箋用穀梁莊八年傳「善用兵者不陳」，所以申上文「前定」之義，非因箋有「行陳」之言也。箋云「亦初無」，「亦」字當衍，孔本、定本皆無。

14 狼䟴載躓

詩狼跋：「狼跋其胡，載疐其尾。」傳：「跋，躐。疐，跲也。老狼有胡，進則躐其胡，退則跲其尾，進退有難，然而不失其猛。」正義曰：「『跋，躐。疐，跲』，釋言文。李巡曰：『跋，前行，曰躐。跲，郤頓，曰疐也。說文云：「跋，蹎。丁千反。躓，竹二反。跲。」「躓」即「疐」也。』然則『跋』與『疐』皆是『顛倒』之類。」

案：爾雅「跋，躐也」，郭注引詩曰：「狼跋其胡。」「疐，跲也」，郭注引詩曰：「載疐其尾。」釋文：「跋，郭音貝。疐，說文云『礙足不行』，與『躓』同。」〔一〕

又說文足部：「䟴，步行躐跋也。从足，貝聲。」「跋，蹎跋也。从足，犮聲。」「躓，跲也。从足，質聲。詩曰：『載躓其尾。』」叀部：「疐，礙不行也。从叀，引而止之也。」家藏寫本徐鍇說文作「疐，閡也」。然則「䟴」與「跋」，「躓」與「疐」，各異字。

毛詩「狼跋其胡」當作「狼䟴」，「載疐其尾」當作「載躓」。爾雅「跋，躐也」當作「䟴，躐也」，「疐，跲也」當作「躓，跲也」。今二書皆作「跋」、「疐」，因聲近假借。正文當作「䟴」、

「躓」。何以明之？釋言兩訓正解此詩，而郭氏「跋，音貝」，是明知「跋」爲「䟺」之假借矣。說文「䟺，步行躐跋也」當作「步行獵䟺也」。如「跋」下云「蹎跋也」，可證。「獵」，古「躐」字。說文足部無「躐」，辵部有「邋」，云「搚也」，義別。說文之「獵䟺」，即爾雅之「躐䟺」；釋文「蒲末反」，非也。

文選西征賦「亦狼狽而可愍」，李注：「文字集略曰：『狼狽，猶「狼跋」也。』孔叢子曰：『吾於狼狽，見聖人之志。』荀悅漢紀論曰：『周勃狼狽失據，塊然囚執。』狽，音貝。」考說文犬部無「狽」字，「狽」亦「䟺」之譌，則詩之作「狼䟺」，有明證矣。

爾雅、毛傳皆云「疐，跲也」，而說文作「躓，跲也」。「疐」字一本訓爲「合也」，一本訓爲「礙不行也」，與爾雅、毛傳義異。釋言又云：「疐，仆也。」亦是「躓跲」字，而非「閡礙不行」字。故郭注云「頓躓倒仆」，以「疐」爲「躓」之假借也。

乃陸德明云「疐，與『躓』同」，孔仲達云「躓，即『疐』也」，廣韻六至「疐，礙也，頓也。躓，礙也，頓也」，皆誤以「疐」、「躓」爲一字。

釋文引說文云：「疐，礙足不行。」案：說文云：「疐，礙不行也。从叀。『叀』者，如叀馬之鼻，與『牽』同意。」李陽冰云：「車前重，不前合。从『車』宜上畫平，不从『屮』，明矣。」徐鍇云：「凡專謹者，事多閡。故从叀，不主於車。」〔二〕廣韻云：「疐，礙不行也。」〔三〕據此，知説文本無「足」字。陸德明引有「足」者，陸意「疐」與「蹪」同，因「疐」不从「足」，故以義增之耳。學者欲刺取唐人所引，以校今本説文，有不可輕信者若此。

〔一〕軍案：説文叀部：「疐，礙不行也。」段注云：「釋言云：『疐，跆也。』豳風毛傳同。足部：『蹪，跆也。跆，蹪也。』以大學『僨』亦作『憤』推之，則『疐』即『蹪』字，音、義皆同。許不謂一字，殊其義者，依字形爲之説也。如許説，則爾雅、毛傳假『疐』爲『蹪』。」

〔二〕軍案：李、徐之言，見徐鍇説文解字繫傳卷三十六袪妄篇「疐」字條。

〔三〕軍案：見廣韻去聲六至。

15 設服離衛

左傳昭元年：「楚公子圍設服離衛。」杜注：「設君服，二人執戈陳於前，以自衛。離，陳也。」正義引服虔云：「二人執戈在前，在國居離宫，陳衛在門。」是以「離衛」爲「離宫之衛」，與杜異。師古注漢書云「離列人君之侍衛也」，與杜合。正義曰：「穆子言『似君』，知『設服』，設君服也。唯譏執戈，不言衣服，則君服即二戈是也。」

漢書五行志中上「設服離衛」，張晏注曰：「『設服』者，設人君之服。『離衛』者，二人執戈在前也。」是以「設服」、「離衛」爲二事。

案：下文「叔孫穆子曰：『楚公子美矣，君哉』」，此言圍之「設服」也。「鄭子皮曰：『二執戈者前矣』」，此言圍之「離衛」也。張氏説與下文合。杜注「美矣，君哉」云：「美服似君。」注「二執戈者前矣」云：「禮，國君行，有二執戈者在前。」則杜氏本作二事。正義云「君服即執戈」，非杜意也。注「蒲宮有前，不亦可乎」云：「既造王宮而居之，雖［服］君服，〔一〕無所怪。」似以「君服」爲即「執戈」也。

〔一〕軍案：「雖」下昭元年左傳杜注有「服」字，今據補。本書卷十八「蒲宮有前」條引杜注不誤。

16　五指之名

左傳宣四年：「子公之食指動。」杜注：「第二指也。」

正義曰：「大射禮云：『右巨指鉤弦。』鄭玄云：『右巨指，右手大擘也。』〔一〕又曰：『設決，朱極三。』鄭玄云：『極，猶「放」也，所以韜指，利放弦也，以朱韋爲之。「三」者，食指、將指、無名指。小指短，不用。』然則手之五指之名，曰巨指、食指、將指、無名指、小指也。

定十四年傳：『闔閭傷將指，取其一屨。』注云：『其足大指見斬，遂失屨。』謂大指爲『將指』者，『將』者，言其將領諸指也。足之用力，大指爲多；手之取物，中指最長，故足以大指爲將指，手以中指爲將指。其食指者，食所偏用，服虔云：『俗所謂「啑鹽指」也。』

〔一〕軍案：儀禮大射禮鄭注無「也」字。

經義雜記卷三十

武進學生臧琳玉林

1 瓠字假借作壺

詩七月："八月斷壺。"毛傳："壺，瓠也。"此非訓"壺"爲"瓠"，乃經借"壺"爲"瓠"，故傳謂"壺"即"瓠"字，於六書爲假借也。

爾雅釋木有"壺棗"，郭注云："今江東呼棗大而鋭上者爲『壺』。壺，猶『瓠』也。"借"壺"作"瓠"，與毛詩正同。釋文引孫炎注云："棗形上小下大似瓠，故曰『壺』。"此即郭之所本，較郭語尤明。

2 十二辰之禽

論衡物勢云：

五行之氣相賊害，含血之蟲相勝服，其驗何在？曰：〔一〕寅，木也，其禽虎也。戌，土也，其禽犬也。丑、未，亦土也，丑禽牛，未禽羊也。木勝土，故犬與牛、羊爲虎所服也。亥，水也，其禽豕也。巳，火也，其禽虵也。子亦水也，其禽鼠也。午亦火也，其禽馬也。水勝火，故豕食虵；火爲水所害，故馬食鼠屎而腹脹。

曰：審如論者之言，含血之蟲，亦有不相勝之効。午，馬也。子，鼠也。酉，雞也。卯，兔也。水勝火，鼠何不逐馬？金勝木，雞何不啄兔？亥，豕也。未，羊也。丑，牛也。土勝水，牛、羊何不殺豕？巳，虵也。申，猴也。火勝金，虵何不食獼猴？獼猴者，畏鼠也。囓獼猴者，犬也。鼠，水。獼猴，金也。水不勝金，獼猴何故畏鼠也？戌，犬也。申，猴也。土不勝金，猴何故畏犬？

東方，木也，其星倉龍也。西方，金也，其星白虎也。南方，火也，其星朱鳥也。北方水也，其星玄武也。天有四星之精，降生四獸之體，含血之蟲，以四獸爲長。四獸含五行之氣最較著。案：龍、虎交不相賊，鳥、龜會不相害。以四獸驗之，以十二辰之禽效之，五行之蟲以氣性相刻，則尤不相應。

又蔡中郎集月令問荅云：

凡十二辰之禽，五時所食者，必家人所畜，丑牛，未羊，戌犬，酉雞，亥豕而已；其餘龍、虎以下，非食也。春木王，木勝土，土王四季。四季之禽，牛屬季夏，犬屬季秋，故未羊可以爲春食也。夏火王，火勝金，故酉雞可以爲夏食也。季夏土王，土勝水，（故）〔當〕食豕而食牛。〔一〕土，五行之尊者；牛，五畜之大者。四行之牲，無足以配土德者，故以牛爲季夏食也。秋金王，金勝木，寅虎非可食者，犬、豕疑。而無角，虎屬也，故以犬爲秋食也。冬水王，水勝火，當食馬，而禮不以馬爲牲，故以其類而食豕也。然則麥爲木，菽爲火，麻爲金，黍爲水，各配其牲爲食也。雖有此説，而米鹽精粹，「碎」通。不合於易卦所爲之禽及洪範傳五事之畜，〔三〕近似卜筮之術，故予略之，不以爲章句，聊以應問，見有説而已。

案：十二辰本於五行，王仲任、蔡伯喈俱據五行言之，而不甚信。余以五行推核之，知此理不謬。

〔一〕軍案：黄暉論衡校釋卷三物勢篇云：「『曰』上疑有『或』字，方與前文一律。此乃或者之言。」

〔二〕軍案：「故」，文淵閣四庫全書本蔡中郎集卷三作「當」，是也，今據改。

〔三〕軍案：集韻上聲三十六養云：「象，古作『爲』。」

3

盧鄭薄葬

後漢書鄭康成傳云：「疾篤，遺令薄葬。」又太平御覽（六百八）〔五百五十五〕載盧植別傳曰：〔一〕「植初平三年卒，臨困，敕其子儉葬於山足，不用棺，疑「椁」字誤。附體單帛而已。」此見二賢之安死儉葬亦有同志焉。

〔一〕軍案：「六百八」當作「五百五十五」。

4

穀梁經捷作接

春秋莊十二年：「秋，八月甲午，宋萬弒其君捷。」今左氏、穀梁皆作「捷」。公羊作「接」，解云：「正本皆作『接』字，故賈氏云『公羊、穀梁曰「接」』」，「是」也。」〔一〕據此，知賈景伯所見穀梁本與公羊同作「接」。今作「捷」者，蓋後人誤從左氏改耳。當從賈注校正。徐云「正本皆作『接』字」，是俗本亦有作「捷」者。公羊音義云：「接，左氏作『捷』。」穀梁音義無文，蓋亦誤同今本矣。公羊春秋僖卅二年「鄭伯接卒」，左氏、穀梁作「鄭伯捷」。又文十四年「晉人納接菑于邾婁」，左氏、穀梁作「捷菑」。「接」、「捷」二字古多互用。

〔一〕軍案：「也」上，公羊傳徐彥疏有「是」字，今據補。

5

公羊經甯速

春秋文四年：「衛侯使甯俞來聘。」左氏、公、穀並同。

案：公羊解云：「正本作『速』字，舊譌「宇」。故賈氏云『公羊曰「甯速」』，是也。」據此，知賈氏所見公羊作「甯速來聘」，即徐所謂「正本」是也。後人依左、穀改之。釋文云「甯俞，下音餘」，已同今本矣。

6

美目揚兮

詩猗嗟：「美目揚兮。」傳：「好目揚眉。」正義曰：「目、揚俱美，（專）〔傳〕欲（辯）〔辨〕『揚』是『眉』，〔一〕故省其文，言『好目揚眉』。」

然則此言「美目揚兮」者，謂目好，眉又好，「美」字兼目、眉二事言之。猶三章「清揚婉兮」，傳「好眉目也」，謂清目、揚眉，眉、目皆婉然好也。上文「抑若揚兮」，分言眉之美；下文「猗嗟名兮，美目清兮」，分言目之美。故傳云：「抑，美色。揚，廣揚。目上爲名，目下爲清。」蓋「清」與「名」皆言目。

禮記檀弓：「子夏喪其子，而喪其明。」注：「明，目精。」冀州從事郭君碑云：「卜商號咷，喪子失名。」〔二〕是「明」與「名」通。而爾雅、毛傳皆曰「目上爲名」者，以「猗嗟名兮，美目清兮」連文，「清」既屬目，嫌「名」不是目，故以目之上、下別之，所謂散言皆通，對文則異也。

孫叔然注爾雅云「目上平博」，郭景純云「眉眼之閒，謂眉之下、眼之上也」，與爾雅本經及毛詩皆合。薛注西京賦亦曰：「略，眉睫之閒。」

〔一〕軍案：「傳」原作「專」，「辨」原作「辯」，今據毛詩正義改。
〔二〕軍案：見洪适隸續卷十九。

7

皇矣傳考正

詩皇矣：「維此二國，其政不獲。維彼四國，爰究爰度。」傳：「二國，殷、夏也。彼，彼有道也。四國，四方也。究，謀；度，居也。」箋云：「二國，謂今殷紂及崇侯也。正，長。獲，得也。四國，謂密也、阮也、徂也、共也。度，亦謀也。殷、崇之君，其行暴亂，不得於天心。密、阮、徂、共之君，於是又助之謀。言同於惡也。」

「上帝耆之，憎其式廓。乃眷西顧，此維與宅。」傳：「耆，惡也。廓，大也。憎其用大位，行大政。顧，顧西土也。宅，居也。」箋云：「耆，老也。天須假此二國，養之至老，猶不變改，憎其所用爲惡者浸大也，乃眷然運視西顧，見文王之德，而與之居。言天意常在文王所。」

釋文：「其政，如字。政，政教也。鄭作『正』。正，長也。爰度，待洛反，篇内皆同，毛『居也』，鄭『謀也』。耆之，巨夷反，毛『惡也』，鄭『老也』。」

正義曰：「紂師喪殷，桀亦亡夏，其惡既等，故配而言之，猶嵩高之美申伯，而及甫侯也。『究，謀』，釋詁文。以王者度地居民，故以『度』爲『居』也。桀、紂身爲天子，制天下之命；雖是有道之國，皆服而從之，與之謀爲非道。故王肅云：『彼四方之國，乃往從之謀，往從之居。』其(秦亡)[奏云]：此三字當爲衍文。〔一〕『家語引此詩，乃云：「紂政失其道，而據萬乘之勢，四方諸侯，固猶從之謀度於非道，天所惡焉。」』傳意當然也。孫毓云：『天觀衆國之政，求可以代殷之人。先察王者之後，故言商而及夏。夏者，夏禹之世。

時爲二王之後者，不得追斥桀也。桀亡國六百餘年，何求於將代殷而惡之乎？』或以毓言爲毛義，斯不然矣。『耆』者，老也。人皆惡己之老，故『耆』爲『惡』也。王肅云：『惡桀、紂之不德也。』肅於此仍連（文）［桀］、紂言，〔二〕以桀、紂行同。自此以上，其文皆可兼桀。雖文可兼之，意不惡桀也。『廓，大』，釋詁文。『宅，居』，釋言文。」

琳案：箋訓「正」爲「長」，而不云「『政』當爲『正』」，則鄭所據毛詩本作「其正不獲」。唐石經原刻作「正」，依鄭本也；後改爲「政」，依肅本也。據王肅引家語云「紂政失其道」，孫毓云「天觀衆國之政」，知王肅改「正」爲「政」，以與鄭難；孫毓朋於王，故述毛亦作「政」。

左傳文四年作「其政不獲」，與毛詩異，或左傳亦本作「正」也。傳云「究，謀。度，居也」，「度，居」二字亦肅所增。蓋傳本云「究，謀也」，故箋申之云「度，亦謀也」。

爾雅釋詁：「度，謀也。」釋言：「宅，居也。」古文尚書「宅」字，兩漢人所引皆作「度」。然以「宅」爲「度」者，今文形聲之誤。

而毛詩爲古文，凡「宅居」皆作「宅」，凡「度謀」皆作「度」，則未嘗溷也。

如鴻鴈「雖則劬勞，其究安宅」，箋云：「女今雖病勞，終有安居。」文王有聲「宅是鎬京」，箋云：「宅，居也。」皇矣「此維與宅」，傳：「宅，居也。」崧高「定申伯之宅」，箋云：「定其宅，令往居謝。」閟宮「遂荒徐宅」，傳：「宅，居也。」玄鳥「宅殷土芒芒」，箋云：「居亳之殷地。」

如皇皇者華「周爰咨度」，傳：「咨禮義所宜爲度。」巧言「予忖度之」，箋云：「因己能忖度讒人之心。」皇矣「爰究爰度」，箋云：「度，亦謀也。」「帝度其心」，傳：「心能制義曰度。」「度其鮮原」，箋云：「度，謀也。」公劉「度其隰原」，箋云：「度其隰與原之多少。」抑「不可度思」，箋云：「神之來至、去止，不可度知。」閟宮「是斷是度」，正義曰：「於是量度之。」「宅」與「度」之不亂若此。

且皇矣上云「爰究爰度」，下云「此維與宅」，公劉上云「度其夕陽」，下云「豳居允荒」，尤可見「宅居」、「度謀」之區別分明矣。此既作「爰究爰度」，則「度」字必當訓「謀」。如爲「居」義，則經必作「爰究爰宅」而後可。

左傳文四年引詩「爰究爰度」，注云：「究、度，皆謀也。」誰謂毛公學識反出杜預下乎？肅引家語云「四方諸侯，固猶從之謀度於非道」，不料作僞之人稍不檢點，猶蹈襲舊義，訓「度」爲「謀」。此固王肅之疏漏處，而亦見雅訓之難容誣也。

案：正義引王肅云「乃往從之謀，（乃）往從之居」，〔三〕此「度，居」二字爲王肅所增之明證。〔四〕「耆，惡也」三字，疑亦肅所私加。今記於此，以待後賢定之。

傳記未見有以「耆」爲「惡」者，惟周頌武「耆定爾功」釋文於「耆」下引韓詩云「惡也」，不詳所本。肅或據之，遂取以難鄭。故孫毓云：「桀亡國六百餘年，何求於將代殷而惡之乎？」家語云「天所惡焉」，王肅云：「惡桀、紂之不德也。」孫毓既朋於王，家語又肅所撰，故同以「耆」爲「惡」，而不足取信也。上云「上帝惡之」，下云「憎其式廓」，不嫌複乎？以「耆」爲「老」，經典之通義。養老其惡，此詩之諦訓。舍「老」而言「惡」，是棄其本訓而拾其緒餘也。

又「憎其用大位，行大政」，此八字亦疑肅所私加，以證上文「其正不獲」之爲「政」，「四國爰究爰度」之爲「四方之國從桀、紂謀居」。不知毛意「維此二國，其正不獲。維彼四國，爰究爰度」者，謂此夏、殷之後，其君長不得乎帝心，彼四方有道之國，上帝於是謀究之，於是謀度之，期欲得賢君以爲民主，即篇首所云「監觀四方，求民之莫」也。下言「上帝耆之，憎其式廓。乃眷西顧，此維與宅」者，謂上帝養老之，不遽棄二國，而二國不能改，上帝心憎其用惡浸大，遂眷顧西周，而與之居也。

蓋上帝無私，先究度於四方，晚而得之西土，序所云「天監代殷，莫若周」也。「上帝耆之，憎其式廓」，應上「維此二國，其正不獲」。「乃眷西顧，此維與宅」，應上「維彼四國，爰究爰度」。鄭康成從魯詩以改毛義，故箋不與傳同。正義下引張融云：「魯詩之義，以阮、徂、共皆爲國名。」故知此箋以密、阮、徂、共爲「四國」，本之魯詩。王肅自云述毛，何所言更非毛意？桀、紂身爲天子，「用大位，行大政」正天子之事，上帝豈以此憎之？故知此八字非毛傳本文也。「廓」之爲「大」，毛既有傳；「式」之爲「用」，亦屬常訓，又何煩此二語乎？

「顧，顧西土也」，當作「西顧，顧西土也」。

正義所載家語，今家語無之。據孔氏所言，知王肅既竄改毛詩，即私撰家語以合其所改，罪案見在，可覆審也。

嗟乎！秦始皇焚書，賴漢初之儒而六經得如故。王肅注書，（祇）［祗］嫉鄭君之賢而欲出其上，〔五〕遂逞其庸妄之見，以顛倒六經。肅之罪甚於始皇。而晉、唐以來，儒者罕覺其謬，遂至轉相授受，多爲小人所欺。至余而灼見其弊，不得不大聲疾呼以救正之。惜余老矣，於尚書、毛詩、禮記三書，甫啟端以折其謬，而精力未能全逮。後之人以余所考正者類推及之，易易矣。區區開創之功，自負當步趨漢儒。後有明見卓識之士，當不以余言爲誣也。

〔一〕軍案：「其秦亡」，阮元校勘記云：「閩本、明監本同。毛本『秦』作『泰』。」案：皆誤也。當作『其奏云』，謂王肅奏也。正義凡四引，此及賓之初筵、生民、卷阿是也。經義雜記云『此三字當爲衍文』者，失考耳。」阮氏所言是也，今從改。

〔二〕軍案：「文」，毛詩正義作「桀」，今據改。

〔三〕軍案：下「乃」字當衍，毛詩正義所無，今據删。

〔四〕鏞堂謹案：緜「度之薨薨」，傳「度，居也」三字，亦肅所增。毛傳「陾陾，衆也。言百姓之勸勉也」，二語相承。箋云：「度，猶投也。築牆者捊聚壤土，盛之以虆，而投諸版中。」釋文云：「韓詩云：『度，填也。』」與箋義合。釋文：「薨薨，爾雅云『衆也』，王云『亟疾也』。」案：正義釋毛云：「受取而居於板中。居之亟疾，其聲薨薨然。」正用肅説爲毛義也。

〔五〕軍案：「祇」當作「祗」，清經解本誤作「祇」。

8

夢黃熊

左傳昭七年：「鄭子産聘于晉。韓宣子曰：『寡君寢疾，今夢黃熊入于寢門，其何厲鬼也？』對曰：『昔堯殛鯀于羽山，其神化爲黃熊，以入于羽淵。』」釋文：「黃能，如字，一音奴來反；亦作『熊』，音雄，三足鼈也。解者云：『獸非入水之物，故是鼈也。』一曰：『既爲神，何妨是獸？』」案：説文及字林皆云：『能，熊屬，足似鹿。』然則『能』既熊屬，又爲鼈類。今本作『能』者，勝也。東海人祭禹廟，不用熊白及鼈爲膳，斯豈鯀化爲二物乎？」

正義曰：「諸本皆作『熊』字。賈逵云：『熊，獸也。』説文云：『熊，獸似豕，山居，冬蟄。』釋獸云：『羆，如熊，黄白文。』孫炎曰：『書云：「如熊如羆。」則「熊」似羆，似豕之獸，即今之所謂熊是也。』釋獸又云：『熊虎醜：其子，「狗」。』李巡曰：『熊虎之類，其子名「狗」。』則『熊』獸似虎，非『能』也。又釋魚云：『鼈三足，「能」。』樊光曰：『鼈皆四足，今三足，故記之。』彼是鼈之異狀。張衡東京賦云：『能鼈三趾。』梁王云：『鮌之所化，是能鼈也。若是熊獸，何以能入羽淵？』但以神之所化，不可以常而言之。若是能鼈，何以得入寢門？先儒既以爲獸，今亦以爲熊獸是也。汲冢書瑣語云：『晉平公夢見赤熊闚屏，惡之而有疾，使問子産。』言闚屏牆，必是獸也。張叔反論云：〔一〕『賓爵下華，〔二〕田鼠上騰。牛哀虎變，鮌化爲熊。久血爲燐，積灰生蠅。』傅玄潛通賦云：『聲伯忌瓊瑰而弗占兮，晝言諸而暮終。嬴正沈璧以祈福兮，鬼告凶而命窮。黄母化而爲黿兮，鮌殛變而成熊。』二者所韻不同。或疑張叔爲『能』。著作郎王劭云：『古人讀「雄」與「熊」音皆「于陵反」。張叔用舊音，傅玄用新音。張叔亦作「熊」也。』案詩無羊與正月，及襄十年衛卜禦寇之繇，皆以『雄』韻『陵』，劭言是也。」

琳案：説文：「能，熊屬，足似鹿。从肉，㠯聲。能獸堅中，（稱）故［稱］賢能；〔三〕而彊壯，稱能傑也。凡能之屬，皆从能。熊，獸似豕，山居，冬蟄。从能，炎省聲。凡熊之屬，皆从熊。」則「能」與「熊」異字異物。正義既言「諸本皆作『熊』」，又引賈逵注作「熊」，釋文云「亦作『熊』」，知左氏古文本作「熊」矣。梁王創臆説，謂鯀化是能鼈，若熊獸，不能入羽淵，遂妄改作「能」字。孔氏駮正之，是也。〔四〕

釋文兼述爲「能」、爲「熊」兩説，又引説文、字林謂作「能」亦是獸名，不定爲鼈。廣韻十六咍云：「能，爾雅謂三足鼈也；又獸名，禹父所化也。」亦以禹父所化之「能」爲獸，不爲鼈。此皆知梁王改「熊」爲「能」，訓「鼈」之不可通，而曲通之者也。

陸氏不能辨禹父所化果是熊、是鼈，故詭隨作「能」，希其兩通，尚何譏於東海人之祭禹廟乎？

鄭注禮記月令云：「來賓，言其客止未去也。」是讀「鴻鴈來賓」爲句。高誘注吕氏春秋、淮南子皆云：「賓雀，老爵也。棲宿堂宇之閒，似賓客，故曰『賓雀』。」〔五〕是讀「賓雀入大水爲蛤」作句。張叔從高誘讀也。詩東山正義曰：「淮南子云：『久血爲燐。』許慎云：『謂兵死之血爲鬼火。』」張意當然。

爾雅釋訓：「薨薨、增增，衆也。」釋文云：「薨薨，顧舍人本作『雄雄』。」而廣韻「薨」、「能」同在十七登。知古「薨」、「雄」、「能」、「熊」聲皆同。王氏之言是也。

左傳襄十年：「兆如山陵，有夫出征，而喪其雄。」正義曰：「此繇辭皆韻。古人讀

『雄』與『陵』爲韻。詩無羊、正月皆以『雄』韻『蒸』、韻『陵』，是其事也。」

〔一〕軍案：「張叔反論」，昭七年左傳正義阮元校勘記引錢大昕云：「李善注文選卷六、卷四十三引張升反論，卷三十一、卷四十引張叔及論，卷五十五引張升反論語，與春秋疏所引，本是一篇。而篇名或云『反論』，或云『反論語』，或云『及論』，或云『皮論』。其人名或云『叔』，或云『升』。考後漢書文苑傳有『張升，字彦真，陳留尉氏人。著賦、誄、頌、碑、書凡六十篇』。梁七録有『外黄令張升集二卷』。反論殆升所撰之一篇，如解嘲、釋譏之類。曰『皮』、曰『及』，皆字形相涉而譌。『叔』與『升』亦字形相涉也。」錢氏之言，詳見潛研堂文集卷七荅問四「問昭七年正義」條，文有異。○又案：文學評論一九九六年第二期載王利器全上古三代秦漢三國六朝文證誤云：「錢説謂當作反論，是也；謂如解嘲、釋譏之類，則非也。張升所謂『牛哀虎變』，見淮南子俶真篇，『積灰生蠅』見淮南子説山篇，『久血爲燐』見淮南子氾論篇。説山篇云：『狸頭愈鼠，雞頭已瘻，虻散積血，斲木愈齲，此類之推者也；膏之殺鱉，鵲矢中蝟，爛灰生蠅，漆見蟹而不乾，此類之不推者也。推與不推，若非而是，若是而非，孰能通其微？』類之不推，即謂物性之相反，張升舉而論之，蓋將通其微也。」王氏所言是也。

〔二〕玉裁案：當作「革」。○軍案：阮元校刻左傳正義改「華」作「革」。阮氏校勘記云：「宋本、閩本、監本、毛本『革』誤『華』。據潛研堂文集所引改正。」阮所據者，見錢大昕潛研堂文集卷七荅問四「問昭七年正義」條。

〔三〕軍案：「稱故」，疑涉下文「稱能傑也」而誤倒，説文不誤，今據乙。

〔四〕鏞堂謹案：禮記王制注云：「晉侯夢黄能入國。」釋文：「黄能，乃登反；本又作『熊』，音雄。」正義引昭七年左傳作「能」字，又云：「按爾雅：『鼈三足，「能」。』先師以爲『黄熊』，義或然也。」春秋正義已定從「熊」字，此反同釋文作「能」，未引先儒「黄熊」之説，復疑而不能定。五經正義作者非一人，故時有異同，於此可驗。

〔五〕軍案：見呂氏春秋季秋紀、淮南子時則訓高誘注。「賓雀」，呂氏春秋作「賓爵」。高注呂氏、淮南文稍異：注呂氏「雀」皆作「爵」，「宿」下有「於人」二字，「似」上有「有」字，「曰」作「謂之」；注淮南「宿」下有「人」字，「似」作「如」，「客」下有「者也」二字，「曰賓雀」作「謂之賓」。

9

淮夷蠻貊

詩閟宮：「淮夷蠻貊，及彼南夷，莫不率從。」傳：「淮夷蠻貊而夷行也。」〔一〕

案：此傳當云「淮夷蠻貊，夷行如蠻貊也」。經言「淮夷蠻貊」，傳意止有「淮夷」而無「蠻貊」，故謂「蠻貊」者，即淮夷之中其性行似蠻貊者耳。詩人欲誇大魯侯之功，故分列言之。今本傳作「蠻貊而夷行也」，是誤倒，「而」字當作「如」。又傳當有「淮夷蠻貊」四字，毛公先舉經文，而後下以己意。俗本以下文「夷行如蠻貊」之「蠻貊」誤倒於上，與上舉經之「淮夷蠻貊」相連，因疑「蠻貊」二字爲複而删之也。考正義釋經云「至于近海之國淮夷爲蠻貊之行者」，又釋傳云：「言『淮夷蠻貊如夷行』者，此當作「言淮夷如蠻貊之行者」。以『蠻貊』之文在『淮夷』之下，嫌蠻、貊亦服，故辯之。以僖公之從齊桓，唯能服淮夷耳，非能服南夷之蠻、東夷之貊，故即『淮夷蠻貊』謂淮夷如蠻貊之行。」則知孔本毛傳不誤，原作「夷行如蠻貊」甚明。

或問曰：「經言『淮夷蠻貊』，是明有蠻、貊矣，而傳以『蠻貊』即淮夷，何也？」琳案：上章云「至于海邦，淮夷來同，莫不率從」，與此章「至于海邦，淮夷蠻貊，莫不率從」文正同，上不言「蠻貊」，明此「蠻貊」即淮夷類也。且上篇泮水云「既作泮宫，淮夷攸服」，「既克淮夷，孔淑不逆。式固爾猶，淮夷卒獲」，「憬彼淮夷，來獻其琛」，皆止言淮夷，不言蠻、貊。此傳與經最合也。毛公，先秦大儒，不容有誤。

〔一〕軍案：阮元校勘記云：「小字本、相臺本同。案：此傳『而』當依正義作『如』。其讀則以『淮夷蠻貊』四字爲逗，傳之複舉經文者也；『如夷行也』四字爲句，傳文之説經也。以毛公文字簡奥，故説經本但有『淮夷』而併言『蠻貊』之意。云『如夷行也』，『如』者，譬況之言，謂經此文是譬況淮夷之行也，以爲足以明之矣。厥後作正義者，所受之讀未誤，故引而伸之。其言極爲明晰，可據以正各本『如』作『而』之誤，即可據以正岳本點『淮夷』二字逗、『蠻貊而夷行也』六字爲句之誤也。經義雜記讀之不審，一改傳文作『淮夷蠻貊，夷行如蠻貊也』，再改正義『言淮夷蠻貊如夷行者』作『言淮夷如蠻貊之行者』，紛紛塗竄，皆由未得其句逗所致。」阮氏所言是也。

10

鬱香艸

周禮鬱人：「和鬱鬯，以實彝而陳之。」注：「築鬱金，煮之以和鬯酒。鄭司農云：『鬱，草名，十葉爲貫，百二十貫爲築，以煮之鐎中，停於祭前。鬱爲草若蘭。』」釋曰：「王度記云：『天子以鬯，諸侯以薰，大夫以蘭芝，士以蕭，庶人以艾。』此等皆以和酒。王度記云『天子以鬯』，及禮緯云『鬯草生庭』，(階)[皆]是鬱金之草，〔一〕以其和鬯酒，因號爲『鬯草』也。」

又禮記郊特牲：「周人尚臭，灌用鬯臭，鬱合鬯。」正義曰：「『鬱合鬯』者，『鬱』，鬱金草也；『鬯』，謂鬯酒，煮鬱金草和之，其氣芬芳調鬯也，又以擣鬱汁和合鬯酒，使香氣滋甚，故云『鬱合鬯』也。鄭注鬱人云：『鬱，鬱金香草，宜以和鬯。』此序官注。盧云：『言取草芬芳當衍。香者，與秬黍鬱合釀之，成必當衍。爲鬯也。』馬氏說：『鬱，草名。如當作「以」。鬱金香草合爲鬯也。』」

案：說文鬯部：「𩰪，芳艸也，十葉爲貫，〔二〕百廿舊作「卄」，非。說文十部：「廿，二十并也。古文省。」貫爲「爲」字舊無，據周禮注補。築，（以）［㠯］煑之爲𩰪。〔三〕从臼、冂、缶、鬯；彡，其飾也。〔四〕一曰：『𩰪鬯，百艸之華，遠方𩰪人所貢芳艸，合釀之（以）［㠯］降神。』𩰪，今𩰪林郡也。」〔五〕又林部：「鬱，木叢生者。从林，𩰪省聲。」是「𩰪」、「鬱」不同，今多通用林部字。然郊特牲釋文云：「鬱，字又作『𩰪』，同。」知經典本與說文合也。

〔一〕軍案：「階」，周禮疏作「皆」，今據改。

〔二〕軍案：說文段注云：「『十』當作『千』。『百』字下曰『十百爲一貫』，是也。周禮注作『十』，亦誤。」

〔三〕軍案：「以」當作「㠯」。下「以」字同。

〔四〕軍案：「飾」，清經解本作「餙」，形近而譌。明焦竑俗書刊誤卷四云：「飾，俗作『餙』，非。」

〔五〕軍案：「遠方」下三「𩰪」字，說文段注本皆改作「鬱」。段注云：「三『鬱』字舊作『𩰪』，今依漢志作『鬱』。或說正以『鬱』釋『鬱』。許意古書云『鬱人所貢』，即今鬱林郡地之人也。水經，温水『至鬱林廣鬱縣爲鬱水』。地理志，武帝元鼎六年更名桂林爲鬱林。」○段注所云「漢志」，謂漢書地理志也；所引水經，見水經注卷三十六温水篇。

11

臧文仲居蔡

論語公冶長：「子曰：『臧文仲居蔡。』」集解：「包曰：『蔡，國君之守龜，出蔡地，因以爲名焉。』」朱子集注：「蔡，大龜也。」

案：左傳襄廿三年：「且致大蔡焉。」杜注：「大蔡，大龜。」釋文：「大蔡，龜名也。一云：『龜出蔡地，因以爲名。』」正義曰：「漢書食貨志云：『元龜爲蔡。』論語云：『臧文仲居蔡。』家語稱漆彫平對孔子云：『臧氏有守龜，其名曰蔡。文仲三年而爲一兆，武仲三年而爲二兆。』是『大蔡』爲『大龜』，『蔡』是龜之名耳。鄭玄云『出蔡地，因以（名）〔爲〕名焉』，〔一〕非也。」

又漢書食貨志下：「龜不盈五寸，貝不盈六分，皆不得爲寶貨。元龜爲蔡，非四民所得居；有者，入大卜受直。」注：「如淳曰：『「臧文仲居蔡」，謂此也。』說謂蔡國出大龜也。』臣瓚曰：『「蔡」是大龜之名也。書曰「九江納錫大龜」，大龜又不出蔡國也。若龜出楚，不可名龜爲「楚」也。』師古曰：『瓚説非也。本(目)[以]蔡出善龜，〔二〕故因名大龜爲「蔡」耳。』」

據此，知鄭康成、包氏注論語，如淳、顏師古注漢書，皆以爲龜出蔡地，因名「蔡」。蓋古人命名，多從本稱。「蔡」無「大龜」之訓，何詁「蔡」爲「大龜」乎？家語有「龜名曰蔡」之文，此王肅好與鄭難，陰排論語注「出蔡地」之説耳。

乃杜氏注左傳，臣瓚注漢書，朱子注論語，皆知「蔡」爲「大龜」，而不求大龜所以名「蔡」之由，故説多誤。孔仲達順杜而非鄭，其學識反出顏師古下矣。淮南子説山云：「大蔡神龜，出於溝壑。」高注：「大蔡，元龜之所出地名，因名其龜爲『大蔡』。臧文仲所居蔡是也。」此解與鄭、包等同。

〔一〕軍案：上「名」字左傳正義作「爲」，今據改。

〔二〕軍案：「目」，今從漢書師古注作「以」。

12

有攸不惟臣

孟子滕文公下：「有攸不惟臣，東征，綏厥士女。」據毛本。趙注：「攸，所也。言武王東征，安天下士女，下云「其君子、小人各有所執」，此脱「君子」二字。小人各有所執往，無不惟念執臣子之節。」正義曰：「『有攸不惟臣』至『取其殘而已矣』，此皆逸書之文也。言殷之民有所征之，則無不惟念臣服之節。」

據此，則孟子本作「有攸不惟臣」，趙注訓「惟」爲「念」。北宋時撰正義，尚作「惟」字。朱子集注本誤作「有攸不爲臣」，云：「有所不爲臣，謂助紂爲惡而不爲周臣者。」此不考之過，所急當改正者。

13

並趣羣望

左傳昭七年：「鄭子産聘于晉。晉侯有疾，韓宣子逆客，私焉，曰：『寡君寢疾，於今三月矣，並走羣望。』」杜注：「晉所望祀山川，皆走往祈禱。」

案：「並走羣望」當作「並趣羣望」，字之壞也。詩棫樸：「濟濟辟王，左右趣之。」傳：「趣，趨作「趍」俗字。也。」箋云：「文王臨祭祀，其容濟濟然。故左右之諸臣，皆促疾於事，謂相助積薪。」望祀山川雖不積薪，然諸臣之促疾祀事則同也。

古「趣」字多有誤作「走」者。如玉篇「趣」下引「詩[曰]：〔一〕『來朝趣馬。』言早且疾也」，而今詩繇作「來朝走馬」，是「趣」字譌「走」之證。昭十七年「嗇夫馳，庶人走」，疑本作「庶人趣」。「走」、「趣」聲亦相近。

〔一〕軍案：「詩」下玉篇有「曰」字，今據補。

14

秦儒

孔安國尚書序：「秦始皇滅先代典籍，焚書坑儒，天下學士逃難解散，我先人用藏其家書于屋壁。」

正義曰：「衞宏古文奇字序云：『秦改古文以爲篆、隸，國人多誹謗。秦患天下不從，而召諸生，至者皆拜爲郎，凡七百人。又密令冬月種瓜於驪山硎谷之中温處，瓜實，乃使人上書曰：『瓜冬有實。』有詔天下博士、諸生説之，人人（皆）［各］異，〔一〕則皆使往視之，而爲伏機，諸生方相論難，因發機，從上填之以土，皆終命也。』」

案：衞敬仲，東漢初人，所言坑儒事，當得其實。秦以詭計絶斯文，陷儒士，至二世而亡，無足異者。獨以儒者讀書明理，宜知國之興亡，乃秦亡在旦夕，而諸儒不知全身免害，徒貪爲郎之榮，至七百人一旦殲焉同盡，令後人既憐其無辜，又病其庸愚也。若能如魯二儒之抱道不出，伏博士之耄而守經，叔孫先之待時而動，〔二〕雖行藏不同，其明哲保身，不媿爲儒者宗則一也。彼七百人者，其見及此歟？

〔一〕軍案：「皆」，尚書正義作「各」，今據改。

〔二〕軍案：漢書梅福傳云：「叔孫通遁秦，歸漢制作儀品。夫叔孫先非不忠也，不可爲言也。」師古曰：「先，猶言『先生』也。」

15

每懷靡及

皇皇者華：「駪駪征夫，每懷靡及。」傳：「駪駪，眾多之貌。征夫，行人也。每，雖；懷，和也。」箋云：「春秋外傳曰『懷私「私」當作「和」。疏引外傳及鄭志倣此。因下云「『和』當爲『私』」，故後人改之。爲每懷』也。『和』當爲『私』。眾行夫既受君命，當速行；每人懷其私相稽留，則於事將無所及。」〔一〕

正義曰：「此既以『每』爲『雖』，『懷』爲『和』，而當作「下」。章傳云：『雖有中和，當自謂「無所及」。』王肅以爲，下傳所言覆說此也，故述毛云：『使臣之行，必有上介。眾介雖多內懷中和之道，當作「雖內多中和之道」。此「懷」字後人誤加。猶自以無所及，是以驅馳而

咨諏之。』鄭之此說，亦述毛也，但其意與王肅異耳。案魯語穆叔云：『皇皇者華，君教使臣曰：「每懷靡及。」臣聞之曰：「懷私爲每懷。」』是外傳以爲『懷私』。故鄭引其文，因正其誤，云：『「和」當爲「私」。』爲『和』誤也，鄭必當爲『私』者，晉語姜氏勸重耳之辭曰：『「駪駪征夫，每懷靡及。」夙夜征行，不(皇)[遑]啟處，〔二〕猶懼不及，況其縱欲懷安，將何及乎？西方之書有之云：「懷與安，實病大事。」鄭詩曰：「仲可懷也。」鄭詩之旨，吾從之矣。』觀此晉語之文及鄭詩之意，皆以『懷』爲『私懷』之義。明魯語所云亦當爲『懷私』，不得爲『和』也。鄭所以引外傳而破之者，以毛傳云『懷，和』，是用外傳爲義，故引而破之，言毛氏亦爲『私』也。如鄭此意，則傳本無『每，雖』二字。若『每』爲『雖』，縱使變『和』爲『私』，亦不得與毛同也。此既改傳『和』當爲『私』，下復解傳『中和』爲『忠信』，爲之終始立說，明其不異毛也。蓋鄭所據者，本無『每，雖』。後人以下傳有『雖有中和』之言，下篇『每有良朋』之下有『每，雖』之訓，因而加之也。定本亦有『每，雖』。」

又「周原咨詢」，傳：「親戚之謀爲『詢』」。兼此五者，雖有中和，當自謂『無所及』，成於六德也。」箋云：「中和，謂忠信也。五者，咨也、諏也、謀也、度也、詢也。雖得此於忠信之賢人，猶當云『己將無所及於事』，則成六德。言慎其事。」

正義曰：「鄭之此說，贊成毛義。故鄭志：『張逸問：「此箋云：『中和，謂忠信。』」『每

懷靡及』箋云：『「懷私爲每懷」，「和」當爲「私」。』而此言『忠信』，愚意似乖也。」荅曰：「非也。此周之忠信也。已有五德，復問忠信之賢人。」』王肅以毛傳云『雖有中和』者，即上『每，雖；懷，和』是也。孫毓亦以爲然，故其評曰：『案：此篇毛傳上下說自相申成。下章傳云「雖有中和，當自謂『無所及』」，即是上章謂「每懷靡及」，「每，雖；懷，和」之義也。箋既易之於前，爲說於下云：「中和，謂忠信。」自是「周」之訓也，何得以釋「中和」乎？上下錯戾，不可得通。傳義爲長。』徧檢書傳，不見訓『懷』爲『和』。假使訓『懷』爲『和』，『中』字猶無所出。外傳言『懷』者，上下文勢皆作『私懷』之義，則鄭氏之言實有所據。而今詩本皆有『每，雖』，則王肅之說又非無理。鄭、王並是大儒，俱云述傳，未知誰得其旨，故兼載申說之焉。」

琳案：魯語說此詩云：「懷和爲每懷。」毛傳當云：「每懷，懷和也。」故箋引外傳以證之，且正其誤，明「和」爲「私」字形近之譌。下傳云「五者雖有中和，當自謂『無所及』，成於六德」者，此於篇末通說五章大旨，非覆申「每懷靡及」一言也。

謂「忠信」爲「中和」者，禮中庸記云：「中也者，天下之大本也。和也者，天下之達道也。」是「中和」即「忠信」也。

必言「忠信」者，次四章章言「周」，「周」爲「忠信」，故於此總說之。張逸見上破「和」

爲「私」，而此云「中和，謂忠信」，「和」作本字，故疑與上乖，蓋不知「中和」爲「忠信」、「忠信」爲「周」故也。

上傳「每懷」爲「懷私」者，謂「每人懷其私」；「每」爲「每人」，「懷」爲「懷私」，非訓「每」爲「雖」、訓「懷」爲「和」，亦非訓「每懷」爲「懷私」也。將仲子「仲可懷也」，箋云：「懷私曰懷。」烝民「每懷靡及」，箋云：「懷私爲每懷。既受君命，當速行；每人懷其私而相稽留，將無所及於事。」與此箋正同，可互證也。烝民「每懷靡及」，正義引王肅云：「仲山甫雖有柔和明知之德，猶自謂無及。」亦訓「每」爲「雖」，訓「懷」爲「和」，以與鄭難。

今傳有「每，雖；懷，和」之訓，爲王肅私加。故孔仲達云：「傳本無『每，雖』二字。」又云：「鄭所據者，本無『每，雖』，後人加之。」又云：「今詩本皆有『每，雖』，則王肅之説又非無理。」此其證。

孔氏又云：「偏檢書傳，不見訓『懷』爲『和』。」琳云：偏檢書傳，不見訓「每」爲「雖」。案爾雅釋訓：「每有，雖也。」郭注云：「詩曰：『每有良朋。』辭之『雖』也。」則訓「每有」爲「雖」，不訓「每」爲「雖」。故常棣「每有良朋」，箋云：「每有，雖也。」正用雅訓也。至訓「懷」爲「和」，則板「懷德維寧」，傳、箋皆以「懷」爲「和」，孔氏偶失檢耳。

王肅申「每懷靡及」云：「雖内多中和之道，猶自以無所及。」又以下傳云「雖有中和」

者，即上「每懷靡及」，「每，雖；懷，和」之義。孫毓朋於王，故同王説。

然則「每，雖；懷，和」之訓，乃肅改毛詩之通篇關鍵。以此四字牽合上下，膠戾首尾，與箋義相違，致經、傳大義晦塞不通。肅之罪，於是不可逭矣。孔氏曰：「鄭既改傳『和』當爲『私』，下復解傳『中和』爲『忠信』，爲之終始立説，明其不異毛也。」又曰：「鄭説贊成毛義。」又曰：「鄭氏之言，實有所據。」信箋最篤，識過前儒。

〔一〕軍案：參本書卷二十九「周咨諏謀度詢」條。

〔二〕軍案：「皇」當作「遑」，國語晉語四、毛詩正義不誤，今據改。

經義雜記敘録一卷

玄孫常州學生臧鏞堂編

1 原序一首

「周禮，八歲入小學，保氏教國子，先以六書。一曰指事。指事者，視而可識，察而見意，〔一〕『上』、『下』是也。二曰象形。象形者，畫成其物，隨體詰詘，『日』、『月』是也。三曰形聲。形聲者，以事爲名，取譬相成，『江』、『河』是也。四曰會意。會意者，比類合誼，以見指撝，『武』、『信』是也。五曰轉注。轉注者，建類一首，同意相受，『考』、『老』是也。六曰假借。假借者，本無其字，依聲託事，『令』、『長』是也。」〔二〕禮記：「哀公問政，子曰：『仁者，人也。義者，宜也。』」〔三〕論語：「季康子問政，子曰：『政者，正也。』」「樊遲問仁，子曰：『愛人。』問知，子曰：『知人。』」〔四〕説文引孔子曰：「『一』貫『三』爲『王』。」又曰：「推『十』合『一』爲『士』。」又曰：「『牛』、『羊』之字，以形舉也。」

又曰：「烏，盱呼也。取其助气，故以爲『烏呼』。」又曰：「『㮚』之爲言『續』也。」又曰：「黍可爲酒，禾入水也。」又曰：「『貉』之爲言『惡』也。」又曰：「視『犬』之字，如畫狗也。」孟子曰：「徹者，徹也。助者，藉也。」又曰：「庠者，養也。校者，教也。序者，射也。」〔五〕又曰：「洚水者，洪水也。」〔六〕又曰：「人者，仁也。」〔七〕聖賢之詁訓、聲音之學，何如哉？呂氏春秋察傳篇：「子夏過衞，有讀史記者曰：『晉師三豕涉河。』子夏曰：『非也，是「己亥」也。』至晉，問之，則曰『晉師己亥涉河』也。」聖門之校訂之學，何如哉？

秦漢大儒，精專斯業。如毛公、伏生、董仲舒、韓嬰、司馬遷、孔安國、司馬相如、楊雄、〔八〕劉向、劉歆、賈逵、許慎、馬融、蔡邕、鄭康成、盧植、服虔、應劭等，學有純駁，行有邪正，然並先儒之領袖、後學之模範也。

魏晉以來，頗改師法。易有王弼，書有僞孔，杜預之春秋，范（寗）〔甯〕之穀梁，〔九〕論語何晏集解，爾雅郭璞注，皆昧於聲音、詁訓，疎於校讎者也。疎於校讎，則多脱文譌字，而失聖人手定之本經；昧於聲音、詁訓，則不識古人之語言、文字，而無以得聖人之真意：若是，則學者之大患也。

隋唐以來，如劉焯、劉炫、陸德明、孔穎達等，皆好尚後儒，不知古學，於是爲義疏，爲釋文，皆不能全用漢人章句，而經學有不明矣。宋儒出，而以心得者爲貴，漢唐之説視之蔑如。宋元以來，言北海則爲俗學，言新安則爲聖學，〔一〇〕習尚久矣。毘陵臧玉林先生，隱德君子也。深明兩漢之學，既通聲音、詁訓，又雅擅二劉、楊子雲之長。撰經義雜記三十卷，皆有關經學大事，餘則推性善，戒惰逸，辨譌謬，補遺脱，一字一句，靡不精確，洵可爲首出之士矣。閉户研述，世無知者。若璩既讀是書，先生命爲之序，遂不敢辭，而摭其顛末如此。

康熙三十六年季夏，太原閻若璩謹序。

〔一〕軍案：「見意」，許慎説文解字序作「可見」。

〔二〕軍案：以上皆引用許慎説文解字序。

〔三〕軍案：見禮記中庸。

〔四〕軍案：見論語顔淵篇。

〔五〕軍案：見孟子滕文公上。

〔六〕軍案：見孟子滕文公下，亦見告子下。

〔七〕軍案：「人者，仁也」四字，不見於孟子，疑閻若璩誤記，「人」、「仁」二字當互乙。孟子盡心下云：「仁也者，人也。合而言之，道也。」明陳士元孟子雜記卷四云：「餘冬序録載高麗本孟子曰：『仁者，人也。義者，宜也。禮也者，履也。智也者，知也。信也者，實也。

合而言之，道也。』所添字句，朱子取之。」

〔八〕軍案：「楊」，清經解本改作「揚」，下「楊子雲」同。

〔九〕軍案：「甯」當作「甯」。清經解本作「甯」，亦非。

〔一〇〕軍案：漢鄭玄，北海高密人。宋朱熹，祖籍徽州，舊屬新安郡。

2

序四首

其一〔一〕

毘陵臧子在東，力學嗜古。予既讀其所輯鄭康成論語注、盧子幹禮記注，而愛重之矣。今復出視令高祖玉林先生經義雜記，屬爲序引。予讀其書，隨筆劄記，非古不道，有閻百詩徵士序，痛斥俗學，推崇古學，竊不禁躍然爲吾道慶也。

先生生長國初，其年殆與百詩亞。彼時運會初開，宗風未暢，然而落落數君子，錯峙海内。百詩外，如顧亭林、萬季野、梅定九、胡朏明諸公，事必稽覈，言必典據，古學之盛，基於是焉，而先生亦其一也。其考證之精博，幾幾欲與顧、閻諸公抗行。特默而好深湛之思，不屑以標榜爲事，故下士罕知之。要之，先生之爲，可傳自若也。

吁！由先生以來，又將百年矣。天下風氣，進而益上，雅材碩彦，奮起角立者數十百輩。迄於今，而三代以上聲音、文字、制度、典章、名物、象數、訓詁、師法，皆能頓十指而言其曲折，彬彬盛哉！溯厥首庸，實維先生與顧、閻諸公爲之導夫先路耳。風流之所沾丐，復有耳孫鵲起，以古學名其家。在東盍勖諸，所以擴大先生之遺緒者，將於是乎在。

抑予觀此書，發首弟一卷弟一則説論語「正名」，彼時皇侃疏未出，而已能尊信鄭氏正書字之義，所謂先覺者，非歟？姚江盧召弓學士既爲詮評，予復捃得數證，載鄙著蛾術編。而俗所稱「禰其祖」者，春秋内、外傳、衞世家皆無此言，誠不知其何出也。夫人之於俗學拒之不堅，則於古學信之必不篤。信之不篤，則其好之必不深，而又安望其有成？讀先生書者，當持此意以求之。

乾隆癸丑季春月下旬，立夏後五日，賜進士及第、誥授通議大夫、光禄寺卿、前内閣學士、禮部侍郎嘉定王鳴盛譔。

〔一〕軍案：「其一」二字原文所無，今增以清眉目。後皆倣此。

其二

自宋元以經義取士，守一先生之説，敷衍傅會，并爲一談，而空疎不學者，皆得自名經師。閒有讀漢唐注疏者，不以爲俗，即以爲異。其獘至明季而極矣。

國朝通儒，若顧亭林、陳見桃、閻百詩、惠天牧諸先生，始篤志古學，研覃經訓，由文字、聲音、訓詁而得義理之真。同時，毘陵有臧玉林先生，亦其一也。先生博極羣書，尤精爾雅、説文之學，謂：「不識字，何以讀書？不通詁訓，何以明經？」孳孳講論，必求其是而後已。潦倒諸生三十年，未嘗一日不讀經，偶有所得，隨筆記之。先生既不自表襮，儕輩或非笑之，獨百詩先生極口歎賞，以爲學識出唐儒陸、孔之上。然聞者猶疑信參半。

先生歿九十餘年，海内尊崇古學者日益眾。而文孫在東，擩染祖訓，好學深思，益有以昌先生之學。頃來吴門，出是書，屬予校定。嘗謂六經者，聖人之言，因其言以求其義，則必自詁訓始。謂詁訓之外，別有義理，如桑門以不立文字爲最上乘者，〔一〕非吾儒之學也。詁訓必依漢儒，以其去古未遠，家法相承，七十子之大義猶有存者，異於後人之不知而作也。三代以前，文字、聲音與訓詁相通。漢儒猶能識之，以古爲師，師其是而已矣。夫豈陋今榮古，異趣以相高哉？先生之書，實事求是，別白精審，而未嘗馳騁其辭，輕詆先哲。斯真儒者之學，務實而不務名者。予是以重其書，而益重其人也。

乾隆五十八年六月十日，賜進士出身、誥授中憲大夫、詹事府少詹兼翰林院侍講學士嘉定錢大昕拜譔。

〔一〕軍案：後漢書楚王英傳「其還贖，以助伊蒲塞桑門之盛饌」，李賢注：「桑門，即沙門。」

其三

校書何放乎？放於孔子、子夏。自孔、卜而後，漢成帝時，劉向及任宏、尹咸、李柱國，各顯所能奏上。向卒，歆終其業。於時，有讎有校，有竹有素，蓋綦詳焉。而千古之大業，未有盛於鄭康成氏者也。七略必衷六藝，删定必歸素王。康成氏其亦漢之素王乎？

蓋一書流傳既久，彼此乖異，勢所必有也。墨守一家，以此攻彼，夫人而自以爲能也。而鄭君之學，不主於墨守而主於兼綜，不主於兼綜而主於獨斷。其於經字之當定者，必相其文義之離合，審其音韻之遠近，以定衆説之是非，而以己説爲之補正。凡擬其音者，例曰「讀如」、「讀若」，謂音同而義略可知也。凡易其字者，例曰「讀爲」、「讀曰」，謂易之以音相近之字，而義乃憭然也。凡審知爲聲相近若形相似二者之誤，則曰「當爲」，謂非六書假借而轉寫紕繆者也。

漢人作注，皆不離此三者，惟鄭君獨探其本原。其序周禮有曰：「二鄭、衛、賈、馬之文章，其所變易，灼然如晦之見明；其所彌縫，奄然如合符復析。然猶有差錯，同事相違，則就其原文、字之聲類，考訓詁，捃祕逸。」夫「就其原文」，所謂相其文義之離合也；「就其字之聲類」，所謂審其音韻之遠近也。不知虞、夏、商、周之古音，何以得其假借、訓詁？不知古賢聖之用心，又何以得其文義而定所從，整百家之不齊與？

自是至魏晉間，師法尚在。南北朝説音家雖多，而罕識要領。至唐，顔籀爲太宗作定本，陸氏作經典釋文，孔氏、賈氏作義疏，皆自以爲六藝所折衷。究之定本，不可遽信；釋文、正義其去取甲乙，時或倒置。經字之日譌，而經義何能畢合也？

國朝右文，超軼前古。學士校讎之業，至今日而極盛。前此，顧寧人、閻百詩、江慎修、惠定宇諸先生，實始基之。而隱君子武進臧玉林先生，潛德幽光，世未知其人也。今得其經義雜記三十卷讀之，發疑正讀，必中肎綮；旁羅參證，抉摘幽微；精心孤詣，所到冰釋。至如詩、禮二經，王肅私竄以難鄭者，尤推見至隱，覺悟羣疑，宜百詩氏之贊歎欲絶也。然百詩氏古文尚書疏證、四書釋地等書，學者尊信久矣；先生之書，今乃行於世。豈顯晦固有時與？抑傳之久者，其出之固必後與？玉裁嘗謂：「校書必毋鑿，毋泥，毋任己，毋任人，而順其理。」今世穎異好學之士不少，倘善讀先生之書，庶可心契康成氏之奥恉，而孔子微言、七十子大義，可由以不絶、不乖也夫！

乾隆五十八年六月，金壇段玉裁拜手謹序。

其四

漢承秦滅學之後，除挾書之律，開購書之路，由是羣經稍稍出焉。或得諸屋壁，或傳自宿儒，故多有古文、今文之異。而傳之者又經各數家，淵原雖同，支流派别，兼之字或假借，訓有多途，解説之不能畫一，勢所必然。要皆各稟師承，非有心立異。

至東漢之季，博士弟子試科，爭甲乙高下，輒行貨定蘭臺桼書經字，以合其私文。雖有宦者李巡白帝詔蔡邕等審定立石經，焉保無已經竄改者乎？厥後，王肅欲與高密鄭公爲難，改經字，騰異説，甚且造僞書。六經之蟊賊，萌蘖於此矣！

延及唐初，陸德明、孔穎達輩專守一家，又偏好晚近。易不用費、孟、荀、虞，而用王弼。書不用鄭注，而用僞孔。左氏春秋則舍賈、服而用杜預。漢學之未隊，惟詩、禮、公羊而已。穀梁用范甯集解，猶可也。論語用何晏集解，而孔、包、周、馬、鄭之注僅存；爾雅用郭璞，而劉、樊、李、孫之注皆亡。尤可惜者，盧侍中植注禮記，堪與康成媲美，竟湮没無傳焉。陸氏釋文，雖頗采諸家異同之字，而不能别白是非，且或是非顛倒，詒誤後人。宋元以降，鄶下無譏矣。承斯後者，欲正經文、刊譌字、復詁訓，俾各還其朔，豈不難哉？

國朝文治肇隆，人才輩出。毘陵臧玉林先生殆應運而生者，著經義雜記三十卷。讀之心目開朗，昭若發曚，説焉備焉，欲贊一辭而未能也。段君若膺敘其書曰「發疑正讀，必中肎綮；旁羅參證，抉摘幽微；精心孤詣，所到冰釋」之數語者，道是書之美備矣，聲復奚言哉？惟是先生之於六藝，博綜眾説，而以鄭公爲宗；於六書，則正畫審音，必以許祭酒説文解字爲則，斯與聲深相契合者。竊謂先生之學識，邁軼乎唐初羣儒之上，而名顧不著於當代。聲年七十有三得見先生之書，而始知先生，歫先生之歿將百年矣。潛德幽光，晦之久者，傳之亦久。是書將嘉惠來學於無窮也，竊爲先生幸，尤爲後學幸之。是爲序。乾隆五十有八年，歲在昭陽赤奮若塞壯月庚寅晦，東吳後學江聲拜譔。〔一〕

〔一〕江孝廉序手書篆文，珍藏於家，行笈中失檢未帶，故以另録副本付梓。鏞堂記。

評校語二則

3

其一

王給諫顯曾曰：「昔戴吉士曰：『惠氏求其古，東原求其是。』然所謂『是』者，仍東原之所見也。先生此書，則求是於古矣，每論及毛詩、爾雅，尤能曲折明其所以然之故。甲寅季冬，讀竟於濟南節署。」

其二

先生於漢學，記覽富，考核精，尤深於小學，近代殆尠其匹；而不求人知，得閻徵君一人爲之知己，死可不恨矣。後之人若去其煩雜而條理之，傳世行遠無疑也。余嘗謂：「人必有高第弟子及賢子孫，而後可以著書。」斯在東之責也夫！

乾隆辛亥三月十一日，環校畢記。

4

目

右上帙十卷

經義雜記第十九　經典凡二十三則
經義雜記第二十　宋災凡十九則
右中帙十卷
經義雜記第二十一　伍舉凡十八則
經義雜記第二十二　仲秋凡十四則
經義雜記第二十三　匠人凡十七則
經義雜記第二十四　更定凡十九則
經義雜記第二十五　東漢凡二十一則
經義雜記第二十六　人偶凡十九則
經義雜記第二十七　僕展凡二十二則
經義雜記第二十八　盧子幹凡十九則
經義雜記第二十九　馬敗凡十六則
經義雜記第三十　瓠字凡十五則
右下帙十卷
通計三十卷，五百一十七則。

5

新修常州府志儒林傳

臧琳字玉林，武進諸生。好博綜經史百氏之書，閒有不合意，輒又易一書讀之。後見朱子教人循序漸進之法，始大悔悟，變前所爲。其父于經誨之曰：「吾不願汝獲科名爲喜。願汝爲吾臧氏讀書種子，幸矣！」琳謹佩父言，遂專以讀書考古爲務。

所著有尚書集解一百二十四卷、經義雜記三十卷。謂禮記中，大學一篇本無經、傳可分，闕處當補誠意，正學者最切要處，所以成始而成終者，不當退移於後。以宋、元、明已來，人多好改竄，因作大學考異二卷，以漢注古本爲得其真。又有知人編三卷、困學鈔十八卷。舉動一依昔賢爲則。

其教人，先以爾雅、説文，曰：「不識字，何以讀書？不通詁訓，何以明經？」其論治經也，必以漢注、唐疏爲主，曰：「此其本原也。本原未見，而遽授以後儒之傳注，非特理奥有不能驟領，亦懼爲其所隘也。」太原閻若璩嘗序其書，稱其「深明兩漢之學」，「一字一句，無不精確」云。康熙五十二年卒，年六十四。

乾隆壬子季夏，賜進士及第、誥授朝議大夫、前日講起居注官、翰林院侍讀學士餘姚盧文弨譔。

6

武進學生臧先生家傳

先生名琳，字玉林，姓臧氏，常州府武進縣人。祖肇元，字省三。父于經，字善文。母彭氏，生二男子，先生其次也。幼端敏不好弄，喜博綜經史百氏之書，下至釋道稗官野紀，皆所流覽，不當意者時棄之，多不卒業。善文公訓以朱子讀書循序漸進之法，始大悔悟。弱冠，補武進縣學博士弟子員，文名騰躍。善文公教之曰：「吾不以汝驟獲科名爲幸。能爲吾臧氏讀書種子，則善矣！」先生色喜，拜受之。

自有明三百年來，士人多限於制義，而不能自振。其爲詞章之學者，無論矣。爲義理之學者，或貌襲程、朱，自以爲多；或言不用六經，可以明心見性。此聖人之意不明於天下後世，六經幾何不爲糟粕也！先生始獨憂之，教門人後進以小學，必以爾雅、説文爲宗，曰：「不識字，何以讀書？不通詁訓，何以明經？」其論治經也，必以漢注、唐疏爲主，曰：「此其本原也。本原未見，而遽授以後儒之傳注，非特理奧有不能驟領，亦懼爲其隘也。」

善文公既以「讀書種子」期先生，先生亦以此自任，遂絶意舉子業，一以研經考古爲務。嘗撰述尚書集解一百二十四卷，凡自漢伏勝、孔安國、許慎、鄭康成、馬融、王肅及明丘濬、王樵之説，莫不搜輯薈稡，棄瑕取瑜，又時出己論，補先儒之所闕，垂二十年而成。又著經義雜記三十卷。太原閻徵士若璩序之云：「先生隱德君子也。深明兩漢之學，既通聲音、訓詁，又雅擅二劉、楊子雲之長。一字一句，無不精確，洵可謂首出之士矣。鍵户研述，世無知者。」學者誦閻徵士之序言，可以想見先生之學行矣。嘗謂：「禮記中，大學一篇本無經、傳可分，闕處當補誠意；關頭於學者最爲切要，所以成始而成終者，不當退移於後。以宋、元、明以來，學者好爲改竄，因作大學考異二卷，而以漢注舊本爲得其真。」先生之學，於六經無不通，而尤邃於尚書、春秋，於禮有輯録而未成；又有水經注纂三卷、知人編三卷、困學鈔十八卷，皆藏於家。

先生性孝友，事父如事君，晨昏定省無闕，侍膝下不敢輕發一語。有妹適汪氏，夫卒子幼，迎歸十餘年；撫甥如子，既長，爲娶，分所居以居之。又善相士，壻寧國府教授張綸，布衣士也，一見奇之，以伯女贅於家，而自課其學業。族人有輕綸者。一旦設宴中庭，飭行李，具白金五十兩，命之遊學京師，勉之曰：「學不成名，勿歸也。」後綸中康熙庚子舉人，雍正庚戌進士。其所爲，率類此。平居未明即起，夜分而寢，舉動一依昔賢爲則。配馮氏，閨門之内如賓友。

生順治七年七月二十一日辰時，以康熙五十二年十月初十日亥時終，享年六十有四。子四人：廷獻、廷輔、廷弼、廷猷。廷獻業儒，廷猷幼殤。女四人：長適張氏，次適莫氏，次適胡氏，次適丁氏。孫男二人：兆元、兆魁。

贊曰：先生恬於榮利，一以詮述聖經爲務，所謂「讀書種子」，不信然哉？其居家爲政，孝友既可見矣。方達常接先生，言論温然，無疾遽之容，篤學至老不倦，是非所稱「隱德君子」者歟？

康熙五十六年夏四月，同里後學楊方達頓首拜譔。

7

武進臧布衣傳附

布衣姓臧氏，名繼宏，字世景，晚號厚菴。先世東莞人，遷浙江長興，復遷江南武進。曾祖琳，祖晉，父兆魁。幼貧困失學，冬寒無厚服，日得四五錢以爲食。及長，助人理業，誠謹勤篤，稍能自給，乃力舉先代五殯卜葬，孺慕以終其身。族之無嗣者繼之，寡者贍之，孤女嫁之，負貸者代償之。嘗旅行遇虎、見覆舟，皆無懼色，葢有以自恃也。生子四：鏞堂、鱣堂、禮堂、屺堂。卒於嘉慶元年，春秋六十有九。布衣殆敦孝友，篤行於鄉里者歟？

然而布衣之曾祖玉林先生，經學大儒也，學與太原閻百詩徵君齊，徵君稱爲「隱德君子」。所著經義雜記三十卷、尚書集解一百二十四卷、大學考異二卷、知人編三卷、困學鈔十八卷、水經注纂三卷，皆未傳於世。布衣篋藏之，不失片紙。命其子鏞堂、禮堂從餘姚盧召弓學士遊，勖以經術，不期以科名，遂通九經、三史，尤明小學。乃命啟其篋校録之，曰：「四世相傳之業，勿自我而墜，足慰先人於地下矣！」嘉定錢辛楣少詹事、金壇段若膺大令見之，歎曰：「此漢唐儒者之學，不刊之書也！」然則非布衣能守先緒、啟後學，不及此。吾是以論而著之。

時嘉慶三年春二月，賜進士出身、誥授資政大夫、内閣學士兼禮部侍郎、文淵閣直閣事、南書房行走、提督浙江學政儀徵阮元譔。

維我高祖玉林公，著書未刊，四傳至先考，不絶如縷。先考鐍藏遺稿甚固，教不孝等讀書，粗有知識，始啟篋校録，欲擇其要者付梓。由是，當世學者甫知有玉林先生其人。阮司農爲先考著傳，論先考能守先緒、啟後學。恭録此傳，以見我高祖之書之得傳也。

今經義雜記三十卷汗青斯竟，而不能起先考於九原，一覩之而生喜色也，痛何如矣！

嘉慶四年，歲次己未冬十月朔，孤子鏞堂泣識於傳後，時在南海古藥洲。

經義雜記跋

盧學士校刊經典釋文，後附考證數卷，多引武進臧玉林先生之說。先生在康熙朝，與閻百詩友善，所著書甚多，經義雜記三十卷其一也。先生玄孫在東從學士遊，故學士得見之。嘗謂元照曰：「人誠不可無賢子孫也。臧先生之書，使無在東，則吾何由見之哉？」

元照去年始獲交於在東。在東篤志讀經，力宗鄭氏學，所著有拜經日記八卷，皆發明古義者，每出一説，引證甚備，是非甚確。元照心折之，以娱親小言就正在東，不以爲非。因曰：「子不可不讀吾高祖書也。」遂出以見示，每卷有標目而不分門，故名「雜記」。其會稡唐以前諸儒之説，辨其離合，皆有確徵，不由臆決。守經師之家法，示來學之良規，盡在是矣。惜在東有粤東之行，不得卒讀，因綴數語於後，以志景慕。

在東此行，將剞劂是書，公之同學。嗚呼！著書難，傳之尤難。今海内嗜古者衆，發明古學而著書者亦多，而在當日，雖潛邱諸老，於斯道尚未能甚邃，而先生獨於闇淡寂寞之中，矻矻成書，獨探本原，是非所謂豪傑之士乎？在東勤勤章表，此孝子慈孫所以不死其親之心也。

嘉慶三年九月，歸安後學嚴元照謹跋。

經義雜記校補參考文獻

一、經部著作

子夏易傳，周卜商撰，影印清海鹽張海鵬刻學津討原本，商務印書館，一九二二年

京氏易傳，漢京房撰，吴陸績注，四部叢刊（初編）影印明范欽校刻范氏二十一種奇書本

周易正義，魏王弼、晉韓康伯注，唐孔穎達等正義，影印清阮元校刻十三經注疏本，中華書局，一九八〇年

周易集解，唐李鼎祚撰，北京圖書館古籍珍本叢刊影印明嘉靖三十六年（一五五七）朱睦㮮聚樂堂刻本，書目文獻出版社，一九九八年

周易本義，宋朱熹撰，廖名春點校，中華書局，二〇〇九年

周易集傳，宋朱震撰，四部叢刊續編影印北平圖書館藏宋刻本（闕卷以汲古閣影宋鈔本配補）

周易玩辭，宋項安世撰，美國哈佛大學燕京圖書館藏通志堂經解本

尚書大傳，漢伏勝傳，鄭玄注，清陳壽祺輯校，四部叢刊（初編）影印清嘉慶、道光間刻陳氏左海全集本

尚書大傳疏證，漢伏勝傳，鄭玄注，清皮錫瑞疏證，清光緒二十二年（一八九六）善化皮氏師伏堂叢書本

尚書正義，漢孔安國傳，唐孔穎達等正義，影印清阮元校刻十三經注疏本，中華書局，一九八〇年

禹貢錐指，清胡渭撰，鄒逸麟整理，上海古籍出版社，二〇〇六年

古文尚書撰異，清段玉裁撰，續修四庫全書影印清嘉慶、道光間段氏刻本，上海古籍出版社，二〇〇二年

尚書古文疏證，清閻若璩撰，影印清經解續編本，上海書店，一九八八年

汲冢周書，晉孔晁注，四部叢刊（初編）影印明嘉靖二十二年（一五四三）章檗校刻本

逸周書彙校集注（修訂本），黃懷信、張懋容、田旭東撰，上海古籍出版社，二〇〇七年

毛詩正義，漢毛亨傳，鄭玄箋，唐孔穎達等正義，影印清阮元校刻十三經注疏本，中華書

局，一九八〇年

詩集傳，宋蘇轍撰，中華再造善本叢書影印國家圖書館藏宋淳熙七年（一一八〇）蘇詡筠州公使庫刻本，北京圖書館出版社，二〇〇三年

詩集傳，宋朱熹撰，排印文學古籍刊行社影印宋刻本，中華書局，一九五八年

吕氏家塾讀詩記，宋吕祖謙撰，四部叢刊續編影印常熟瞿氏鐵琴銅劍樓藏宋刻本

詩考，宋王應麟撰，影印清海鹽張海鵬刻學津討原本，商務印書館，一九二二年

三家詩遺説考，清陳壽祺撰，陳喬樅述，續修四庫全書影印清道光、同治閒刻陳氏左海續集本，上海古籍出版社，二〇〇二年

韓詩外傳集釋，漢韓嬰撰，許維遹校釋，中華書局，一九八〇年

周禮注疏，漢鄭玄注，唐賈公彦疏，影印清阮元校刻十三經注疏本，中華書局，一九八〇年

周禮正義，清孫詒讓撰，汪少華整理，中華書局，二〇一六年

儀禮注疏，漢鄭玄注，唐賈公彦疏，影印清阮元校刻十三經注疏本，中華書局，一九八〇年

儀禮識誤，宋張淳撰，清武英殿聚珍版叢書本

儀禮經傳通解續，宋黄榦、楊復撰，景印文淵閣四庫全書本，臺灣商務印書館，一九八六年

禮記正義，漢鄭玄注，唐孔穎達等正義，影印清阮元校刻十三經注疏本，中華書局，一九八〇年

禮説，清惠士奇撰，景印文淵閣四庫全書本，臺灣商務印書館，一九八六年

大戴禮記解詁，清王聘珍撰，王文錦點校，十三經清人注疏本，中華書局，一九八〇年

春秋左傳正義，晉杜預注，唐孔穎達等正義，影印清阮元校刻十三經注疏本，中華書局，一九八〇年

春秋左傳注（修訂本），楊伯峻編著，中華書局，一九九〇年

左氏博議，宋吕祖謙撰，景印文淵閣四庫全書本，臺灣商務印書館，一九八六年

東萊先生左氏博議，宋吕祖謙撰，清光緒、同治閒永康胡鳳丹退補齋刻金華叢書本

春秋公羊傳注疏，漢何休注，唐徐彦疏，影印清阮元校刻十三經注疏本，中華書局，一九八〇年

春秋穀梁傳注疏，晉范甯注，唐楊士勛疏，影印清阮元校刻十三經注疏本，中華書局，一九八〇年

論語集解，魏何晏撰，天禄琳瑯叢書影印元盱郡重刻宋廖氏本，故宫博物院，一九三一年

論語集解義疏，魏何晏集解，梁皇侃義疏，清乾隆、嘉慶閒新安鮑廷博刻知不足齋叢書本

論語注疏，魏何晏等注，宋邢昺疏，影印清阮元校刻十三經注疏本，中華書局，一九八〇年

論語筆解，唐韓愈、李翶撰，叢書集成新編影印明范欽校刻范氏二十一種奇書本，新文豐出版公司，一九八五年

論語異文考證，清馮登府撰，續修四庫全書影印國家圖書館藏清道光十四年（一八三四）廣州學海堂刻本，上海古籍出版社，二〇〇二年

論語正義，清劉寶楠撰，高流水點校，十三經清人注疏本，中華書局，一九九〇年

孝經注疏，唐玄宗注，宋邢昺疏，影印清阮元校刻十三經注疏本，中華書局，一九八〇年

爾雅注疏，晉郭璞注，宋邢昺疏，影印清阮元校刻十三經注疏本，中華書局，一九八〇年

爾雅詁林，朱祖延主編，湖北教育出版社，一九九六年
孟子注疏，漢趙岐注，宋孫奭疏，影印清阮元校刻十三經注疏本，中華書局，一九八〇年
孟子譯注，楊伯峻譯注，中華書局，一九六〇年
開成石經，西安碑林全集，高峽主編，廣東經濟出版社，一九九九年
景刊唐開成石經，影印民國十五年（一九二六）皕忍堂摹刻本，中華書局，一九九七年
五經異義疏證，漢許慎撰，清陳壽祺疏證，續修四庫全書影印清嘉慶十八年（一八一三）仙游王捷南校刻本，上海古籍出版社，二〇〇二年
駁五經異義疏證，漢鄭玄撰，清皮錫瑞疏證，續修四庫全書影印民國二十三年（一九三四）河閒李氏重刻本，上海古籍出版社，二〇〇二年
經典釋文，唐陸德明撰，影印通志堂經解本，中華書局，一九八三年
經典釋文，唐陸德明撰，影印北京圖書館藏宋刻宋元遞修本，上海古籍出版社，一九八五年
經典釋文考證，清盧文弨撰，影印清乾隆閒餘姚盧氏抱經堂叢書本，直隸書局，一九二三年

經典釋文彙校，黄焯撰，中華書局，一九八〇年

經說，宋熊朋來撰，美國哈佛大學燕京圖書館藏通志堂經解本

經義述聞，清王引之撰，高郵王氏四種之三，江蘇古籍出版社，二〇〇〇年

經傳釋詞，清王引之撰，高郵王氏四種之四，江蘇古籍出版社，二〇〇〇年

十三經注疏校勘記，清阮元撰，清咸豐十年（一八六〇）補刻學海堂皇清經解本

宋本説文解字，漢許慎撰，宋徐鉉校定，續古逸叢書影印日本岩崎氏靜嘉堂藏本，商務印書館，一九二二年

説文解字，漢許慎撰，宋徐鉉校定，影印清同治十二年（一八七三）番禺陳昌治刻本，中華書局，一九六三年

説文解字繫傳，漢許慎撰，南唐徐鍇繫傳，影印清道光十九年（一八三九）壽陽祁嶲藻刻本，中華書局，一九八七年

説文解字注，漢許慎撰，清段玉裁注，影印清嘉慶二十年（一八一五）金壇段氏經韵樓刻本，上海古籍出版社，一九八八年

説文解字詁林，丁福保編，中華書局，一九八八年

宋本玉篇，梁顧野王撰，影印清康熙四十三年（一七〇四）吴郡張士俊澤存堂刻本，中國書店，一九八三年

方言校箋，漢揚雄撰，周祖謨校箋，中華書局，一九九三年

揚雄方言校釋匯證，華學誠匯證，王智羣、謝榮娥、王彩琴協編，中華書局，二〇〇六年

小爾雅匯校集釋，黄懷信校釋，三秦出版社，二〇〇三年

釋名疏證，漢劉熙撰，清畢沅疏證，清乾隆五十四年（一七八九）鎮洋畢氏刻經訓堂叢書本

釋名疏證補，漢劉熙撰，清畢沅疏證，王先謙補，清光緒二十二年（一八九六）長沙思賢書局刻本

釋名匯校，漢劉熙撰，任繼昉匯校，齊魯書社，二〇〇六年

廣雅疏證，魏張輯撰，清王念孫疏證，影印清嘉慶元年（一七九六）王氏家刻本，中華書局，一九八三年

五經文字，唐張參撰，清光緒九年（一八八三）常熟鮑廷爵刻後知不足齋叢書本

九經字樣,唐唐玄度撰,清光緒九年(一八八三)常熟鮑廷爵刻後知不足齋叢書本
急就篇,漢史游撰,唐顏師古注,宋王應麟補注,清光緒五年(一八七九)福山王懿榮刻天壤閣叢書本
汗簡,宋郭忠恕撰,四部叢刊續編影印常熟瞿氏鐵琴銅劍樓藏明馮舒鈔本
佩觿,宋郭忠恕撰,清光緒十一年(一八八五)長洲蔣鳳藻刻鐵華館叢書本
類篇,宋司馬光等撰,影印上海圖書館藏汲古閣影宋本,上海古籍出版社,一九八四年
隸釋、隸續,宋洪适撰,影印清同治十年(一八七一)洪汝奎晦木齋刻本,中華書局,一九八五年
六書故,宋戴侗撰,影印温州市圖書館藏明影鈔元延祐七年(一三二〇)古汴趙鳳儀刻本,上海社會科學院出版社,二〇〇六年
六書故,宋戴侗撰,黨懷興、劉斌點校,影印清乾隆四十九年(一七八四)西蜀李鼎元校刻本,中華書局,二〇一二年
俗書刊誤,明焦竑撰,景印文淵閣四庫全書本,臺灣商務印書館,一九八六年
正字通,明張自烈撰,清廖文英續,續修四庫全書影印湖北省圖書館藏清康熙二十四年(一六八五)清畏堂刻本,上海古籍出版社,二〇〇二年

一切經音義，唐釋玄應撰，清道光二十九年（一八四九）番禺潘士成刻海山仙館叢書本
一切經音義，唐釋慧琳撰，日本元文三年（一七三八）獅谷白蓮社刻本
續一切經音義，遼釋希麟撰，日本延享三年（一七四六）獅谷白蓮社刻本
正續一切經音義，唐釋慧琳、遼釋希麟撰，影印高麗藏本，大通書局，一九八五年
一切經音義三種校本合刊（修訂版），徐時儀校注，上海古籍出版社，二〇一二年
宋刻集韻，宋丁度等編，影印北京圖書館藏宋刻譚州本，中華書局，一九八九年
廣韻校本，周祖謨校，影印清康熙四十三年（一七〇四）吴郡張士俊澤存堂刻本，中華書局，二〇一一年
新校互注宋本廣韻（定稿本），余迺永校，上海人民出版社，二〇〇八年
羣經音辨，宋賈昌朝撰，四部叢刊續編影印日本岩崎氏静嘉文庫藏影宋鈔本
羣經音辨，宋賈昌朝撰，中華再造善本叢書影印宋紹興九年（一一三九）臨安府學刻宋元遞修本，北京圖書館出版社，二〇〇三年
古今韻會舉要，宋黄公紹輯，元熊忠舉要，中華再造善本叢書影印國家圖書館藏元刻本，北京圖書館出版社，二〇〇五年
古今韻會舉要，宋黄公紹輯，元熊忠舉要，甯忌浮整理，影印明嘉靖十七年（一五三八）劉

儲秀補刊本，中華書局，二〇〇〇年

音學五書，清顧炎武撰，影印清光緒十一年（一八八五）四明觀稼樓仿刻本，中華書局，一九八二年

經籍籑詁，清阮元等編，影印清嘉慶阮氏琅嬛仙館刻本，中華書局，一九八二年

二、史部著作

史記，漢司馬遷撰，南朝宋裴駰集解，唐司馬貞索隱，張守節正義，中華書局，一九八二年

史記會注考證附校補，漢司馬遷撰，日瀧川資言考證，水澤利忠校補，上海古籍出版社，一九八六年

漢書，漢班固撰，唐顔師古注，中華書局，一九六二年

漢書疏證，清沈欽韓撰，續修四庫全書影印清光緒二十六年（一九〇〇）浙江官書局刻本，上海古籍出版社，二〇〇二年

漢書補注，清王先謙撰，影印清光緒二十六年（一九〇〇）長沙王氏虚受堂校刻本，書目文獻出版社，一九九五年

後漢書，南朝宋范曄撰，唐李賢等注，中華書局，一九六五年
後漢書集解，清王先謙撰，影印一九一五年長沙王氏虛受堂刻本，廣陵書社，二〇〇六年
三國志，晉陳壽撰，南朝宋裴松之注，中華書局，一九六四年
晉書，唐房玄齡等撰，中華書局，一九七四年
隋書，唐魏徵、令狐德棻撰，中華書局，一九七三年
舊唐書，後晉劉昫等撰，中華書局，一九七五年
新唐書，宋歐陽修、宋祁撰，中華書局，一九七五年
通典，唐杜佑撰，王文錦、王文新等點校，中華書局，一九八八年
通志，宋鄭樵撰，中華書局，一九八七年
文獻通考，元馬端臨撰，上海師範大學古籍研究所點校，中華書局，二〇一一年
唐六典，唐李林甫等撰，陳仲夫點校，中華書局，一九九二年
唐會要，宋王溥撰，上海古籍出版社，二〇〇六年
史通評釋，唐劉知幾撰，明郭孔延評釋，續修四庫全書影印國家圖書館藏明萬曆三十二年（一六〇四）郭孔陵刻本，上海古籍出版社，二〇〇二年

史通通釋，唐劉知幾撰，清浦起龍釋，上海古籍出版社，一九七八年
古本竹書紀年輯校，王國維撰，影印一九四〇年商務印書館王國維遺書本，上海古籍書店，一九八三年
今本竹書紀年疏證，王國維撰，影印一九四〇年商務印書館王國維遺書本，上海古籍書店，一九八三年
世本八種，漢宋衷注，清秦嘉謨等輯，商務印書館，一九五七年
國語，吴韋昭注，中華再造善本叢書影印國家圖書館藏宋刻宋元遞修本，北京圖書館出版社，二〇〇六年
國語集解（修訂本），徐元誥撰，王樹民、沈長雲點校，中華書局，二〇〇二年
戰國策集注匯考（增補本），諸祖耿著，鳳凰出版社，二〇〇八年
吴越春秋輯校匯考，周生春著，上海古籍出版社，一九九七年
漢紀，漢荀悦撰，張烈點校，中華書局，二〇〇二年
後漢紀，晉袁宏撰，張烈點校，中華書局，二〇〇二年
列女傳，漢劉向撰，四部叢刊（初編）影印長沙葉德輝觀古堂藏明刻本

列女傳補注，清王照圓補注，續修四庫全書影印清嘉慶刻後印本，上海古籍出版社，二〇〇二年

山海經，晉郭璞傳，四部叢刊（初編）影印江安傅增湘雙鑒樓藏明成化六年（一四七〇）刻本

水經注，北魏酈道元注，四部叢刊（初編）影印清武英殿聚珍版叢書本

合校水經注，北魏酈道元注，清王先謙校，影印清光緒十八年（一八九二）長沙思賢講舍刻本，中華書局，二〇〇九年

元和郡縣圖志，唐李吉甫撰，賀次君點校，中華書局，一九八三年

金石文字記，清顧炎武撰，影印清海鹽張海鵬刻借月山房彙鈔本，上海博古齋，一九二〇年

諸史瑣言，沈家本撰，續修四庫全書影印民國刻沈寄簃先生遺書本，上海古籍出版社，二〇〇二年

三、子部著作

周髀算經，漢趙君卿注，北周甄鸞重述，唐李淳風等注釋，四部叢刊（初編）影印南陵徐氏積學齋藏明趙開美刻本

老子校釋，朱謙之撰，中華書局，一九八四年

四書章句集注，宋朱熹撰，中華書局，一九八三年

莊子集釋，清郭慶藩撰，王孝魚點校，中華書局，一九六一年

荀子集解，清王先謙撰，沈嘯寰、王星賢點校，中華書局，一九八八年

吕氏春秋新校釋，戰國吕不韋撰，陳奇猷校釋，上海古籍出版社，二〇〇二年

淮南鴻烈集解，漢劉安撰，劉文典集解，馮逸、喬華點校，中華書局，一九八九年

淮南子集釋，漢劉安撰，何寧集釋，中華書局，一九九八年

新書校注，漢賈誼撰，閻振益、鍾夏校注，中華書局，二〇〇〇年

春秋繁露義證，漢董仲舒撰，清蘇輿義證，鍾哲點校，中華書局，一九九二年

鹽鐵論校注（定本），漢桓寬撰，王利器校注，中華書局，一九九二年

説苑校證，漢劉向撰，向宗魯校證，中華書局，一九八七年
白虎通疏證，漢班固撰，清陳立疏證，吴則虞點校，中華書局，一九九四年
論衡校釋（附劉盼遂集解），漢王充撰，黄暉校釋，中華書局，一九九〇年
潛夫論箋校正，漢王符撰，清汪繼培箋，彭鐸校正，中華書局，一九八五年
獨斷，漢蔡邕撰，四部叢刊三編影印常熟瞿氏鐵琴銅劍樓藏明弘治十六年（一五〇三）刻本
風俗通義校注，漢應劭撰，王利器校注，中華書局，二〇一〇年
孔子家語，魏王肅注，四部叢刊（初編）影印江南圖書館藏明翻宋本
世説新語箋疏，南朝宋劉義慶撰，余嘉錫箋疏，中華書局，一九八三年
世説新語校箋，南朝宋劉義慶撰，徐震堮校箋，中華書局，一九八四年
顔氏家訓集解（增補本），北齊顔之推撰，王利器集解，中華書局，一九九六年
齊民要術校釋，北魏賈思勰撰，繆啟愉校釋，農業出版社，一九九八年
齊民要術今釋，北魏賈思勰撰，石聲漢校釋，中華書局，二〇〇九年
北堂書鈔，唐虞世南輯，清光緒十四年（一八八八）南海孔廣陶三十三萬卷堂校注重刻影

宋鈔本
藝文類聚，唐歐陽詢撰，汪紹楹校，上海古籍出版社，一九九九年
初學記，唐徐堅等撰，司義祖點校，中華書局，一九六二年
白氏六帖事類集，唐白居易撰，影印江安傅增湘舊藏南宋紹興刻本（三十卷本），文物出版社，一九八七年
白孔六帖，唐白居易撰，宋孔傳續撰，景印文淵閣四庫全書本（一百卷本），臺灣商務印書館，一九八六年
太平御覽，宋李昉等編，縮印商務印書館四部叢刊三編影宋本，中華書局，一九六〇年
册府元龜，宋王欽若等編，影印明刻初印本，中華書局，一九六〇年
文苑英華，宋李昉等編，影印明刻本，中華書局，一九六六年
玉海，宋王應麟撰，影印清光緒九年（一八八三）浙江書局刻本，上海書店，一九八七年
意林，唐馬總編，四部叢刊（初編）影印清武英殿聚珍版叢書本（逸文補影蔣生沐别下齋本）
困學紀聞，宋王應麟撰，四部叢刊三編影印江安傅增湘雙鑒樓藏元刊本

困學紀聞注，宋王應麟撰，清翁元圻等注，續修四庫全書影印清道光五年（一八二五）餘姚翁氏守福堂刻本，上海古籍出版社，二〇〇二年
朱子語類，宋黎靖德編，王星賢點校，中華書局，一九八五年
朱子語類彙校，宋黄士毅編，徐時儀、楊艷校，上海古籍出版社，二〇一四年
野客叢書，宋王楙撰，王文錦點校，中華書局，一九八七年
野客叢書，宋王楙撰，鄭明、王義耀點校，上海古籍出版社，一九九一年
慈溪黄氏日抄分類，宋黄震撰，中華再造善本叢書影印上海圖書館藏元後至元三年（一三三七）刻本，北京圖書館出版社，二〇〇五年
太平清話，明陳繼儒撰，四庫全書存目叢書影印明萬曆繡水沈氏尚白齋刻寶顔堂祕笈本，齊魯書社，一九九五年
管城碩記，清徐文靖撰，范祥雍點校，中華書局，一九九八年
陔餘叢考，清趙翼撰，續修四庫全書影印清乾隆五十五年（一七九〇）陽湖趙氏湛貽堂刻本，上海古籍出版社，二〇〇二年
十駕齋養新録，清錢大昕撰，續修四庫全書影印清嘉慶刻本，上海古籍出版社，二〇〇二年

札樸，清桂馥撰，趙智海點校，中華書局，一九九二年

讀書雜志，清王念孫撰，高郵王氏四種之二，江蘇古籍出版社，二〇〇〇年

羣書札記，清朱亦棟撰，續修四庫全書影印清光緒四年（一八七八）武林竹簡齋重刻本，上海古籍出版社，二〇〇二年

古佚書輯本目録（附考證），孫啟治、陳建華編，中華書局，一九九七年

四、集部著作

楚辭補注，宋洪興祖撰，白化文等點校，中華書局，一九八三年

蔡中郎文集，漢蔡邕撰，四部叢刊（初編）影印明蘭雪堂活字本

蔡中郎集，漢蔡邕撰，景印文淵閣四庫全書本，臺灣商務印書館，一九八六年

文選，梁蕭統編，唐李善注，影印清胡克家重刻宋淳熙本，中華書局，一九七七年

六臣注文選，梁蕭統編，唐李善等注，四部叢刊（初編）影印上海涵芬樓藏宋刻本

六臣注文選，梁蕭統編，唐李善等注，日本京都大學圖書館藏朝鮮奎章閣活字本

文選旁證，清梁章鉅撰，續修四庫全書影印復旦大學圖書館藏清道光刻本，上海古籍出

版社，二〇〇二年
增訂文心雕龍校注，清黄叔琳輯注，李詳補注，楊明照校注拾遺，中華書局，二〇〇〇年
玉臺新詠箋注，陳徐陵編，清吴兆宜注，清程琰删補，穆克宏點校，中華書局，一九八五年
潛研堂文集，清錢大昕撰，四部叢刊（初編）影印上海涵芬樓藏清嘉慶十一年（一八〇六）刊本

四角號碼索引

一、本索引收入《經義雜記》正文全部條目共 517 則。

二、按條目首字的四角號碼順序排列。若首字的四角號碼相同,則按次字的四角號碼順序排列,依此類推。

三、條目之後依次注明卷數、序號及其在本書的頁碼。如:

雍也博學於文　　17.12/409

表示"雍也博學於文"此條目爲《經義雜記》卷 17 第 12 條,見本書第 409 頁。

漢語拼音索引

一、本索引收入《經義雜記》正文全部條目共 517 則。

二、按條目首字的漢語拼音字母順序排列。若首字爲同音字，則按次字的漢語拼音字母順序排列，依此類推。一字數讀的，如“爲”字有 wéi、wèi 兩種讀音，按其讀音分別標出。

三、條目之後依次注明卷數、序號及其在本書的頁碼。如：

雍也博學於文　　17.12/409

表示“雍也博學於文”此條目爲《經義雜記》卷 17 第 12 條，見本書第 409 頁。

E

F

G

Y

筆畫索引

一、本索引收入《經義雜記》正文全部條目共517則。

二、按條目首字的筆畫數排列先後。若首字的筆畫數相同,則按筆形一(横)、丨(竪)、丿(撇)、丶(點)、乛(折)的順序排列。若不同條目首字的筆畫數及筆形皆同,則按次字的筆畫數及筆形先後排列,依此類推。

三、基本筆形的筆形變化歸納如下:

1. ㇀(提)歸入横,如"冽"字,前兩筆爲丶一;

2. 亅(竪鉤)歸入竪,如"投"字,前兩筆爲一丨;

3. ㇏(捺)歸入點,如"公"字,前兩筆爲丿丶;

4. ㇖(横鉤)、㇂(斜鉤)、㇇(横撇)、㇙(竪提)、㇄(竪彎鉤)、㇜(撇折)等曲折筆形皆歸入折。

四、條目之後依次注明卷數、序號及其在本書的頁碼。如:

雍也博學於文　　17.12/409

表示"雍也博學於文"此條目爲《經義雜記》卷17第12條,見本書第409頁。

一畫

二畫

[一一]

[一丨]

[丿丶]

三畫

四畫

五畫

六畫

七畫

八畫

九畫

十畫

十一畫

十二畫

十三畫

十四畫

十五畫

十六畫

十七畫

十八畫